高等职业教育食品类专业教材

食品企业管理体系建立与认证

马长路　主编
刘京刚　马文哲　李慧东　副主编

中国轻工业出版社

图书在版编目（CIP）数据

食品企业管理体系建立与认证/马长路主编. —北京：
中国轻工业出版社，2025.2
高等职业教育食品类专业系列教材
ISBN 978-7-5019-6675-2

Ⅰ. 食… Ⅱ. 马… Ⅲ. 食品加工－质量管理体系－
高等学校：技术学校－教材 Ⅳ. F407.826.3

中国版本图书馆 CIP 数据核字（2008）第 161798 号

责任编辑：李亦兵　张　靓　　责任终审：唐是雯　　封面设计：锋尚设计
版式设计：王超男　　　　　　责任校对：李　靖　　责任监印：张　可

出版发行：中国轻工业出版社（北京鲁谷东街 5 号，邮编：100040）
印　　刷：三河市万龙印装有限公司
经　　销：各地新华书店
版　　次：2025 年 2 月第 1 版第 10 次印刷
开　　本：720×1000　1/16　印张：17.25
字　　数：300千字
书　　号：ISBN 978-7-5019-6675-2　定价：35.00元
邮购电话：010-85119873
发行电话：010-85119832　010-85119912
网　　址：http://www.chlip.com.cn
Email：club@chlip.com.cn
版权所有　侵权必究
如发现图书残缺请与我社邮购联系调换
250261J2C110ZBQ

前　言

《食品企业管理体系建立与认证》是根据《教育部关于加强高职高专教育人才培养工作的意见》、《关于加强高职高专教育教材建设的若干意见》等文件的精神，在中国轻工业出版社的大力支持下组织编写完成的。

本教材立足于食品类专业高职高专教学的实际，按照食品企业真实建立各种管理体系的规律组织编写。教材编写过程中以食品企业各种管理体系的建立和认证为主线，紧密结合各个管理体系标准条款的要求，简明扼要而又系统全面地阐述了市场准入制度（QS认证）、ISO22000：2005食品安全管理体系、ISO9001：2000质量管理体系和ISO14001：2004环境管理体系的基础理论知识，同时重点介绍了以上各种管理体系在食品企业建立的程序和思路，并以大量的实训项目来指导学生进行体系建立和认证审核的模拟训练。相信只要学生按照本教材的内容认真研读、努力实践，一定能为就业打下良好的技能基础。

全书结构合理、内容充实、信息量大，与同类教材相比适应面广，实训方面突出了实训技能，可操作性强。全书涉及的内容，尤其是实训项目均来自于企业管理的一手资料，内容丰富、覆盖面广，各高职高专院校可从不同的教学计划的整体优化出发，结合各自院校毕业生就业实际选择实训项目组织教学，其余可作为拓宽学生知识的阅读材料。

本教材的编写团队由三部分组成：一是来自我国高职高专院校多年从事高职高专教学工作的一线教师；二是来自食品企业从事体系管理的技术专家；三是来自从事审核工作多年的国家注册审核员。本教材由北京农业职业学院（国家示范性高等职业院校）马长路（FSMS、QMS国家注册审核员）担任主编，刘京刚、马文哲、李慧东担任副主编。编写的具体分工是：第一章、第四章第一节至第三节和第七章实训项目由北京农业职业学院马长路编写，第二章第一节至第四节由北京农业职业学院王鹏飞编写，第二章第五、第六节和第二章实训项目由苏州农业职业技术学院李海林编写，第三章第一、第二节由郑州牧业工程高等专科学院付丽编写，第三章第三节和第三章实训项目由江苏食品职业技术学院张嫚编写，第四章第四节和第四章实训项目由山东省滨州职业学院李慧东编写，第五章第一节至第四节由北京汇源饮料食品集团有限公司李金玉编写，第五章第五节和第五章实训项目由河南工业贸易职业学院段文花编写，第六章第一节至第四节由北京王致和食品集团有限公司杨丹红编写，第六章第五节和第六章实训项目由河南工业贸易职业学院郭翎菲编写，第七章由北京世标认证中心有限公司刘京刚（FSMS、QMS、EMS、OHSMS国家注册审核员）编写，第八章由漳州职业技术学院杨芝萍和余奇飞编写，第九章由杨凌职业技术学院（国家示范性高等职业院校）马文哲编写。

  本教材在编写过程中得到了北京农业职业学院、苏州农业职业技术学院、郑州牧业工程高等专科学院、江苏食品职业技术学院、山东省滨州职业学院、河南工业贸易职业学院、漳州职业技术学院、杨凌职业技术学院、北京王致和食品集团有限公司、北京汇源饮料食品集团有限公司、北京新世纪认证有限公司和北京世标认证中心有限公司的大力支持,在此表示衷心的感谢!

  该教材除可供高职高专食品工程技术专业、绿色食品生产与检验、食品营养与检测专业、农畜特产品加工专业、食品科学与工程专业、农产品检测专业、食品安全专业作为必修课教材外,亦可作为其他食品类专业、生物工程类专业的选修课教材,还可作为各培训机构内审员培训的首选教材和食品企业中涉及体系管理相关人员的参考用书或培训教材。

  鉴于编者的知识经验有限,难免有错漏之处,敬请各位同行、广大读者批评指正。

编 者

2008 年 8 月

目 录

第一章 绪论 ·· （1）
第二章 QS在食品企业的建立与认证 ································· （6）
  第一节 市场准入制度简介 ·· （6）
  第二节 食品QS认证申请程序 ·· （8）
  第三节 食品企业的内部整改 ··· （12）
  第四节 QS文件的编写 ·· （16）
  第五节 QS现场审查 ··· （20）
  第六节 QS标志的使用 ·· （23）
  思考题 ·· （26）
  实训项目 ··· （26）
  实训一 QS质量管理手册的编写 ··································· （26）
  实训二 QS程序文件的编写 ·· （27）
  实训三 QS关键质量控制点作业指导书的编制 ················· （27）
  实训四 食品生产许可证申请书的填写 ····························· （28）
  实训五 食品生产企业必备条件现场模拟审查 ··················· （28）
  实训六 食品生产加工企业必备条件现场审查报告的编写 ···· （29）
  实训七 选定身边的一种食品对它的QS审查细则进行了解 ··· （30）
第三章 食品安全管理体系的基础和原理 ···························· （32）
  第一节 食品安全管理体系的基础——GMP ····················· （32）
  第二节 食品安全管理体系的基础——SSOP ···················· （43）
  第三节 食品安全管理体系的原理——HACCP的7个原理和12个
          步骤 ·· （52）
  思考题 ·· （66）
  实训项目 ··· （66）
  实训一 某种食品生产工艺流程图的绘制及描述 ················ （66）
  实训二 食品企业厂区平面图的绘制 ······························· （67）
  实训三 食品企业车间平面图的绘制 ······························· （68）
  实训四 绘制食品工厂物流图 ··· （68）
  实训五 SSOP程序文件的编写 ······································· （69）
  实训六 洗手消毒程序的编写 ··· （69）
  实训七 食品企业供水网络图的绘制 ······························· （70）
  实训八 食品企业灭鼠图的绘制 ····································· （71）

实训九　CCP 判断树的使用 ……………………………………………………（71）
　　实训十　关键限值的选择 …………………………………………………………（72）
第四章　ISO22000 食品安全管理体系在食品企业的建立 ……………………………（73）
　第一节　ISO22000 食品安全管理体系认证对食品企业的作用 ………………………（73）
　第二节　ISO22000 食品安全管理体系标准条款的理解 ………………………………（74）
　第三节　如何在食品企业建立 ISO22000 食品安全管理体系 ………………………（103）
　第四节　ISO22000 食品安全管理体系文件的编写 ……………………………………（110）
　思考题 ……………………………………………………………………………………（118）
　习题 ………………………………………………………………………………………（118）
　实训项目 …………………………………………………………………………………（121）
　　实训一　ISO22000 食品安全管理手册的编写 …………………………………（121）
　　实训二　文件控制程序的编写 …………………………………………………（122）
　　实训三　危害分析工作单的填写 ………………………………………………（122）
　　实训四　HACCP 计划表的填写 …………………………………………………（123）
第五章　ISO9001 质量管理体系在食品企业的建立 …………………………………（125）
　第一节　ISO9001 质量管理体系认证对食品企业的作用 ……………………………（125）
　第二节　ISO9001 质量管理基础和 8 项原则 ……………………………………………（128）
　第三节　ISO9001：2000 标准条款的理解 ………………………………………………（132）
　第四节　如何在食品企业建立 ISO9001 质量管理体系 ………………………………（153）
　第五节　ISO9001 质量管理体系文件的编写 ……………………………………………（161）
　思考题 ……………………………………………………………………………………（167）
　习题 ………………………………………………………………………………………（167）
　实训项目 …………………………………………………………………………………（168）
　　实训一　ISO9001 质量管理手册的编写 …………………………………………（168）
　　实训二　记录控制程序的编写 …………………………………………………（169）
第六章　ISO14001 环境管理体系在食品企业的建立 ………………………………（170）
　第一节　ISO14001 环境管理体系认证对食品企业的作用 ……………………………（170）
　第二节　ISO14001 环境管理体系的术语和定义 ………………………………………（172）
　第三节　ISO14001 标准条款的理解 ……………………………………………………（176）
　第四节　如何在食品企业建立 ISO14001 环境管理体系 ………………………………（184）
　第五节　ISO14001 环境管理体系文件的编写 …………………………………………（189）
　思考题 ……………………………………………………………………………………（191）
　习题 ………………………………………………………………………………………（191）
　实训项目 …………………………………………………………………………………（193）
　　实训一　ISO14001 环境管理手册的编写 ………………………………………（193）
　　实训二　ISO14001 程序文件的编写 ……………………………………………（194）
　　实训三　环境因素识别 …………………………………………………………（195）

第七章 食品企业 QS、ISO22000、ISO9001、ISO14001 整合管理体系的建立与认证 (196)
- 第一节 整合管理体系认证对食品企业的应用意义和作用 (196)
- 第二节 如何在食品企业建立整合管理体系 (198)
- 第三节 整合管理体系文件的编写 (208)
- 思考题 (213)
- 实训项目 (214)
- 食品企业 QS、ISO22000、ISO9001、ISO14001 整合管理手册的编写 (214)

第八章 食品企业管理体系的内部审核 (215)
- 第一节 食品企业管理体系内部审核的重要意义 (215)
- 第二节 食品企业管理体系内部审核的实施 (217)
- 第三节 管理体系内审员 (229)
- 思考题 (233)
- 实训项目 (233)
- 实训一 内部审核首次会议的训练 (233)
- 实训二 现场审核 (234)
- 实训三 内部审核末次会议的训练 (234)
- 实训四 内审计划的编写 (235)
- 实训五 内审检查表的编写 (236)
- 实训六 内审报告的编写 (236)

第九章 食品企业管理体系的认证 (238)
- 第一节 认可制度简介 (238)
- 第二节 认证机构与认证人员 (239)
- 第三节 食品企业管理体系认证实施步骤 (243)
- 思考题 (244)

附录Ⅰ 企业生产必备条件审查人员及工作计划表 (245)

附录Ⅱ 食品生产加工企业必备条件现场审查报告 (245)

附录Ⅲ 食品生产加工企业不合格项改进表 (246)

附录Ⅳ 食品企业产品质量安全保证体系审查工作廉洁信息反馈表 (246)

附录Ⅴ 产品抽样单 (247)

附录Ⅵ 某组织的 QMS/EMS/FSMS/食品质量安全市场准入制度（QS）管理手册实例 (248)

参考文献 (266)

第一章 绪 论

一、食品的质量和安全

随着我国经济的高速发展，科学技术的不断进步，人民生活水平的不断提高，人们对食品提出了越来越高的要求。一方面要求食品营养丰富，色、香、味、形俱佳，另一方面要求食用方便，清洁卫生，无毒无害，确保安全。食品质量安全是保障人们身心健康的需要，是提高我国食品在国际市场的竞争力的需要。

1. 食品的质量

食品是具有一定营养价值的、可供食用的、对人体无害的、经过一定加工制作的食物。食品质量是指食品满足规定或潜在要求的特征和特性总和。食品质量反映了食品品质的优劣，不仅指食品的外观、品质、规格、数量、重量、包装，同时也包括了安全卫生。食品的质量必须符合国家法律、行政法规和强制性标准的要求，不得存在危及人体健康和人身财产安全的不合理危险。

2. 食品的安全

WHO将食品安全定义为：食品按其原定用途进行制作和食用时不会使消费者受害的一种保证。主要指在食品的生产和消费过程中没有达到危害程度的一定剂量的有毒、有害物质或因素的加入，从而保证人体按照正常剂量和以正常方式摄入这样的食品时不会受到急性或慢性的危害，这种危害包括对摄入者本身及其后代的不良影响。

（1）食品安全是个综合概念　食品安全包括食品卫生、食品质量、食品营养等相关方面的内容和食品（食物）种植、养殖、加工、包装、贮藏、运输、销售、消费等环节。

（2）食品安全是个社会概念　不同国家以及不同时期，食品安全所面临的突出问题和治理要求有所不同。在发达国家，食品安全所关注的主要是因科学技术发展所引发的问题，如转基因食品对人类健康的影响；而在发展中国家，食品安全所侧重的则是市场经济发育不成熟所引发的问题，如假冒伪劣、有毒有害食品的非法生产经营。我国的食品安全问题则包括上述全部内容。

（3）食品安全是个政治概念　无论是发达国家，还是发展中国家，食品安全都是企业和政府对社会最基本的责任和必须做出的承诺。食品安全与生存权紧密相连，具有唯一性和强制性，通常属于政府保障或者政府强制的范畴。

（4）食品安全是个法律概念　进入20世纪80年代以来，一些国家以及有关国际组织从社会系统工程建设的角度出发，逐步以食品安全的综合立法替代卫生、质量、营养等要素立法。1990年英国颁布了《食品安全法》，2000年欧盟发表了具有指导意义的《食品安全白皮书》，2003年日本制定了《食品安全基本法》。我国人大常委会2008年4月已公布《食品安全法（草案）》，广泛征求各方面意见和建议。

二、食品企业的质量、安全和环境管理体系

目前，食品质量安全控制的手段已经由最初的抽样检验发展成为了体系管理。食品企业为了能向消费者提供卫生安全、质量过关的食品，为了在激烈的市场竞争中占有一席之地，纷纷采用了各种国际管理体系来规范企业的管理。目前食品企业正在运行的管理手段有：食品质量安全市场准入制度（QS认证）和三种国际管理体系，它们分别是GB/T 22000—2006（idt ISO22000：2005）食品安全管理体系；GB/T 19001—2000（idt ISO9001：2000）质量管理体系和GB/T24001—2004（idt ISO14001：2004）环境管理体系。

（一）食品质量安全市场准入制度（QS认证）

1. 食品质量安全市场准入制度

市场准入也叫市场准入管制，是指为了防止资源配置低效或过度竞争，确保规模经济效益、范围经济效益和提高经济效率，政府职能部门通过批准和注册，对企业的市场准入进行管理。市场准入制度是关于市场主体和交易对象进入市场的有关准则和法规，是政府对市场管理和经济发展的一种制度安排。它具体通过政府有关部门对市场主体的登记、发放许可证、执照等方式来体现。

对于产品的市场准入，一般的理解是，允许市场的主体（产品的生产者与销售者）和客体（产品）进入市场的程度。食品市场准入制度也称食品质量安全市场准入制度，是指为保证食品的质量安全，具备规定条件的生产者才允许进行生产经营活动，具备规定条件的食品才允许生产销售的监管制度。因此，实行食品质量安全市场准入制度是一种政府行为，是一项行政许可制度。

2. 食品市场准入制度核心内容

（1）对食品生产加工企业实行生产许可证管理　实行生产许可证管理是指对食品生产加工企业的环境条件、生产设备、加工工艺过程、原材料把关、执行产品标准、人员资质、储运条件、检测能力、质量管理制度和包装要求等条件进行审查（QS认证），并对其产品进行抽样检验。对符合条件且产品经全部项目检验合格的企业，颁发食品质量安全生产许可证，允许其从事食品生产加工。

（2）对食品出厂实行强制检验　其具体要求有3个：一是那些取得食品质量安全生产许可证并经质量技术监督部门核准，具有产品出厂检验能力的企业，可以实施自行检验其出厂的食品。实行自行检验的企业，应当定期将样品送到指定的法定检验机构进行定期检验；二是已经取得食品质量安全生产许可证，但不具备产品出厂检验能力的企业，按照就近的原则，委托指定的法定检验机构进行食品出厂检验；三是承担食品检验工作的检验机构，必须具备法定资格和条件，经省级以上（含省级）质量技术监督部门审查核准，由国家质检总局统一公布承担

食品检验工作的检验机构名录。

（3）实施食品质量安全市场准入标志管理　获得食品质量安全生产许可证的企业，其生产加工的食品经出厂检验合格的，在出厂销售之前，必须在最小销售单元的食品包装上标注由国家统一制定的食品质量安全生产许可证编号并加印或者加贴食品质量安全市场准入标志，并以"质量安全"的英文名称Quality Safety的缩写"QS"表示。国家质检总局统一制定食品质量安全市场准入标志的式样和使用办法。

食品企业为了获得生产许可证，必须通过食品质量安全现场审查，并且其产品抽样检验必须合格，以上两个条件都具备的食品企业其产品的最小包装上可以加印或加贴QS标志，因此食品企业生产许可证的获得也称"QS认证"。

QS认证已经成为食品企业在市场上生存的通行证，对于食品企业是关系到生死存亡的认证。

（二）ISO9001：2000质量管理体系

ISO9000（即ISO9001，通常称做九千标准）是国际标准化组织的质量管理体系认证。ISO9000不是指一个标准，而是一族标准的统称。"ISO9000族标准"是指由ISO/TC176制定的所有国际标准。TC176即ISO中第176个技术委员会，全称是"质量保证技术委员会"，1987年更名为"质量管理和质量保证技术委员会"。TC176专门负责制定质量管理和质量保证技术的标准。

ISO9000族标准先后经历了如下的发展历程：

1987版————→1994版————→2000版

2000年12月15日，2000版的ISO9000族标准正式发布实施，2000版ISO9000族国际标准的核心标准共有四个：

ISO9000：2000质量管理体系　基础和术语；

ISO9001：2000质量管理体系　要求；

ISO9004：2000质量管理体系　业绩改进指南；

ISO19011：2002质量和环境管理体系审核指南。

上述标准中的ISO9001：2000《质量管理体系　要求》通常用于食品企业建立质量管理体系并申请认证之用。它主要通过对申请认证的食品企业的质量管理体系提出各项要求来规范企业的质量管理体系。主要分为五大模块的要求，这五大模块分别是：质量管理体系、管理职责、资源管理、产品实现、测量分析和改进。其中每个模块中又分有许多分条款。

我国于2000年12月28日颁布了《ISO9001：2000质量管理体系　要求》的等同标准《GB/T19001—2000质量管理体系　要求》。2001年6月1日开始实施这个标准，依据该标准建立质量管理体系帮助企业满足顾客要求，因此得到我国食品企业的广泛采用。

（三）ISO22000：2005食品安全管理体系

为了满足各方面的要求，在丹麦标准协会的倡导下，通过国际标准化组织协调,将相关的国家标准在国际范围内进行整合,国际标准化组织(ISO)于2005年9月1日发布最新国际标准《ISO22000:2005,食品安全管理体系 食物链中各类组织的要求》。该标准整合了HACCP原理,借鉴了ISO9001的框架,具有很好的推广性。

我国于2006年3月1日颁布了《ISO22000:2005食品安全管理体系 食物链中各类组织的要求》的等同标准《GB/T22000—2006食品安全管理体系 食物链中各类组织的要求》。2006年7月1日开始实施这个标准,依据该标准建立食品安全管理体系帮助企业提高提供安全食品的能力,因此得到我国食品企业的广泛青睐。

(四) ISO14001:2004 环境管理体系

ISO14000是由国际标准化组织编制并推出的一套环境管理体系标准,主要针对企业或公司在生产和服务的过程中通过环境因素的分析,针对重要环境因素制定环境目标和环境管理方案,定期的对环境运行情况进行监控,保障将最终的环境影响降低在最低点。

我国于2005年5月10日颁布了《ISO14001:2004环境管理体系 要求及使用指南》的等同标准《GB/T24001—2004环境管理体系 要求及使用指南》。2005年5月15日开始实施这个标准。食品行业属于高污染行业,食品企业依据该标准建立环境管理体系帮助企业节能减排,提高企业的环境管理水平,因此得到我国食品企业的广泛青睐。

三、食品企业管理体系建立与认证的意义

食品企业通过建立管理体系并通过认证后,具有以下重要意义:

(一) 企业管理现代化的重要标志

管理落后一直是困扰我国广大食品企业特别是国有企业和乡镇企业的老大难问题。工业界一直有"三分技术,七分管理"的说法。"管理科学"是我国国有企业深化改革、建立现代企业制度的目标之一。管理现代化的内涵虽然很多,但是通过建立系列化、规范化、文件化的管理体系代替零散的、随意的、口头的传统管理方法,对管理对象(食品质量、环境、食品安全)实施科学、严谨的管理无疑是企业管理方法的巨大变革。

(1) 使企业管理走向法制化的重要途径 建立管理体系后,系统、规范的体系文件成为企业上下人人遵守的内部法规,使企业管理由人治走向法治。

(2) 发动全体员工参与管理的好形式 管理层的理念、思路及目标通过体系文件变成全体员工的自觉行动,质量、环保、安技等管理部门的工作得到各有关部门的主动支持与配合。

(3) 使企业建立起主动的自我完善、持续改进的有效机制 通过管理体系特有的日常监测与测量、年度审核及管理评审,企业能主动地及时发现管理中存在的问题,实现自我约束、自我调节、自我完善的持续改进机制。

（二）消除贸易壁垒，开拓国内外市场的通行证

针对国际贸易中出现的三个非关税壁垒（质量、环境、食品安全）而形成的三项体系认证制度，为企业提供了消除相应贸易壁垒的有利武器。三种认证证书，是企业通向国际市场的三张有效通行证。

（三）向公众展示企业良好形象和社会责任的佐证和媒介，企业获得不同认证证书，展示不同的形象和责任

（1）ISO22000：2005 食品安全管理体系认证展示企业确保食品安全，追求"零食品安全事故"目标，对消费者负责的形象与责任。

（2）ISO9001：2000 质量管理体系认证展示企业确保产品质量稳定，追求"零缺陷"目标，对用户负责的形象与责任。

（3）ISO14001：2004 环境管理体系认证展示企业确保在生产过程和产品性能两个方面节约资源、减少污染，追求"零排放"目标，对社会负责的形象与责任。

（四）具有直接或间接经济效益、社会效益

企业建立并通过管理体系认证虽然要有一定投入，但也会得到丰厚的回报。不仅有造福社会的社会效益，也会产生实实在在的经济效益。

（1）ISO22000：2005 食品安全管理体系认证保证食品安全，减少食品安全事故，提升企业品牌。

（2）ISO9001：2000 质量管理体系认证稳定产品质量，减少废品损失，提高企业信誉，有利于打开国内外市场。

（3）ISO14001：2004 环境管理体系认证节约能源资源，降低企业成本；持续达标排放，减少排污费用；改善产品环境性能，提高市场竞争力；为保护环境作贡献。

四、学习本门课程的意义和方法

本门课程主要阐述了食品企业目前经常涉及的 QS、ISO22000：2005 食品安全管理体系、ISO9001：2000 质量管理体系和 ISO14001：2004 环境管理体系建立的方法和食品企业准备认证的程序。

（一）学习本门课程的意义

通过本门课程的学习，学生可以在以下方面取得进步：

（1）可以掌握 QS 认证要求、ISO22000：2005、ISO9001：2000 和 ISO14001：2004 标准条款的含义。

（2）可以掌握食品企业建立管理体系的方法。

（3）可以具备一名内审员的能力，参与企业管理体系的内审工作。

（4）可以编写各种管理体系文件，投身所在食品企业的体系建立工作。

（二）学习本门课程的方法

本课程是一门实践性非常强的课程，在学习时一方面要了解管理体系建立的方法和认证的程序，一方面要按照本课程的实训项目认真练习，同时还必须与食品企业实际有机结合起来，才能收到成效。

第二章　QS 在食品企业的建立与认证

知识目标：
1. 熟悉食品质量安全市场准入制度（QS 认证）的具体要求、QS 认证程序。
2. 掌握《食品生产加工企业质量安全监督管理办法》"食品生产加工企业必备条件"中的十一项要求。
3. 了解现阶段需要取得食品生产许可证的产品种类和认证单元。

技能目标：
1. 根据《审查通则》和相应的《审查细则》对食品企业生产必备条件进行内部现场审查。
2. 具备编写食品生产许可证申报所需要的资料。

食品企业的管理是做好食品安全的基础，也是关键。我国对食品企业进行"QS"认证，主要是借鉴了美国、日本、加拿大、德国、新加坡等积极推行食品 GMP 认证，从而监管食品企业，把好食品安全的第一关。

本章将着重就 QS 在食品企业的建立与认证的相关要求加以论述。

第一节　市场准入制度简介

"QS"是我国的食品市场准入标志，由英文"质量安全（Quality Safety）"的开头字母组成，加贴"QS"标志表明食品符合质量安全的基本要求。

一、食品质量安全市场准入制度概述

市场准入制度是指各国政府或授权机构对生产、销售者及其商品（或资本）进入市场所规定的基本条件，以及相应的管理制度。

自 2005 年 9 月 1 日起施行的《食品生产加工企业质量安全监督管理实施细则（试行）》（国家质检总局 79 号令）对食品生产加工企业质量安全监督管理提出了一系列明确的要求。按照国家有关规定，凡在中华人民共和国境内从事以销售为最终目的的食品生产加工活动的国有企业、集体企业、私营企业、三资企业，以及个体工商户、具有独立法人资格企业的分支机构和其他从事食品生产加工经营活动的每个独立生产场所，都必须申请"食品生产许可证"。

2004 年开始对大米等 5 类食品未取得食品生产许可证的生产企业进行查处。

2005 年 7 月 1 日开始对肉制品等 10 类食品未取得食品生产许可证食品生产企业进行查处。

2007年1月1日开始对糖果制品等13类食品未取得食品生产许可证生产企业进行查处。

根据国家质检总局安排,从2008年1月1日起,被列入第一批实施市场准入制度管理的食品用塑料包装、容器、工具等制品目录中的39种产品,须获得生产许可证并标注"QS"标志方可上市销售或使用。

食品质量安全市场准入制度基本内容包括以下三项制度:

(1) 食品生产许可证制度　食品生产许可证制度是工业产品许可证制度的一个组成部分,旨在控制食品生产加工企业的生产条件,防止因食品原料、包装问题或生产加工、运输、储存过程中带来的污染对人体健康造成任何不利的影响。生产食品企业必须获得国家颁发的食品生产许可证,凡不具备保证产品质量必备条件的,不得从事食品生产加工。

(2) 强制检验制度　要求食品企业必须检验其生产的食品,履行法律义务确保出厂销售的食品检验合格,不合格的食品不得出厂销售。质监部门对获证企业产品实行定期监督检验,对检验不合格的产品实行加严检验。

(3) 市场准入标志(即QS标志)制度　企业在取得"食品生产许可证"后,直接将QS标志印刷在食品最小销售单元的包装和外包装上,以便于消费者识别。对检验合格的食品加贴市场准入标志,向社会做出"质量安全"承诺。

QS标志只是实行食品市场准入制度的一个方面,它代表三个内容:

(1) 企业声明　该企业获得食品生产许可证,该产品经过国家核定,有市场准入资格。

(2) 企业证明　这个产品是经过检验合格的产品。

(3) 企业承诺　食用该产品出现质量问题,企业承担法律责任。

因此,消费者在购买产品的时候只要购买加贴有QS标志的产品,就是获得国家认定的放心食品。

二、产品种类和认证单元

产品种类是指实施食品生产许可证管理的产品种类,如大米、肉制品和饮料等。

认证单元(即申请认证的单元)是指在产品种类内,生产工艺、生产设备、检验手段等生产条件相近的产品组。

三、实行食品质量安全市场准入制度的意义

1. 实行食品质量安全市场准入制度是提高食品质量、保证消费者安全健康的需要

食品是一种特殊商品,它最直接地关系到每一个消费者的身体健康和生命安全。近年来,产品抽样合格率不高,假冒伪劣产品屡禁不止,因食品质量安全问题造成的中毒及伤亡事故屡有发生,已经影响到人民群众的安全和健康,为从食

品生产加工的源头上确保食品质量安全，必须制定一套符合社会主义市场经济要求、运行有效、与国际通行做法一致的食品质量安全监督制度，市场准入制度是在这样一个背景中产生的。

2. 实行食品质量安全市场准入制度是保证食品生产加工企业的基本条件，强化食品生产法制管理的需要

我国食品工业的生产技术水平与国际还有较大差距。大多数食品生产加工企业规模极小，加工设备简陋，环境条件很差，技术力量薄弱，质量意识淡薄，难以保证食品的质量安全。近年来，根据国家质检总局专项调查结果显示，存在很多食品生产企业产品出厂不检验、管理混乱、添加剂滥用、原料采购随意等现象。企业是保证和提高产品质量的主体，市场准入制度是规范食品质量实体——食品生产企业的一套完整的制度，能够实现食品生产法制管理的效果。

3. 实行食品质量安全市场准入制度是适应改革开放，创造良好经济运行环境的需要

在我国的食品生产加工和流通领域中，降低标准、偷工减料、以次充好、以假乱真等违法活动时有发生。为了规范市场经济秩序，维护公平竞争，适应加入WTO 以后我国社会经济进一步开放的形势，保护消费者的合法权益，也必须实行食品质量安全市场准入制度。

第二节　食品 QS 认证申请程序

一、食品企业 QS 认证程序

具体认证程序如图 2-1 所示。

二、食品企业 QS 认证准备阶段

为了保证企业一次性通过 QS 认证，企业必须成立 QS 认证领导小组来全面负责 QS 认证的准备和申报工作，该小组应该由企业最高管理者任组长，为 QS 认证的各项工作提供领导保证。组员由各部门的负责人（如品质主管、技术主管、生产主管、采购主管、仓库主管）构成，以保证整个 QS 认证工作的执行效果。

领导小组成立后，小组应该聘请专家在企业各个部门进行 QS 认证相关文件和政策的培训。

培训的内容包括：《食品生产加工企业质量安全监督管理办法》、《××××食品生产许可证审查细则》、《××××企业卫生规范》和食品生产加工企业必备条件现场审查表等。

培训的目的一是提高企业包括高层在内的全体员工对 QS 认证的重视程度，提高全员参与的意识，二是使相关部门了解自己职责范围内如何通过努力达到审查要求，三是通过学习使全体员工真正认识到 QS 认证不仅是为了取得生产许可证，

更重要的是通过审查提高企业食品质量安全的管理水平。

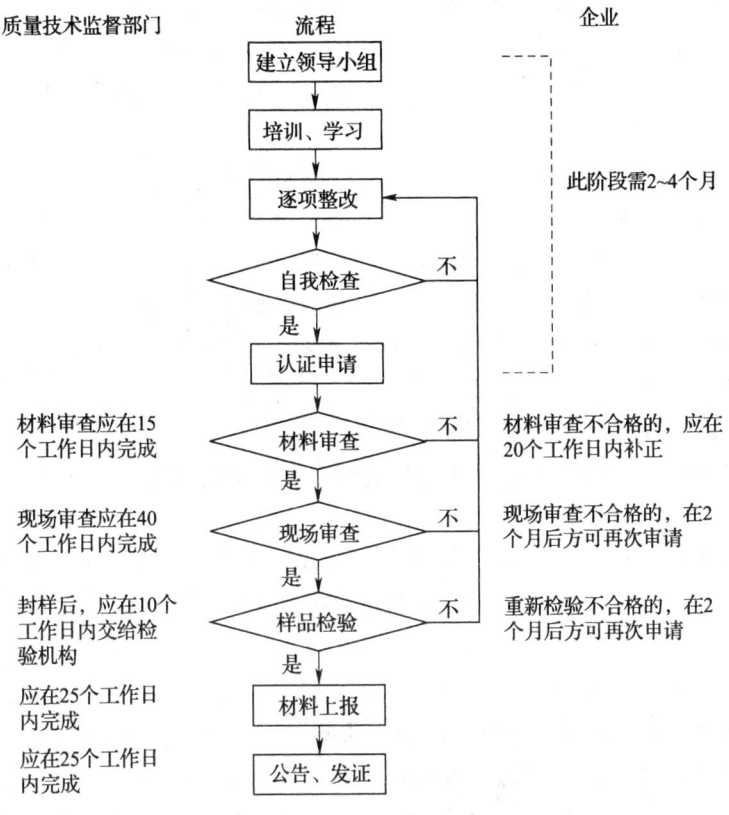

图 2-1　食品 QS 认证流程图

三、食品企业 QS 认证内部整改阶段

食品企业根据食品产品的种类国家无证查处的时间，合理安排企业进行 QS 认证的相应准备工作。为了保证整个 QS 认证工作的顺利进行要成立一个领导小组，组织 QS 认证国家相关制度和文件精神的贯标培训，进而按照国家 QS 认证的有关要求进行硬件和软件方面的内部整改（具体的内部整改的方法详见本章第三节）。内部整改结束后进入企业 QS 认证的办理阶段。

四、食品企业办理 QS 认证阶段

（一）认证申请

食品生产加工企业到当地的地市级质量技术监督部门领取"食品生产许可证申请表"，然后，企业根据"食品生产许可证申请表"中的项目要求填写完整。

每个认证单元均须交给地市级质量技术监督部门的资料：

（1）食品生产许可证申请表（一式两份，公章复印无效）；

（2）企业营业执照、食品卫生许可证、企业代码证复印件各 1 份；

（3）企业厂区布局图、生产工艺流程图（需标注关键设备和参数）各1份；

（4）经质量技术监督部门备案的企业产品标准1份（无企业标准，而执行国家标准、行业标准、地方标准的企业，提供所执行的标准即可）；

（5）企业质量管理文件1份（包括食品QS质量手册和各项管理制度，装订成册）；

（6）电子版的、填写完整的食品生产许可证申请表。

（二）材料审查

质量技术监督部门接到企业申请后，15个工作日会完成申请材料的书面审查。如果书面审查符合要求的，质量技术监督部门发给企业食品生产许可证受理通知书；如果书面审查不符合要求的，质量技术监督部门通知企业在20个工作日内补正。

（三）现场审查

质量技术监督部门在发给企业食品生产许可证受理通知书后的40个工作日安排审查组对企业进行现场审查。

现场审查的依据：一是国家质检总局发布的食品生产加工企业必备条件现场审查表，二是《××××食品生产许可证审查细则》。

现场审查5个基本程序：

（1）召开首次会议审查组组长主持，审查组全体人员及被审查企业的领导和有关人员参加，说明本次审查的日程安排等事项。

（2）现场审查时，审查组成员按照分工同时开展工作。

（3）产品抽样一般在成品仓库内进行，审查组填写产品抽样单，并将样品封好，由企业或审查组在10个工作日内安全送到指定的质检机构。

（4）审查组会议编写审查报告和审查结论。

（5）末次会议由审查组组长主持，审查组全体人员及被审查企业的领导和有关人员参加，指出现场审查中发现的不符合项目，向企业提出改进建议。

现场审查时间不超过两天。

现场审查实行审查组长负责制。只要现场审查后，审查结论由审查组长在审查报告上做出，结论为"合格"或"不合格"。

如果现场审查不合格，质量技术监督部门应当向企业发出食品生产许可证审查不合格通知书，并说明理由，企业原食品生产许可证受理通知书自行作废。企业自接到食品生产许可证审查不合格通知书之日起，两个月后才能再次提出取证申请。

（四）产品检验

食品企业现场审查结论为"合格"时，由审查组在企业成品库中随机抽取所受理的产品的样本，在10个工作日内送至有资质的产品质量检验部门进行产品检验。

在对产品进行抽样时应该注意以下问题：

（1）每个认证单元抽取一种产品。

(2) 样品应为企业产量较大的产品,即主导产品。
(3) 在企业成品仓库的待销品中随机进行。
(4) 抽样过程要有企业代表参加。
(5) 产品抽样单上有抽样人员和企业代表的签字,并加盖企业公章。
(6) 样品一式两份,一份送检验机构,一份留在企业作为备用。
(7) 样品在送到检验机构前,应保持无破损、无变质、封条完整。

根据各种,企业应在现场审查前准备好相应的产品,准备数量应该不小于产品的《审查细则》规定的抽样基数。企业在现场审查前建议按照所申证产品《审查细则》的发证检验项目进行全项自检或委外检验以确保自己的产品是合格的。

检验机构应当在收到样品之日起15个工作日内完成检验任务。

如果样品检验不合格,质量技术监督部门将结果通知企业。企业对检验结果有异议的,可以向质量技术监督部门要求复检。复检使用企业保留的那份样品,需要注意的是,样品应保持无破损、无变质、封条完整。

复检合格的,可以上报发证;复检仍不合格的,企业自接到复检不合格通知之日起,两个月后才能要求重新抽样,并呈交书面整改报告。质量技术监督部门需安排重新抽样和重新检验,不需再次对企业进行现场审查。

重新检验仍不合格的,企业自接到重新检验不合格通知之日起,两个月后才能再次提出取证申请。质量技术监督部门需再次进行现场审查。

(五) 公告、发证

获证企业由国家质检总局通过其官方网站(www.aqsiq.gov.cn 和 www.cqi.gov.cn)进行公告。

省级质量技术监督部门在接到国家质检总局批准意见后,各省质量技术监督局监督处在15个工作日内完成发放食品生产许可证及副本工作。

(六) 申办费用

企业申办食品生产许可证需要交纳的费用有以下3种:

(1) 审查费每个企业每次审查一个认证单元收取2200元,每次审查增加一个认证单元增收440元。此费用在申请时向受理申请的质量技术监督部门交付。

(2) 公告费每个认证单元收取400元。此费用在申请时向受理申请的质量技术监督部门交付。

(3) 产品质量检验费因各种产品的检验项目不同和各省经济发展水平不同也有差异。

(七) 食品生产许可证的年审和换证

食品生产许可证的有效期3年。企业在证书有效期内每年进行一次自查,并向当地质量技术监督局递交自查报告,当地质量技术监督局将以10%比例进行获证企业的现场核查。企业在证书3年有效期届满企业继续生产的,为了不影响食品生产加工企业的正常经营活动,应当在食品生产许可证有效期满6个月前,向原受理食品生产许可证申请的质量技术监督部门提出换证申请。质量技术监督部门应当按规定的程序对企业进行审查并换发证书。

第三节　食品企业的内部整改

企业的内部整改要依照《食品生产加工企业质量安全监督管理办法》（以下简称《管理办法》）第二章"食品生产加工企业必备条件"中的十一项的要求进行，主要从两个方面开展：硬件改造和软件细化。

企业的内部整改要求领导重视，资金支持，全员参与才能达到要求。整改结束后方可以进行申请。

一、食品企业设立的基本条件

依据79号令中第二章中第九条"食品生产加工企业应当符合法律、行政法规及国家有关政策规定的企业设立条件"。

企业整改措施：必须具有有效的资质证明。

必备材料：食品卫生许可证、营业执照、废水、废气排放达标的检验报告等。

二、食品企业的环境和卫生要求

依据79号令中第二章中第十条"食品生产加工企业必须具备保证产品质量安全的环境条件"。

企业整改措施：依照本企业相关的卫生规范逐项进行整改。

必备材料：《××××企业卫生规范》，厂区平面布置图，车间平面布置图，企业卫生管理制度和企业卫生检查记录。

三、食品企业的生产设备及相关设施要求

依据79号令中第二章中第十一条"食品生产加工企业必须具备保证产品质量安全的生产设备、工艺装备和相关辅助设备。具有与保证产品质量相适应的原料处理、加工、贮存等厂房或者场所。以辐射加工技术等特殊工艺设备生产食品的，还应当符合计量等有关法规、规章规定的条件"。

企业整改措施：企业可以按照《××××食品生产许可证审查细则》规定的必备生产设备进行配备，并对设备进行定期的维护保养，以保证生产质量好、对消费者是安全的合格的产品。设施方面原辅料库、产品库、卫生设施等要与企业的生产规模和能力相适应。

必备材料：《××××食品生产许可证审查细则》，设备管理制度，设备一览表，设备保养记录等。

（一）做好硬件配置

（1）车间至少设两个出入口，做到人货分流。

（2）车间内至少安装紫外灯。

(3) 成品装入容器的车间至少安装一盏紫外灯。

(4) 原材料和成品仓库应分离。

(5) 车间门窗要严密，车间入口、原辅料仓库和产品仓库入口应该设置不低于30cm的挡鼠板；车间窗口应有纱网等防蝇虫设施；各车间入口应该安置灭蝇灯。

(6) 下水道要畅通，不能用明沟，要用暗沟。

(7) 缝隙要用水泥、泡沫塑料、橡胶等填充。

（二）控制好工人的个人卫生条件

(1) 更衣室的设施要求　根据上班员工数量设置相应数量的衣帽柜和鞋柜，如图2-2和图2-3所示。

图2-2　更衣室的鞋柜　　　　　图2-3　更衣室的衣帽柜

(2) 洗手室的设施要求，如图2-4所示。

① 设计一个洗手池和一个消毒池，放置洗手液和配置消毒液浓度为100mg/kg的次氯酸钠溶液。

② 根据上班员工数量设置相应数量的非手动开关的水龙头和干手器。

③ 设计一个鞋靴消毒池，消毒液为200mg/kg的次氯酸钠溶液。

图2-4　洗手室

④ 进入车间前放置一个洒有消毒水的地毯。

（三）食品设备要求

设备中食品接触的表面全部配置不锈钢材料，和食品接触的工器具应该及时清洗消毒。直接接触食品及原料的设备和容器的结构设计合理，边角圆滑，无死角，不漏隙，便于拆卸，不易积垢，便于清理、消毒。生产过程中禁止使用竹木器具和棉麻制品。

四、食品生产加工企业的原材料、添加剂质量要求

依据 79 号令中第二章中第十二条"食品生产加工企业生产食品所用的原材料、添加剂等应当符合国家有关规定。不得使用非食用性原辅材料加工食品"。

企业整改措施：首先企业要有自己的原材料和添加剂的采购要求（应该识别有关法律法规的要求），其次要做好合格供方的管理。

准备材料：GB 2760《食品添加剂卫生规范》，相应原辅材料卫生标准，原材料检验作业指导书，采购管理制度，供方能力审查表，合格供方一览表，采购计划，采购合同，进料检验报告，企业用水的检验报告等。

五、食品企业的生产工艺管理要求

依据 79 号令中第二章中第十三条"食品加工工艺流程应当科学、合理，生产加工过程应当严格、规范，防止生物性、化学性、物理性污染以及防止生食品与熟品、原料与半成品、成品、陈旧食品与新鲜食品等的交叉污染"。

企业整改措施：生产工艺流程布置时严格按照从生到熟，从原料到成品的顺序将各工序划分开，成品包装和杀菌操作要有严格的卫生保障措施，针对关键控制工序要编写相应的作业指导书。预防生产过程中生物性污染的方法有：生产现场工作环境尤其是空气和水的控制，生产工人的卫生意识和卫生操作等。预防生产过程中化学性污染的方法有：原辅材料包括添加剂的控制和有毒、有害化学品的管理。

准备材料：车间卫生管理制度，关键工序的作业指导书，个人卫生检查记录，有毒、有害化学物品一览表和生产工艺流程图等。

六、食品企业的产品质量要求

依据 79 号令中第二章中第十四条"食品生产加工企业必须按照有效的产品标准组织生产。食品质量安全必须符合法律法规和相应的强制性标准要求，无强制性标准规定的，应当符合企业明示采用的标准要求"。

企业整改措施：食品企业的产品生产必须执行相关国家标准、行业标准、地方标准，或备案有效的企业标准。

准备材料：国家标准，行业标准，地方标准，备案有效的企业标准，产品检验报告，《定量包装商品计量监督规定》等。

七、食品企业的人员要求

依据 79 号令中第二章中第十五条"食品生产加工企业负责人和主要管理人员应当了解与食品质量安全相关的法律法规知识；食品企业必须具有与食品生产相适应的专业技术人员、熟练技术工人和质量工作人员。从事食品生产加工的人员必须身体健康、无传染性疾病和影响食品质量安全的其他疾病"。

企业整改措施：一是企业技术人员应该了解公司产品质量安全方面的法律法规，应该具备一定的知识、检验和技能并能够胜任工作。二是直接从事食品生产加工的人员（包括质量管理人员）必须身体健康，不患有有碍食品安全的疾病。

准备材料：员工能力一览表，岗位人员名册，人员培训管理制度，年度培训计划，培训考核记录，健康证等。

八、食品企业的质量检验要求

依据79号令中第二章中第十六条"食品生产加工企业应当具有与所生产产品相适应的质量检验和计量检测手段。公司应当具备产品出厂检验能力。检验、检测仪器必须经计量检定合格后方可使用。不具备出厂检验能力的公司，必须委托国家质检总局统一公布的、具有法定资格的检验机构进行产品出厂检验"。

企业整改措施：一是必须具备《食品生产许可证审查细则》具体规定所列出的每一件检验设备，二是检验设备必须经计量检定合格，检验设备和计量器具上应贴"合格证"。

准备材料：检验设备和计量器具一览表，检验设备和计量器具的检定证书。

九、食品企业的质量管理体系要求

依据79号令中第二章中第十七条"食品生产加工企业应当在生产的全过程建立标准体系。实行标准化管理，建立健全企业质量管理体系，实施从原材料采购、产品出厂检验到售后服务全过程的质量管理，建立岗位质量责任制。加强质量考核，严格实施质量否决权。鼓励企业根据国际通行的质量管理标准和技术规范获取质量体系认证或者HACCP认证，提高企业质量管理水平"。

企业整改措施：一是建立岗位质量职责，制定质量负责人，建立质量考核机制，对企业产品生成各个环节建立质量管理体系。二是企业有条件可以按照ISO9001建立质量管理体系和按照ISO22000建立食品安全管理体系。

准备材料：组织结构图，岗位质量责任，质量目标规定，质量目标考核办法或ISO9001质量管理体系认证证书，ISO22000食品安全管理体系认证证书等。

十、食品企业的产品包装要求

依据79号令中第二章中第十八条"用于食品包装的材料必须清洁，对食品无污染。食品的包装和标签必须符合相应的规定和要求。裸装食品在其出厂的大包装上能够标注使用标签的，应当予以标注"。

企业整改措施：一是保证包材不会对食品造成污染，建立岗位质量职责，制定质量负责人，建立质量考核机制，对企业产品生成各个环节建立质量管理体系。二是食品销售包装上必须有食品标签，并且必须符合GB7718—1994《预包装食品标签通则》。

准备材料：GB7718—1994《预包装食品标签通则》，内、外包装材料的检测报告和包材供方的资质证明材料等。

十一、食品企业的产品贮运要求

依据79号令中第二章中第十九条"贮存、运输和装卸食品的容器、包装、工具、设备必须安全，保持清洁，对食品无污染"。

企业整改措施：一是做好产品贮存的保管制度，二是做好产品的运输管理，三是做好贮存、运输等设备、工具的清洗消毒工作。

准备材料：成品库管理规定，冷库的卫生管理办法，产品运输要求，运输车清洗消毒规定等。

食品企业必须按照上述11个方面结合企业实际进行认真细致的整改，以达到审查的要求。

第四节　QS文件的编写

一、QS认证，如何编写质量体系文件

1. QS文件的作用

（1）QS文件确定了职责的分配和活动的程序。

（2）QS文件是企业内部的"法规"。

（3）QS文件是企业开展内部培训的依据。

（4）QS文件是QS审查的依据。

（5）QS文件使质量改进有章可循。

2. QS文件的层次

第一层：QS质量手册。

第二层：程序文件。

第三层：三级文件。

三级文件通常又可分为：管理性第三层文件（如：车间管理办法、仓库管理办法、文件和资料编写导则、产品标识细则等）和技术性第三层文件（如：产品标准、原材料标准、技术图纸、工序作业指导书、工艺卡、设备操作规程、抽样标准、检验规程等），表格一般归为第三层文件。

3. 编写QS文件的基本要求

符合性——应符合并覆盖所选标准或所选标准条款的要求；

可操作性——应符合本企业的实际情况。具体的控制要求应以满足企业需要为度，而不是越多越严就越好；

协调性——文件和文件之间应相互协调，避免产生不一致的地方。针对编写具体某一文件来说，应紧扣该文件的目的和范围，尽量不要叙述不在该文件范围

内的活动，以免产生不一致。

4．编写 QS 文件的文字要求

（1）职责分明，语气肯定（避免用"大致上"、"基本上"、"可能"、"也许"之类词语）。

（2）结构清晰，文字简明。

（3）格式统一，文风一致。

5．文件的通用内容

编号、名称；

编制、审核、批准；

生效日期；

受控状态、受控号；

版本号；

页码，页数；

修订号。

6．QS 质量手册的编制

（1）质量手册的结构（手册范例）：

封面

前言（企业简介，手册介绍）

目录

1．颁布令

2．质量方针和目标

3．组织机构

3.1　行政组织机构图

3.2　质量保证组织机构图

3.3　质量职能分配表

4．质量体系要求

4.1　管理职责

目的

范围

职责

管理要求

引用程序文件

4.2　质量体系

5．质量手册管理细则

6．附录

（2）质量手册内容概述

封面：质量手册封面。

企业简介：简要描述企业名称、企业规模、企业历史沿革；隶属关系；所有制性质；主要产品情况（产品名称、系列型号）；采用的标准、主要销售地区；企业地址、通讯方式等内容。

手册介绍：介绍本质量手册所依据的标准及所引用的标准；手册的适用范围；必要时可说明有关术语、符号、缩略语。

颁布令：以简练的文字说明本公司质量手册已按选定的标准编制完毕，并予以批准发布和实施。颁布令必须以公司最高管理者的身份叙述，并予亲笔签姓名、日期。

质量方针和目标：（略）。

组织机构：行政组织机构图、质量保证组织机构图指以图示方式描绘出本组织内人员之间的相互关系。质量职能分配表指以表格方式明确体现各质量体系要素的主要负责部门、若干相关部门。

质量体系要求：根据质量体系标准的要求，结合本公司的实际情况，简要阐述对每个质量体系要素实施控制的内容、要求和措施。力求语言简明扼要、精炼准确，必要时可引用相应的程序文件。质量手册管理细则：简要阐明质量手册的编制、审核、批准情况；质量手册修改、换版规则；质量手册管理、控制规则等。

附录：质量手册涉及之附录均放于此（如必要时，可附体系文件目录、质量手册修改控制页等），其编号方式为附录A、附录B，以此顺延。

7．程序文件的编制

（1）程序文件描述的内容　往往包括5W1H：开展活动的目的（Why）、范围；做什么（What）、何时（When）、何地（Where）、谁（Who）来做；应采用什么材料、设备和文件，如何对活动进行控制和记录（How）等。

（2）程序文件结构（程序文件范例）

封面

正文部分：

1．目的

2．范围

3．职责

4．程序内容

5．质量记录

6．支持性文件

7．附录

（3）程序文件内容概述

封面：程序文件封面格式可根据企业自己的特点设计。

正文：程序文件正文参考格式见第四章第四节应急准备和相应控制程序。

目的：说明为什么开展该项活动。

范围：说明活动涉及的（产品、项目、过程、活动……）范围。

职责：说明活动的管理和执行、验证人员的职责。
程序内容：详细阐述活动开展的内容及要求。
质量记录：列出活动用到或产生的记录。
支持性文件：列出支持本程序的第三层文件。
附录：本程序文件涉及之附录均放于此，其编号方式为附录 A、附录 B。

8. 第三层文件的编制要求

第三层文件为企业具体的规章制度等。

二、QS 认证体系文件目录

QS 认证需要的体系文件有很多，具体如表 2-1 所示。

表 2-1　　　　　　　　　QS 认证体系文件目录

编号	文件目录	文件子目录
1	质量方针、质量目标	
2	质量负责人任命书	
3	机构设置	
4	岗位职责	
5	资源的提供与管理	（1）质量有关人员能力要求规定 （2）人员培训管理制度 （3）设备、设施管理规定 （4）检测设备、计量器具管理制度 （5）设备操作维护规程 （6）检测仪器操作规程
6	产品设计	（1）工艺流程图 （2）工艺规程
7	原材料提供	（1）采购管理制度 （2）采购质量验证规程 （3）原辅料、成品仓库管理制度
8	生产过程的质量控制	（1）生产过程的质量控制制度 （2）关键工序管理制度
9	产品质量检验	（1）检验管理制度 （2）产品质量检验规程
10	不合格的管理	（1）不合格管理办法 （2）不合格品管理制度
11	技术文件管理制度	
12	卫生管理制度	
13	质量记录	

第五节　QS 现场审查

根据食品质量安全市场准入制度的规定，对企业申证材料书面审查合格的食品企业，审查组应按照食品生产许可证审查规则，在 40 个工作日内完成对企业必备条件的 QS 现场审查，对 QS 现场审查合格的企业，由审查组现场抽样和封样。

企业 QS 现场审查工作，是审查组对材料审查合格后的食品企业开展的下一项工作。审查组应当自食品生产许可证受理通知书发出之日起 40 个工作日内，依据食品生产许可证审查规则按时完成企业必备条件的现场审查。

一、食品质量安全市场准入审查通则

食品质量安全市场准入审查通则是审查组对食品生产加工企业保证产品质量必备生产条件 QS 现场审查活动的工作依据。在企业 QS 现场审查中，审查员应同时使用《审查通则》和某一个《审查细则》，以完成对某一类食品生产企业的质量安全市场准入审查。

二、现场审查工作程序

企业 QS 现场审查工作过程主要有：召开预备会议，召开首次会议，进行现场审查，审查组内部会议，召开末次会议等五个步骤。

1. 预备会议

到食品企业进行现场审查之前，审查组长需召开一次审查预备会议，也叫"碰头会"。审查预备会议可以在前往企业现场审查之前召开，也可以在现场审查的路上（汽车上、火车上等）召开，也可以到企业后先抽 10 分钟召开个预备会。

预备会议的主要内容就是介绍企业情况，进行现场审查分工，明确审查重点，重申审查工作纪律，以及相互进行一些沟通和交流等。

2. 首次会议

召开首次会议，是审查组进入企业进行现场审查的第一项正式活动，也是现场审查活动的正式开始。

首次会议由审查组长主持召开，会议一般不超过 30min。首次会议应当在融洽、坦诚、务实的气氛中召开，不要以审问与被审问，找问题与规避问题的形式召开。

首次会议的参加人员为审查组的全体成员，包括各级质量技术监督部门派来的观察员、受审查企业的领导、有关职能部门的负责人等。

首次会议的主要内容有：

（1）介绍审查组成员的身份和工作单位，介绍随同审查的观察员身份。

（2）说明现场审查的依据（即食品质量安全市场准入审查规则）与审查的范围。

（3）宣布审查进度和审查员分工。

（4）说明现场审查的基本做法是采取随机抽样的方法，其有一定的风险性。
（5）承诺保密原则，承诺不将受审企业的技术、商业秘密透露给第三方。
（6）企业介绍准备工作情况。
（7）企业落实审查陪同人员。
（8）澄清疑问。
（9）审查组长宣布首次会议结束。

3. 现场审查

首次会议结束后，审查组成员按审查分工和审查进度安排，开始现场审查工作。

例如对于第二批新10类食品即肉制品、乳制品、饮料、调味品（糖、味精）、方便面、饼干、罐头、冷冻饮品、速冻面米食品、膨化食品和第三批新13类食品，即糖果制品、茶叶、葡萄酒及果酒、啤酒、黄酒、酱腌菜、蜜饯、炒货食品、蛋制品、可可制品、焙炒咖啡、水产加工品、淀粉及淀粉制品等食品生产企业的现场审查，主要依据《关于印发〈食品质量安全市场准入审查通则〉的通知》（国质检监函〔2003〕515号）和《关于印发肉制品等10类食品生产许可证审查细则的通知》（国质检监函〔2003〕516号）及《关于印发糖果制品等13类食品生产许可证审查细则的通知》（国质检监函〔2004〕557号）文件进行。

现场审查的审查进度依照《关于印发〈食品质量安全市场准入审查通则〉的通知》（国质检监函〔2003〕515号）中的《食品生产加工企业必备条件现场审查表》进行，如果受审查企业基本符合了食品生产加工企业必备条件现场审查表规定的要求，便可以通过现场审查，审查组就要在食品生产加工企业必备条件现场审查表后面的食品生产加工企业必备条件现场审查报告上，给受审查企业开出审查合格的现场审查结论。反之，则开出企业现场审查不合格的审查结论。

审查组对食品企业进行现场审查，企业应该配备相应的陪同人员。企业陪同人员的职责和作用是：向导、联络、见证。审查组审查出企业有不合格项时，有企业陪同人员在场，便于企业对不合格事实的确认。

现场审查主要是寻找企业符合要求的证据。

现场审查的方法主要为"问、看、查"。

"问"，就是面谈、交谈。审查员与企业人员面谈时，应和蔼、耐心，切忌态度死板生硬，不要增加被谈话人员的心理压力。在提问时，应掌握主导性，但绝不能诱导对方。

"看"，就是查看文件，查看记录等。审查员不仅要会查看文件、记录的真实性，是否与企业实际情况相符合，还应会查看文件、记录的合理性和科学性。

"查"，就是观察。审查员应对现场的生产设备、出厂检验设备以及现场生产控制等情况进行仔细查看，以便获得真实可靠的现场审查信息。

一般来说，在现场审查中"问、看、查"三大方法的使用比例为："问"占50%左右，"看"占30%左右，"查"占20%左右。

企业现场审查的方式，主要有要素审查和部门审查两种：

（1）要素审查　就是按审查规则、审查规范上的条款要求，逐条逐款地进行审查。一个条款往往会涉及两个以上的部门，审查员按要素审查，往往要反复前往各个部门审查。

这种审查方式的优点：简便易行，清晰完整。容易体现企业实际状况与审查规则、审查规范的符合性。其缺点：反复跑路，审查效率比较低。如果企业规模比较大，各部门、车间相距比较远，就更难在较短的时间里完成现场审查任务。如果要采用此审查方法，就要注意如何合理安排现场审查路线。

（2）部门审查　就是以部门为中心，根据一个部门所涉及的各个有关条款要求，对部门进行综合审查。

这种审查方式的优点：审查效率高，审查对象明确。其缺点：审查内容不连贯、比较分散。

QS认证现场核查人员对食品生产加工企业必备条件进行审查评价的工具是食品生产企业保证产品质量安全必备条件现场审查表。

食品生产企业保证产品质量安全必备条件现场审查表按质量管理职责、生产资源提供、技术文件管理、采购质量控制、过程质量管理、产品质量检验六个部分（共46个审查内容）进行审查评价。六个部分中的每一个审查内容都有"合格"、"一般不合格"、"严重不合格"三种审查评定结论。其中"一般不合格"是指企业出现的不合格是偶然的、孤立的、性质轻微的不合格；"严重不合格"是指企业出现了区域性的或系统性的不合格，或是性质严重的不合格。

审查结束后需填写食品生产企业保证产品质量安全必备条件现场审查报告，其中审查结论为：合格或不合格，同时说明企业是否具备自我出厂检验能力。审查结论的确定原则是：

（1）企业存在1项以上（含1项）严重不合格项或存在8项以上（含8项）一般不合格项，审查结论确定为"不合格"。

（2）企业不存在严重不合格项，其所存在的一般不合格项少于8项，审查结论确定为"合格"。

现场审查为合格时，审查组按照食品产品相应的《审查细则》规定进行抽样。

4. 内部会议

内部会议即指审查组自己召开的内部会议。内部会议通常在现场审查工作完成后召开，如在现场审查过程中遇到一些特殊问题，也可以随时召开。

召开审查组内部会议，主要是审查组成员相互介绍本人现场审查情况，共同讨论审查出的不合格项的性质及确定审查报告的结论。对内部会议中有争议、不能取得一致意见的问题，由审查组长向委派审查组的质量技术监督部门进行汇报。

5. 末次会议

审查组内部会议开过之后，审查组长负责召开末次会议。末次会议是宣布现场审查结论的会议。末次会议的参加人员基本上与首次会议的人员一致，企业可以增加一些人员来参加末次会议。

末次会议由审查组长主持,主要内容有:
(1) 审查组成员向企业通报现场审查情况。
(2) 审查组长宣布食品生产加工企业必备条件现场审查报告。
(3) 受审查企业领导表态;有关人员发言。
(4) 提出企业不合格项改进及跟踪验证要求。
(5) 审查组对企业表示感谢,宣布末次会议结束。

至此,企业现场审查工作全部结束。

第六节　QS 标志的使用

一、QS 标志的含义

1. QS 标志

QS 标志属于质量标志,由"质量安全"英文(Quality Safety)字头"QS""质量安全"中文字样组成,也称"QS"标志。标志主色调为蓝色,字母与"质量安全"四个中文字样为蓝色,字母"S"为白色。该标志的式样、尺寸及颜色都有具体的制作要求,使用时可根据需要按比例放大或缩小,但不得变形、变色。食品外包装加贴(印)有"QS"标志,即意味着该食品的生产加工企业已经通过了保证食品质量安全的必备条件审查,取得了食品生产许可证,企业具备生产合格食品的基本要求,并符合国家的有关规定和要求;同时也表明该食品出厂已经经过检验合格,食品各项指标均符合国家有关标准规定的要求。鉴于一些不法分子的造假手段越来越无孔不入,国家质检总局将出台一系列防伪措施,防止 QS 标志被伪造。QS 标志和 QS 编号的含义如图 2-5 和图 2-6。

图 2-5　QS 标志

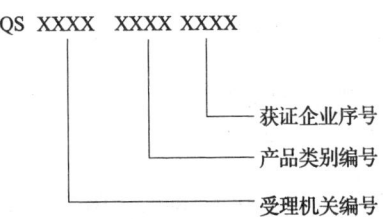

图 2-6　QS 编号的含义

在印制 QS 标志时,需要注意的几个问题:
(1) 印制"QS"标志必须按照规定的颜色。
(2) 印制"QS"标志必须严格按照规定的尺寸进行同比例缩放。
(3) 印制"QS"标志必须按照规定的式样,图案必须准确。需要指出的是,"QS"标志图案的外框也是"QS"标志图案的一个组成部分。

2. 食品生产许可证编号

食品生产许可证编号由质量安全英文字母 QS 加 12 位阿拉伯数字组成。编号前 4 位为受理机关编号，中间 4 位为产品类别编号，后 4 位为获证企业序号。

（1）受理机关编号　参照 GB/T2260—1999《中华人民共和国行政区划代码》的有关部门规定，受理机关编号由阿拉伯数字组成，前 2 位代表省、自治区、直辖市，由国家质检总局统一确定；后 2 位代表各市（地），由省级质量技术监督部门确定，并上报国家质检总局产品质量监督司备案。前 2 位编号代表的行政区如表 2-2 所示。

表 2-2　受理机构前两位编号代表的行政区

行政区	编号	行政区	编号	行政区	编号	行政区	编号
北京	11	天津	12	河北	13	山西	14
内蒙古	15	辽宁	21	吉林	22	黑龙江	23
上海	31	江苏	32	浙江	33	安徽	34
福建	35	江西	36	山东	37	河南	41
湖北	42	湖南	43	广东	44	广西	45
海南	46	重庆	50	四川	51	贵州	52
云南	53	西藏	54	陕西	61	甘肃	62
青海	63	宁夏	64	新疆	65		

（2）产品类别编号　产品类别编号由阿拉伯数字组成，位于 QS 代码第 5 位至第 8 位，编号由国家质检总局统一确定。具体产品类别对应的编号如表 2-3 所示。

表 2-3　产品类别对应的编号

产品类别	产品名称1	编号	产品名称2	编号	产品名称3	编号	产品名称4	编号	产品名称5	编号
粮食加工品	小麦粉	0101	大米	0102	挂面	0103				
食用油、油脂及其制品	食用植物油	0201								
调味品	酱油	0301	食醋	0302	味精	0304	鸡精调味料	0305	酱类	0306
肉制品	肉制品	0401								
乳制品	乳制品	0501								
饮料	饮料	0601								
方便食品	方便面	0701								
饼干	饼干	0801								
罐头	罐头	0901								

续表

产品类别	产品名称1	编号	产品名称2	编号	产品名称3	编号	产品名称4	编号	产品名称5	编号
冷冻饮品	冷冻饮品	1001								
速冻食品	速冻面米食品	1101								
薯类和膨化食品	膨化食品	1201								
糖果制品（含巧克力及制品）	糖果制品	1301	果冻	1302						
茶叶及相关制品	茶叶	1401								
酒类	葡萄酒及果酒	1502	啤酒	1503	黄酒	1504				
蔬菜制品	酱腌菜	1601								
水果制品	蜜饯	1701								
炒货食品及坚果制品	炒货食品	1801								
蛋制品	蛋制品	1901								
可可及焙烤咖啡产品	可可制品	2001	焙炒咖啡	2101						
食糖	糖	0303								
水产制品	水产加工品	2201								
淀粉及淀粉制品	淀粉及淀粉制品	2301								
糕点	糕点食品	2401								
豆制品	豆制品	2501								
蜂产品	蜂产品	2601								

二、QS 标志的使用

QS 标志是食品质量安全市场准入制度专用标志，食品生产加工企业在其生产的食品上使用 QS 标志，必须符合以下条件：

（1）属于国家质量监督检验检疫总局按照规定程序公布的实行食品质量安全准入制度的食品。

（2）从事该食品生产的企业已经取得食品生产许可证，并在有效期内。

（3）出厂的食品已经检验合格。

取得食品生产许可证的食品生产加工企业，出厂食品经自行检验合格或者委托检验合格的,须加印(贴)食品质量安全市场准入标志——QS 标志后方可出厂销售。QS 标志应加印(贴)在最小销售单元的食品包装上,QS 标志的图案、颜色必须正确,并按照国家质检总局规定的式样放大或缩小。裸装食品和最小销售单元包装表面面积小于 10cm² 的食品可以只在其出厂的大包装上加印(贴)QS 标志。

在《产品质量法》第二十七条中规定:产品或者其包装上必须有"产品质量检验合格证明",即必须有产品合格证或合格印章。对于纳入食品质量安全市场准入制度管理范围内的食品来讲,其产品在具有产品质量检验合格证的同时,还须在其外包装上加印(贴) QS 标志。

思 考 题

1. QS 认证现场审查过程中,"首次会议"的基本内容是什么?
2. 如何理解 QS 标志与产品质量检验合格证两者的关系?
3. 食品生产加工企业在其生产的食品上使用 QS 标志,必须符合哪些条件?
4. 现场抽样是如何规定的?

实 训 项 目

实训一 QS 质量管理手册的编写

实训目的: 通过实训教学,使学生能够熟悉 QS 质量管理手册的基本内容,掌握 QS 质量管理手册编写步骤和方法。

实训原理: QS 质量手册是按照食品质量安全市场准入审查通则的要求,在总体上描述企业产品质量方针和质量体系的通用文件。它是企业为实现其质量方针和质量目标的需要,建立和实施质量体系所编制的质量手册,其内容包括前言、术语、质量手册的管理、质量方针、组织机构图、质量管理体系结构图、组织领导、质量目标、管理职责、厂区要求、车间要求、库房要求、生产设备人员要求、技术标准、工艺文件、文件管理、采购制度、采购文件、采购验证、过程管理、质量控制、产品防护、检验设备、检验管理、过程检验及出厂检验等。

实训步骤:

1. 从互联网上搜索到某食品企业 QS 质量手册示例,熟悉 QS 质量手册的基本结构和内容。
2. 指导学生在参考 QS 质量手册示例下,以某一模拟食品企业为例列出质量管理手册的标题,明确其应用的领域。
3. 指导学生分组对选择的质量体系要素进行描述。
4. 在课堂上让学生分别对自己列出质量手册的标题和质量体系要素的描述情况进行交流,交流过程中,其他学生可以质疑和补充。
5. 教师对学生的描述结果进行点评。

6. 以学生小组为单位完成某一虚拟食品企业 QS 质量管理手册的编写。

实训效果考核：

学生姓名	标题和要素描述的合理性（20分）	交流时的逻辑性（20分）	回答质疑的准确性（10分）	QS 质量手册编写（50分）

实训二 QS 程序文件的编写

实训目的： 通过实训教学，使学生能够了解 QS 程序文件的内容和编写方法。

实训原理： QS 程序文件是 QS 质量手册的支持性文件，是食品企业的各职能部门为落实质量手册的要求而规定的实施细则。程序文件就是要明确各职能部门、各体系和各项质量活动的 5W1H。其核心是明确各环节由谁干，干什么，怎么做，如何控制，达到什么程度和要求，需要形成何种记录和报告，相应的监督和签发手续等。

实训步骤：

1. 复习 QS 程序文件的具体内容。
2. 指导学生对某项活动的目的和适用范围加以说明。
3. 指导学生按照质量体系程序确定各职能部门的职责和工作程序。
4. 将学生分组，在课堂上让学生对自己按照质量手册对某一质量活动说明其目的和适用范围，列出该质量活动涉及或引用的有关文件、规定、法规、标准以及详细步骤和指标，同时明确活动所需的各种记录表和报告。在交流过程中，其他学生可以相互补充和质疑。
5. 教师对学生的编制情况进行点评。
6. 每位学生完成某一质量活动的 QS 程序文件编写。

实训效果考核：

学生姓名	编写内容的规范性（20分）	内容的正确性（20分）	回答质疑的准确性（10分）	QS 程序文件编写（50分）

实训三 QS 关键质量控制点作业指导书的编制

实训目的： 通过实训教学，使学生能够掌握 QS 关键质量控制点作业指导书的编制。

实训原理： QS 关键质量控制点作业指导书是针对控制点岗位的，是对岗位工作如何完成的指引。其关键在于作业指导书制定的针对性和正确性，更在于生产操作人员能按照作业指导书生产操作。

实训步骤：

1. 复习在质量管理体系中质量手册、程序文件和作业文件的相互关系。
2. 指导学生对具体 QS 关键质量控制点明确其操作步骤、要领和要求。
3. 将学生分组，分别对确定的关键质量控制点的岗位操作规程制定作业指导书并在课堂上让学生进行交流和补充。
4. 教师对学生制定的作业指导书进行点评。
5. 每位学生完成某一关键质量控制点操作指导书的编写。

实训效果考核：

学生姓名	内容的准确性（20分）	交流时的逻辑性（20分）	回答质疑的准确性（10分）	作业指导书的编写（50分）

实训四　食品生产许可证申请书的填写

实训目的： 通过实训教学，使学生能够学会食品生产许可证申请书的填写方法。

实训原理： 食品生产许可证申请书由申请 QS 的食品生产加工企业填写，需要注意的是，填写的企业名称应与工商行政管理部门核发的企业营业执照名称一致；企业的生产设备和出厂检验设备一定要符合《审查细则》的规定。

实训步骤：

1. 复习食品生产加工企业申办食品生产许可证的基本条件和相关程序。
2. 从互联网上搜索到某食品企业食品生产许可证申请书示例，熟悉食品生产许可证申请书的基本结构和内容。
3. 指导学生学习食品生产许可证申请书有关填写说明。
4. 将学生分组，填写学生喜欢的某种食品生产企业的食品生产许可证申请书。
5. 在课堂上组织学生进行交流和讨论。
6. 指导教师根据学生填写情况进行点评和再辅导。
7. 每位学生根据实训内容，完成食品生产许可证申请书的填写。

实训效果考核：

学生姓名	填写的规范性（20分）	内容的正确性（20分）	回答质疑的准确性（10分）	许可证填写（50分）

实训五　食品生产企业必备条件现场模拟审查

实训目的： 通过实训教学，使学生能够参照食品质量安全市场准入审查通则的要求对食品生产企业必备条件进行现场模拟审查。

实训原理：依据食品质量安全市场准入的有关法律、法规及《食品质量安全市场准入审查通则》等规定，食品企业申请食品生产许可证必须通过食品生产加工企业必备条件的现场审查。现场审查包括质量管理职责、生产资源提供、技术文件管理、采购质量控制、过程质量管理和产品质量检验六个部分46项内容，每一项审查内容都有"合格"、"一般不合格"、"严重不合格"三种审查评定结论。

实训步骤：

1. 制定食品生产加工企业必备条件现场模拟审查工作计划表。

2. 从互联网上搜索到"食品生产企业保证产品质量安全必备条件现场审查表"，熟悉"食品生产企业保证产品质量安全必备条件现场审查表"的基本结构和内容。

3. 指导学生分组，按照审查表和相应的《食品生产许可证审查细则》对某食品加工企业就质量管理职责、生产资源提供、技术文件管理、采购质量控制、过程质量管理和产品质量检验六个部分进行企业必备条件进行现场模拟审查。

4. 指导学生对现场模拟审查确定审查结论。一般确定审查结论的原则为：

① 企业存在1项以上（含1项）严重不合格项或存在8项以上（含8项）一般不合格项，审查结论确定为"不合格"。

② 企业不存在严重不合格项，且存在的一般不合格项少于8项，审查结论确定为"合格"。

5. 指导教师对学生模拟审查的审查过程和审查结论进行指导和点评。

实训效果考核：

学生姓名	审查的规范性 （30分）	审查过程的完整性 （30分）	结论的准确性 （20分）	其他 （20分）

实训六　食品生产加工企业必备条件现场审查报告的编写

实训目的：通过实训教学，使学生能够基本掌握食品生产加工企业必备条件，现场审查报告等的编写。

实训原理：依据食品质量安全市场准入的有关法律、法规及《食品质量安全市场准入审查通则》等规定，对食品企业进行食品生产加工企业必备条件的现场审查后，应该填写食品生产加工企业必备条件现场模拟审查报告等，并做出明确的审查结论，从而判定是否发放相关食品生产许可证。

审查报告是现场审查结果的证明文件，由审查组填写，并经审查组长等签署后，再行报批。

实训步骤：

1. 依据《食品质量安全市场准入审查通则》和有关《审查细则》及食品生产

加工企业必备条件现场审查表进行审查的相关记录，做出明确的现场审查结论。

2. 根据现场审查结论，指导学生填写食品生产加工企业必备条件现场审查报告。

3. 对企业现场审查存在的某个不合格项，指导学生填写食品生产加工企业不合格项改进表。

4. 对现场审查合格的企业，指导学生填写产品抽样单。

5. 教师对学生的编写情况进行点评。

6. 根据现场审查的结论，完成食品生产加工企业必备条件现场审查报告、食品生产加工企业不合格项改进表和产品抽样单的编写。

实训效果考核：

学生姓名	编写材料的完整性（20分）	内容的正确性（30分）	编写的规范性（30分）	其他（20分）

实训七 选定身边的一种食品对它的 QS 审查细则进行了解

实训目的： 通过实训教学，使学生能够熟悉相关食品 QS 审查细则。

实训原理： 食品 QS 认证审查细则是针对各类食品质量安全市场准入的食品而制定的。认证审查细则根据各类食品的生产特点，重点对申证单元、企业必备的生产场所、生产设备、出厂检验设备以及食品检验项目和抽样方法等内容做了具体规定。QS 认证依据《审查通则》对食品生产企业进行现场核查时，还必须结合和参照相应的食品《审查细则》中的具体规定，才能够进行企业现场核查和评定。

实训步骤：

1. 指导教师选定本地某一代表性食品的 QS 认证审查细则。

2. 指导学生对所选定食品的 QS 认证审查细则进行剖析。

① 发证产品范围。

② 基本生产流程及关键控制环节。

③ 必备的生产资源。

④ 产品相关标准。

⑤ 原辅材料的有关要求。

⑥ 必备的出厂检验设备。

⑦ 检验项目。

⑧ 抽样方法。

3. 将学生分组，在课堂上让学生对该食品审查细则加以认识并进行交流，交流过程中，其他学生可以补充。

4. 教师对学生的了解情况进行补充和点评。

实训效果考核:

学生姓名	理解的 准确性（30分）	交流时的 逻辑性（30分）	回答质疑的 准确性（20分）	其他 （20分）

注：本章实训涉及文件可参照附录Ⅰ～Ⅴ，也可通过网络获取。

第三章　食品安全管理体系的基础和原理

知识目标：
1. 理解 GMP（良好操作规范）在食品企业的重要地位。
2. 掌握 SSOP 在食品企业的使用价值。
3. 理解 HACCP 7 个原理和 12 个步骤的逻辑关系。

技能目标：
1. 能够利用 GMP 对某一食品企业的基础硬件进行评价并能够就企业存在的薄弱环节指出改正措施。
2. 能够为企业编制可操作性的 SSOP 文件以增强企业的管理水平。
3. 能够利用 HACCP 7 个原理和 12 个步骤为某一食品企业进行危害分析，并建立有效的食品安全管理措施，提高食品企业食品安全的管理水平。

食品安全管理体系的基础有两个方面：GMP（良好操作规范）和 SSOP（卫生标准操作程序）

第一节　食品安全管理体系的基础——GMP

"GMP"是英文 Good Manufacturing Practice 的缩写，中文的意思是"良好操作规范"。GMP 要求企业从原料、人员、设施设备、生产过程、包装运输、质量控制等方面按国家有关法规达到卫生质量要求，形成一套可操作的作业规范，帮助企业改善企业卫生环境。

（一）GMP 的历史及现状

GMP 诞生于美国，是由美国首创的一种保障产品质量的管理办法。美国国会于 1963 年颁布了世界上第一部 GMP，最初是由美国坦普尔大学 6 名教授编写制定的，经美国食品与药品管理局（FAD）官员多次讨论修改，自 1964 年开始在美国实施。1967 年 WHO 在出版的《国际药典》的附录中进行了收载：1969 年世界卫生组织（WHO）第 22 届世界卫生大会要求各成员国政府制定实施药品 GMP 制度，以确保药品质量和参加"国际贸易药品质量签证体制。"FDA 发布了食品制造、加工、包装和保存的良好生产规范，简称 CGMP 或 FGMP 基本法，并陆续发布各类食品的 GMP。GMP 自 20 世纪 70 年代初在美国提出以来，因为深受消费大众及食品企业的欢迎，已在全球范围内的不少发达国家和发展中国家得到认可并采纳。

（二）我国 GMP 的现状

我国已颁布药品生产 GMP 标准，并实行企业 GMP 认证，使药品的生产及管理水平有了较大程度的提高。国家药品监督管理局 1999 年 6 月 18 日颁布《药品生产质量管理规范（1998 年修订）》。此规范自 1999 年 7 月 1 日开始全面的、强制性的实施。我国食品企业质量管理规范的制定开始于 20 世纪 80 年代中期。1998 年，卫生部颁布的《保健食品良好生产规范》（GB17405—1998）和《膨化食品良好生产规范》（GB17404—1998），是我国首批颁布的食品 GMP 强制性标准。

从 1988 年开始，我国卫生部先后颁布了 22 个国标食品企业卫生规范，1 个通用 GMP 和 21 个专用 GMP，并作为强制性标准予以发布。重点对厂房、设备、设施和企业自身卫生管理等方面提出卫生要求，以促进我国食品卫生状况的改善，预防和控制各种有害因素对食品的污染。

通用卫生规范《食品企业通用卫生规范》（GB14881—1994）的主要内容包括：主题内容与适应范围、引用标准、原材料采购、运输的卫生要求、工厂设计与设施的卫生要求、工厂的卫生管理、生产过程的卫生要求、卫生和质量检验的管理、成品储存、运输的卫生要求、个人卫生与健康的要求。

21 个食品加工企业专用 GMP 主要包括：

(1)《罐头厂卫生规范》（GB8950—1988）

(2)《白酒厂卫生规范》（GB8951—1988）

(3)《啤酒厂卫生规范》（GB8952—1988）

(4)《酱油厂卫生规范》（GB8953—1988）

(5)《食醋厂卫生规范》（GB8954—1988）

(6)《食用植物油厂卫生规范》（GB8955—1988）

(7)《蜜饯厂卫生规范》（GB8956—1988）

(8)《糕点厂卫生规范》（GB8957—1988）

(9)《乳制品企业良好生产规范》（GB12693—2003，代替乳品厂卫生规范 GB12693—1990）

(10)《肉类加工厂卫生规范》（GB12694—1990）

(11)《饮料企业卫生规范》（GB12695—1990）

(12)《葡萄酒厂卫生规范》（GB12696—1990）

(13)《果酒厂卫生规范》（GB12697—1990）

(14)《黄酒厂卫生规范》（GB12698—1990）

(15)《面粉厂卫生规范》（GB13122—1991）

(16)《饮用矿泉水厂卫生规范》（GB16330—1996）

(17)《巧克力厂卫生规范》（GB17403—1998）

(18)《膨化食品厂卫生规范》（GB17404—1998）

(19)《保健食品厂卫生规范》（GB17405—1998）

(20)《熟肉制品企业生产卫生规范》（GB19303—2003）

(21)《定型包装饮用水企业生产卫生规范》(GB19304—2003)。

(三) 食品 GMP 的内容

下面以 GB14881—1994《食品企业通用卫生规范》为例介绍 GMP 内容：

1. 原材料采购、运输的卫生要求

(1) 采购

① 采购原材料应按该种原材料质量卫生标准或卫生要求进行。

② 购入的原料，应具有一定的新鲜度，具有该品种应有的色、香、味和组织形态特征，不含有毒有害物，也不应受其污染。

③ 某些农、副产品原料在采收后，为便于加工、运输和贮存而采取的简易加工应符合卫生要求，不应造成对食品的污染和潜在危害，否则不得购入。

④ 采购人员应具有简易鉴别原材料质量、卫生的知识和技能。

⑤ 盛装原材料的包装或容器，其材质应无毒无害，不受污染，符合卫生要求。

⑥ 重复使用的包装物或容器，其结构应便于清洗、消毒。要加强检验，有污染者不得使用。

(2) 运输

① 运输工具（车厢、船舱）等应符合卫生要求，应备有防雨防尘设施，根据原料特点和卫生需要还应具备保温、冷藏、保鲜等设施。

② 运输作业应防止污染，操作要轻拿轻放，不使原料受损伤，不得与有毒、有害物品同时装运。

③ 建立卫生制度，定期清洗、消毒，保持洁净、卫生。

(3) 贮存

① 应设置与生产能力相适应的原材料场地和仓库。

② 原料场地和仓库应设专人管理，建立管理制度，定期检查质量和卫生情况，按时清扫、消毒、通风换气。

2. 工厂设计与设施的卫生要求

(1) 设计

① 凡新建、扩建、改建的工程项目有关食品卫生部分均应按本规范和各该类食品厂的卫生规范的有关规定进行设计和施工。

② 各类食品厂应将本厂的总平面布置图，原材料、半成品、成品的质量和卫生标准，生产工艺规程以及其他有关资料，报当地食品卫生监督机构备查。

(2) 选址

① 要选择地势干燥、交通方便、有充足水源的地区。厂区不应设于受污染河流的下游。

② 厂区周围不得有粉尘、有害气体、放射性物质和其他扩散性污染源；不得有昆虫大量滋生的潜在场所，避免危及产品卫生。

③ 厂区要远离有害场所。生产区建筑物与外缘公路或道路应有防护地带。其距离可根据各类食品厂的特点由各类食品厂卫生规范另行规定。

(3) 总平面布置（布局）

① 各类食品厂应根据本厂特点制订整体规划。

② 要合理布局，划分生产区和生活区；生产区应在生活区的下风向。

③ 建筑物、设备布局与工艺流程三者衔接合理，建筑结构完善，并能满足生产工艺和质量卫生要求；原料与半成品和成品、生原料与熟食品均应杜绝交叉污染。

④ 建筑物和设备布置还应考虑生产工艺对温、湿度和其他工艺参数的要求，防止毗邻车间受到干扰。

⑤ 厂区道路应通畅，便于机动车通行，厂区道路应采用便于清洗的混凝土、沥青及其他硬质材料铺设，防止积水及尘土飞扬。

⑥ 绿化：

a. 厂房之间，厂房与外缘公路或道路应保持一定距离，中间设绿化带。

b. 厂区内各车间的裸露地面应进行绿化。

⑦ 给排水：

a. 给排水系统应能适应生产需要，设施应合理有效，经常保持畅通，有防止污染水源和鼠类、昆虫通过排水管道潜入车间的有效措施。

b. 生产用水必须符合 GB5749—2006 之规定。

c. 污水排放必须符合国家规定的标准，必要时应采取净化设施达标后才可排放。净化和排放设施不得位于生产车间主风向的上方。

⑧ 污物：

a. 污物（加工后的废弃物）存放应远离生产车间，且不得位于生产车间上风向。

b. 存放设施应密闭或带盖，要便于清洗、消毒。

⑨ 烟尘：

a. 锅炉烟筒高度和排放粉尘量应符合 GB13271—2001 的规定，烟道出口与引风机之间须设置除尘装置。

b. 其他排烟、除尘装置也应达标准后再排放，防止污染环境。

c. 排烟除尘装置应设置在主导风向的下风向。季节性生产厂应设置在季节风向的下风向。

⑩ 实验动物待加工禽畜饲养区应与生产车间保持一定距离，且不得位于主导风的上风向。

(4) 设备、工具、管道

① 材质：凡接触食品物料的设备、工具、管道，必须用无毒、无味、抗腐蚀、不吸水、不变形的材料制做。

② 结构：设备、工具管道表面要清洁，边角圆滑，无死角，不易积垢，不漏隙，便于拆卸、清洗和消毒。

③ 设置：

a. 设备设置应根据工艺要求，布局合理。上、下工序衔接要紧凑。
　　b. 各种管道、管线尽可能集中走向。冷水管不宜在生产线和设备包装台上方通过，防止冷凝水滴入食品。其他管线和阀门也不应设置在暴露原料和成品的上方。
　　④ 安装：
　　a. 安装应符合工艺卫生要求，与屋顶（天花板）、墙壁等应有足够的距离，设备一般应用脚架固定，与地面应有一定的距离。传动部分应有防水、防尘罩，以便于清洗和消毒。
　　b. 各类料液输送管道应避免死角或盲端，设排污阀或排污口，便于清洗、消毒，防止堵塞。
　　（5）建筑物和施工
　　① 高度：生产厂房的高度应能满足工艺、卫生要求，以及设备安装、维护、保养的需要。
　　② 占地面积：生产车间人均占地面积（不包括设备占位）不能少于 $1.50m^2$，高度不低于3m。
　　③ 地面：
　　a. 生产车间地面应使用不渗水、不吸水、无毒、防滑材料（如耐酸砖、水磨石、混凝土等）铺砌，应有适当坡度，在地面最低点设置地漏，以保证不积水。其他厂房也要根据卫生要求进行。
　　b. 地面应平整、无裂隙、略高于道路路面，便于清扫和消毒。
　　④ 屋顶：屋顶或天花板应选用不吸水、表面光洁、耐腐蚀、耐温、浅色材料涂覆或装修，要有适当的坡度，在结构上减少凝结水滴落，防止虫害和霉菌滋生，以便于洗刷、消毒。
　　⑤ 墙壁：
　　a. 生产车间墙壁要用浅色、不吸水、不渗水、无毒材料涂覆，并用白瓷砖或其他防腐蚀材料装修高度不低于1.50m的墙裙。
　　b. 墙壁表面应平整光滑，其四壁和地面交界面要呈漫弯形，防止污垢积存，并便于清洗。
　　⑥ 门窗：
　　a. 门、窗、天窗要严密不变形，防护门要能两面开，设置位置适当，并便于卫生防护设施的设置。
　　b. 窗台要设于地面1m以上，内侧要下斜45°。
　　c. 非全年使用空调的车间、门、窗应有防蚊蝇、防尘设施，纱门应便于拆下洗刷。
　　⑦ 通道：
　　a. 通道要宽畅，便于运输和卫生防护设施的设置。
　　b. 楼梯、电梯传送设备等处要便于维护和清扫、洗刷和消毒。

⑧ 通风：

a. 生产车间、仓库应有良好通风，采用自然通风时通风面积与地面积之比不应小于1:16；采用机械通风时换气量不应小于每小时换气三次。

b. 机械通风管道进风口要距地面2m以上，并远离污染源和排风口，开口处应设防护罩。

c. 饮料、熟食、成品包装等生产车间或工序必要时应增设水幕、风幕或空调设备。

⑨ 采光、照明：

a. 车间或工作地应有充足的自然采光或人工照明。车间采光系数不应低于标准Ⅳ级；检验场所工作面混合照度不应低于540lx；加工场所工作面不应低于220lx；其他场所一般不应低于110lx。

b. 位于工作台、食品和原料上方的照明设备应加防护罩。

⑩ 防鼠、防蚊蝇、防尘设施：建筑物及各项设施应根据生产工艺卫生要求和原材料贮存等特点，相应设置有效的防鼠、防蚊蝇、防尘、防飞鸟、防昆虫的侵入，防止受其危害和污染。

（6）卫生设施

① 洗手、消毒：

a. 洗手设施应分别设置在车间进口处和车间内适当的地点。

b. 要配备冷热水混合器，其开关应采用非手动式，龙头设置以每班人数在200人以内者，按每10人1个，200人以上者每增加20人增设1个。

c. 洗手设施还应包括干手设备（热风、消毒干毛巾、消毒纸巾等）；根据生产需要，有的车间、部门还应配备消毒手套，同时还应配备足够数量的指甲刀、指甲刷和洗涤剂、消毒液等。

d. 生产车间进口，必要时还应设有工作靴鞋消毒池（卫生监督部门认为无需穿靴鞋消毒的车间可免设）。

e. 消毒池壁内侧与墙体呈45°坡形，其规格尺寸应根据情况设计，使工作人员必须通过消毒池才能进入。

② 更衣室：

a. 更衣室应设储衣柜或衣架、鞋箱（架），衣柜之间要保持一定距离，离地面20cm以上，如采用衣架应另设个人物品存放柜。

b. 更衣室还应备有穿衣镜，供工作人员自检用。

③ 淋浴室：

a. 淋浴室可分散或集中设置，淋浴器按每班工作人员计，每20~25人设置1个。

b. 淋浴室应设置天窗或通风排气孔和采暖设备。

④ 厕所：

a. 厕所设置应有利生产和卫生，其数量和便池坑位应根据生产需要和人员情况适当设置。

b. 生产车间的厕所应设置在车间外侧,并一律为水冲式,备有洗手设施和排臭装置,其出入口不得正对车间门,要避开通道;其排污管道应与车间排水管道分设。

c 设置坑式厕所时,应距生产车间25m以上,并应便于清扫、保洁,还应设置防蚊、防蝇设施。

3. 工厂的卫生管理

(1) 机构

① 食品厂必须建立相应的卫生管理机构,对本单位的食品卫生工作进行全面管理。

② 管理机构应配备经专业培训的专职或兼职的食品卫生管理人员。

(2) 职责(任务)

① 宣传和贯彻食品卫生法规和有关规章制度。监督、检查在本单位的执行情况,定期向食品卫生监督部门报告。

② 制定和修改本单位的各项卫生管理制度和规划。

③ 组织卫生宣传教育工作,培训食品从业人员。

④ 定期进行本单位从业人员的健康检查,并作好善后处理工作。

(3) 维修、保养工作

① 建筑物和各种机械设备、装置、设施、给排水系统等均应保持良好状态,确保正常运行和整齐洁净,不污染食品。

② 建立健全维修保养制度,定期检查、维修,杜绝隐患,防止污染食品。

(4) 清洗和消毒工作

① 应制定有效的清洗及消毒方法和制度,以确保所有场所清洁卫生,防止污染食品。

② 使用清洗剂和消毒剂时,应采取适当措施,防止人身、食品受到污染。

(5) 除虫、灭害的管理

① 厂区应定期或在必要时进行除虫灭害工作,要采取有效措施防止鼠类、蚊、蝇、昆虫等的聚集和滋生。对已经发生的场所,应采取紧急措施加以控制和消灭,防止蔓延和对食品的污染。

② 使用各类杀虫剂或其他药剂前,应做好对人身、食品、设备工具的污染和中毒的预防措施,用药后将所有设备、工具彻底清洗,消除污染。

(6) 有毒有害物管理

① 清洗剂、消毒剂、杀虫剂以及其他有毒有害物品均应有固定包装,并在明显处标示"有毒品"字样,贮存于专门库房或柜橱内,加锁并由专人负责保管,建立管理制度。

② 使用时应由经过培训的人员按照使用方法进行,防止污染和人身中毒。

③ 除卫生和工艺需要,均不得在生产车间使用和存放可能污染食品的任何种

类的药剂。

④ 各种药剂的使用品种和范围，须经省（自治区、直辖市）卫生监督部门同意。

（7）饲养动物的管理

① 厂内除供实验动物和待加工禽畜外，一律不得饲养家禽、家畜。

② 应加强对实验动物和待加工禽畜的管理，防止污染食品。

（8）污水、污物的管理

① 污水排放应符合国家规定标准，不符合标准者应采取净化措施，达标后排放。

② 厂区设置的污物收集设施，应为密闭式或带盖，要定期清洗、消毒，污物不得外溢，应于24h之内运出厂区处理。做到日产日清，防止有害动物集聚滋生。

（9）副产品的管理

① 副产品（加工后的下料和废弃物）应及时从生产车间运出，按照卫生要求，贮存于副产品仓库，废弃物则收集于污物设施内，及时运出厂区处理。

② 使用的运输工具和容器应经常清洗、消毒，保持清洁卫生。

（10）卫生设施的管理

洗手、消毒池，靴、鞋消毒池，更衣室、淋浴室、厕所等卫生设施，应有专人管理，建立管理制度，责任到人，应经常保持良好状态。

（11）工作服的管理

① 工作服包括淡色工作衣、裤、发帽、鞋靴等，某些工序（种）还应配备口罩、围裙、套袖等卫生防护用品。

② 工作服应有清洗保洁制度。凡直接接触食品的工作人员必须每日更换工作服。其他人员也应定期更换工作服，保持清洁。

（12）健康管理

① 食品厂全体工作人员，每年至少进行一次体格检查，没有取得卫生监督机构颁发的体检合格证者，一律不得从事食品生产工作。

② 对直接接触入口食品的人员还须进行粪便培养和病毒性肝炎带毒试验。

③ 凡体检确认患有肝炎（病毒性肝炎和带毒者）、活动性肺结核、肠伤寒和肠伤寒带菌者、细菌性痢疾和痢疾带菌者、化脓性或渗出性脱屑性皮肤病、其他有碍食品卫生的疾病或疾患的人员均不得从事食品生产工作。

4. 生产过程的卫生要求

（1）管理制度

① 应按产品品种分别建立生产工艺和卫生管理制度，明确各车间、工序、个人的岗位职责，并定期检查、考核。具体办法在各类食品厂的卫生规范中分别制定。

② 各车间和有关部门应配备专职或兼职的工艺卫生管理人员，按照管理范围，

做好监督、检查、考核等工作。

（2）原材料的卫生要求

① 进厂的原材料应符合本章采购原材料的规定。

② 原材料必须经过检、化验，合格者方可使用；不符合质量卫生标准和要求的，不得投产使用，要与合格品严格区分开，防止混淆和污染食品。

（3）生产过程的卫生要求

① 按生产工艺的先后次序和产品特点，应将原料处理、半成品处理和加工、包装材料和容器的清洗、消毒、成品包装和检验、成品贮存等工序分开设置，防止前后工序相互交叉污染。

② 各项工艺操作应在良好的情况下进行。防止变质和受到腐败微生物及有毒有害物的污染。

③ 生产设备、工具、容器、场地等在使用前后均应彻底清洗、清毒。维修、检查设备时，不得污染食品。

④ 成品应有固定包装，经检验合格后方可包装；包装应在良好的状态下进行，防止异物带入食品。

a. 使用的包装容器和材料，应完好无损，符合国家卫生标准。

b. 包装上的标签应按 GB7718—2004 的有关规定执行。

⑤ 成品包装完毕，按批次入库、贮存，防止差错。

⑥ 生产过程的各项原始记录（包括工艺规程中各个关键因素的检查结果）应妥为保存，保存期应较该产品的商品保存期延长 6 个月。

5．卫生和质量检验的管理

（1）食品厂应设立与生产能力相适应的卫生和质量检验室，并配备经专业培训、考核合格的检验人员，从事卫生、质量的检验工作。

（2）卫生和质量检验室应具备所需的仪器、设备，并有健全的检验制度和检验方法。原始记录应齐全，并应妥善保存，以备查核。

（3）应按国家规定的卫生标准和检验方法进行检验，要逐批次对投产前的原材料、半成品和出厂前的成品进行检验，并签发检验结果单。

（4）对检验结果如有争议，应由卫生监督机构仲裁。

（5）检验用的仪器、设备，应按期检定，及时维修，使经常处于良好状态，以保证检验数据的准确。

6．成品贮存、运输的卫生要求

（1）经检验合格包装的成品应贮存于成品库，其容量应与生产能力相适应。按品种、批次分类存放，防止相互混杂。成品库不得贮存有毒、有害物品或其他易腐、易燃品。

① 成品码放时，与地面、墙壁应有一定距离，便于通风。要留出通道，便于人员、车辆通行，要设有温、湿度监测装置，定期检查和记录。

② 要有防鼠、防虫等设施，定期清扫、消毒，保持卫生。

（2）运输工具（包括车厢、船舱和各种容器等）应符合卫生要求。要根据产品特点配备防雨、防尘、冷藏、保温等设施。

① 运输作业应避免强烈振荡、撞击，轻拿轻放，防止损伤成品外形；且不得与有毒有害物品混装、混运，作业终了，搬运人员应撤离工作地，防止污染食品。

② 生鲜食品的运输，应根据产品的质量和卫生要求，另行制定办法，由专门的运输工具进行。

7. 个人卫生与健康的要求

（1）食品厂的从业人员（包括临时工）应接受健康检查，并取得体检合格证者，方可参加食品生产。

（2）从业人员上岗前，要先经过卫生培训教育，方可上岗。

（3）上岗时，要做好个人卫生，防止污染食品。

① 进车间前，必须穿戴整洁划一的工作服、帽、靴、鞋，工作服应盖住外衣，头发不得露于帽外，并要把双手洗净。

② 直接与原料、半成品和成品接触的人员不准戴耳环、戒指、手镯、项链、手表。不准浓艳化妆、染指甲、喷洒香水进入车间。

③ 手接触脏物、进厕所、吸烟、用餐后，都必须把双手洗净才能进行工作。

④ 上班前不许酗酒，工作时不准吸烟、饮酒、吃食物及做其他有碍食品卫生的活动。

⑤ 操作人员手部受到外伤，不得接触食品或原料，经过包扎治疗戴上防护手套后，方可参加不直接接触食品的工作。

⑥ 不准穿工作服、鞋进厕所或离开生产加工场所。

⑦ 生产车间不得带入或存放个人生活用品，如衣物、食品、烟酒、药品、化妆品等。

⑧ 进入生产加工车间的其他人员（包括参观人员）均应遵守本规范的规定。

（四）食品良好操作规范的认证

食品良好操作规范是一种自主性的质量保证制度，为了提高消费者对食品良好操作规范的认知和信赖，一些国家和地区开展了食品良好操作规范的自愿认证工作。实施 GMP 认证已是食品界的趋势，有了 GMP 标志，对于生产者和消费者都有重大意义。生产者生产优质产品，申请 GMP 认证，有了自己的品牌。当消费者买到安全性高、质量有保证的食品，信赖 GMP 标志，对于生产者生产 GMP 产品有促进作用，使生产者为提高食品品质及卫生，必须加强竞争性的自主管理。

1. 食品 GMP 认证程序

食品 GMP 认证工作程序包括提交申请、资料审查、现场评审、产品检验、确认、签字、授证、追踪考核等步骤。

（1）食品企业递交申请书　提交的申请书按照一定格式填写，申请书包括产品类型、名称、成分规格、包装形式、质量、性能，同时还要递交一系列技术与管理资料，如注册登记证、工厂厂房配置图、机械设备配置图、技术人员学历证书和培训证书、质量管理标准书、制造作业标准书、卫生管理标准书、顾客投诉处理办法、成品回收制度等。

(2) 资料审查　认证机构受理申请后,在一定时间内将对所有资料进行审查,以确定是否符合申报要求。

(3) 现场评审　由一定人员组成的认定委员会进入现场,通过听取汇报、答疑、查阅资料、现场考察、讨论、投票等程序进行现场评审。

现场评核小组在资料审查和现场评审后,由领队召开小组内部讨论会议,讨论评核结果。现场评核结束后,由推行委员会告知评核结果,并告知认证执行机构。

(4) 产品检验　现场评审通过后,认证执行机构人员于工厂现场抽样,对产品进行检验。

产品检验项目:各类产品的检验项目由食品 GMP 技术委员会拟定;产品标示应与其内容物相符,其标示方法亦应符合食品 GMP 通(专)则的相关规定。

(5) 确认　企业通过现场评核及产品检验,并将认证产品之包装标示样稿送请认证执行机构核备后,由认证执行机构编定认证产品编号,并附相关资料报请推行委员会确认。

(6) 签约　申请认证企业通过确认函后,推广宣传执行机构应函请认证企业于一个月内办妥认证合约书签约手续。申请认证企业逾期视同放弃认证资格。

(7) 授证　申请食品 GMP 认证企业于完成签约手续后,由推广宣传执行机构代理推行委员会核发"食品 GMP 认证书"。

(8) 追踪管理　认证部门应于签约之日起,依据"食品 GMP 追踪管理要点"接受认证执行机构的追踪查验。依据认证企业的追踪查验结果,按食品 GMP 推行方案及本规章的相关规定,对表现较优者给予适当鼓励,对严重违规者,给予取消认证。

2. 食品 GMP 认证标志及编号

食品 GMP 认证标志如图 3-1 所示。

OK 手势:"安心",代表消费者对认证产品的安全、卫生相当"安心"。笑颜:"满意",代表消费者对认证产品的品质相当"满意"。

食品 GMP 认证的编号是由 9 个数字所组成,编号的前二码代表认证产品的产品类别;3~5 码称为工厂编号,代表认证产品制造工厂取得该产品类别先后序号;6~9 码称为产品编号,代表认证产品的序号。

食品 GMP 认证编号不但采用生产线认证,亦采用产品认证法,因此每一项认证产品都有它专属的食品

图 3-1　食品 GMP 认证标志

GMP 认证编号。

第二节 食品安全管理体系的基础——SSOP

一、卫生标准操作程序（SSOP）的建立

SSOP 是 "Sanitation Standard Operating Procedure" 的缩写，中文意思为"卫生标准操作程序"。SSOP 是为了确保加工过程中消除不良的人为因素，使其所加工的食品符合卫生要求而制定的一个指导食品生产加工过程中如何实施清洗、消毒和保持卫生的指导性文件，是食品生产和加工企业建立和实施食品安全管理体系的重要的前提条件。

二、卫生标准操作程序（SSOP）的编写

SSOP 至少包括 8 项内容：与食品接触或与食品接触物表面接触的水（冰）的安全；与食品接触的表面（包括设备、手套、工作服）的清洁度；防止发生交叉污染；手的清洗与消毒，厕所设施的维护与卫生保持；防止食品被污染物污染；有毒化学物质的标记、储存和使用；雇员的健康与卫生控制；虫害的防治。

（一）水（冰）的安全

生产用水（冰）的卫生质量是影响食品卫生的关键因素。对于任何食品的加工，首要的一点就是保证水的安全。食品加工企业一个完整的 SSOP 计划，首先要考虑与食品接触或与食品表面接触用水（冰）的来源与处理应符合有关规定，并要考虑非生产用水及污水处理的交叉感染问题。

1. 生产加工用水的要求

在食品加工过程中，水的作用非常重要，是食品加工厂的一个最重要的组成部分，也是某些产品的组成成分。食品的清洗，设施，设备，工、器具的清洗和消毒，饮用等都离不开安全卫生的水。

食品加工厂加工用水必须充足且来源于适当的水源。

食品企业的水源一般有城市公共用水（自来水）、地下水、海水。自来水是食品加工中最常用的水源，具有安全、优质、可靠的优点。地下水一般是井水，硬度较高，并含有一定的有机物质和微生物，另外，水井的深度，井周围的环境，附近是否有污水源、洪水、雨水等因素也影响到井水的水质。采用地下水作为生产用水的企业应该进行水处理，使井水达到国家饮用水标准。海水的微生物含量、盐量等均与淡水不同，使用海水作为生产用水的企业，应对海水相应的水处理，使其净化、脱盐，达到国家饮用水的标准。还要考虑因周围环境、季节变化、污水排放等因素造成的水质污染。

食品加工中应使用符合国家《生活饮用水卫生标准》（GB5749—2006）规定。我国饮用水的微生物指标：细菌总数 <100 个/mL；大肠菌群不得检出；致病菌不

得检出；游离余氯：水管末端不低于0.05mg/kg。水产加工中原料冲洗使用的海水应符合《海水水质标准》（GB3097—1997）。软饮料用水质量标准应符合《软饮料用水的质量标准》（GB1097—1989）。就安全、卫生而言，我们重点应关注生产用水的细菌学指标。

2. 饮用水与污水交叉污染的预防

（1）供水管理方面　供水设施要完好，一旦损坏后能立即维修好，管道的设计要防止冷凝水集聚下滴污染裸露的加工食品，防止饮用水管，非饮用水管及污水管间交叉污染。从供水管理方面预防饮用水与污水交叉污染，可以采取以下措施：① 绘制详细的、科学的供水网络图和恰当的供排水管路布置；② 出水口编号管理；③ 管道区分标记、不互联；④ 防虹吸，如清洗、解冻、漂洗槽管口距水面大于水管直径2倍，软水管不得入水；⑤ 防止水倒流，水管管道有一死水区；水管龙头真空排气阀，洗手消毒水龙头为非手动开关；加工案台等工具有将废水直接导入下水道装置；备有高压水枪；⑥ 生产中使用的软水管要用浅色、不易发霉的材料制成；⑦ 工厂蓄水池或水塔的水池要有完善的防尘、防鼠措施，并定期对其清洗、消毒。

（2）废水排放方面　从废水排放方面预防饮用水与污染水交叉污染，应考虑以下几点：

① 地面的坡度控制在2%以上。

② 加工用水、台案或清洗消毒池的水不能直接流到地面。

③ 明沟的坡度设置在1%～1.5%，暗沟要加篦子。

④ 废水的流向应从清洁区到非清洁区或各区域单独排到排水网络。

⑤ 与外界接口应防异味，防鼠，防蚊蝇。

（3）污水处理方面　污水排放前应做必要的处理，排放应符合国家环保部门的要求。

3. 监控

企业监测项目与方法：

余氯——试纸、比色法、化学滴定法。

pH——试纸、比色法、化学滴定法。

微生物——细菌总数（GB5750—1985）；大肠菌群（GB5750—1985）；粪大肠菌群。

企业监测频率：企业对水余氯每天一次，一年对所有水龙头都监测到；企业对水的微生物监测至少每月一次；当地卫生部门对城市公用水全项目每年至少一次，并有报告正本；对自备水源监测频率要增加，一年至少两次。

4. 生产用冰

直接与产品接触的冰必须采用符合饮用水标准的水制造，制冰设备和盛装冰块的器具必须保持良好的清洁卫生状况，冰的存放、粉碎、运输、盛装、贮存等都必须在卫生条件下进行，防止与地面接触造成污染。

5. 纠偏

监控时发现加工用水存在问题，不符合标准时，应立即停止使用不合格水，并查找原因，采取措施，直至水质符合国家标准后方能重新使用。发现生产用水管道有交叉连接时应终止使用这种水源，必要时应该停产整改，直到问题得到解决。对非正常情况下生产出的产品应进行彻底的检验，防止不合格产品被运销。

6. 记录

水的监控、维护及其他问题处理都要记录、保持。

生产用水应具备以下几种记录和证明：

(1) 每年1~2次由当地卫生部门进行的水质检验报告的正本。

(2) 自备水源的水池、水塔、储存罐等有清洗消毒计划和监控记录。

(3) 食品加工企业每月一次对生产用水进行细菌总数、大肠菌群的检验记录。

(4) 每日对生产用水的余氯检验。

(5) 生产用直接接触食品的冰，自行生产者，应具有生产记录，记录生产用水和工、器具卫生状况，如是向冰厂采购，冰厂应具备生产冰的卫生证明。

(6) 申请向国外注册的食品加工企业需根据注册国家要求项目进行监控检测并加以记录。

(二) 与食品接触的表面（包括设备、手套、工作服）的清洁度

与食品直接接触的表面通常是加工设备（制冰机、传送带、饮料管道、储水池等）、器具、操作台、包装材料内表面、加工人员的手、工作服、手套等。间接接触的表面包括车间墙壁、顶棚、照明、通风排气等设施；未经清洁消毒的冷库；车间和卫生间的门把手；操作设备的按钮；车间内电灯开关、垃圾箱、外包装等。

食品接触表面一般要求用无毒、浅色、不吸水、不渗水、不生锈、不吸尘、抗腐蚀、耐磨、不与清洁和消毒的化学品产生反应的材料制成。

1. 食品接触表面的清洗、消毒

清洗的目的是为了提高消毒效率。清洗介质一般用清水、温水或加有洗涤剂的水溶液。大型设备每班生产结束后立即清洗，常规设备、器具在生产中根据需要随时清洗。

清洗消毒一般为5~6个步骤：清洗污物→预冲洗→用清洁剂清洗→清水冲洗→消毒→最后冲洗（如使用化学方法消毒）。

洗涤剂一般有普通洗涤剂，酸或碱洗涤剂，含氯洗涤剂，含有酶的洗涤剂等。洗涤剂效果与洗涤接触时间、清洗温度等因素有关。选择清洗剂和消毒剂以及使用的方法决定于以下几个因素：污染物的性质；需清洗和消毒的程度；被清洗表面的类型；用于清洗和消毒的设备和类型。

(1) 加工设备与工器具的清洗消毒　首先彻底清洗，再消毒（82℃热水、碱性清洁剂、含氯、碱、酸、酶、消毒剂、余氯200mg/kg浓度、紫外线、臭氧），再冲洗，设有隔离的工器具洗涤消毒间（不同清洁度工器具分开）。

(2) 员工的手、工作服、手套清洗消毒　员工手部的清洗消毒在进入车间前

进行。员工手套在每班结束生产或是中间休息时要更换，手套材料应不易破损和脱落，不得采用线手套。工作服和手套集中由洗衣房清洗消毒（专用洗衣房，设施与生产能力相适应），不同清洁区域的工作服分别清洗消毒。存放工作服的房间设有臭氧、紫外线等设备，且干净、干燥和清洁。

（3）空气消毒

① 紫外线照射法：每 10～15m² 安装一支 30W 紫外线灯，消毒时间不少于 30min，低于 20℃、高于 40℃ 或湿度大于 60% 的车间紫外线杀菌时间要延长。适用于更衣室、厕所等。

② 臭氧消毒法：加工车间一般臭氧消毒 1h。适用于加工车间、更衣室等。

③ 药物熏蒸法：用过氧乙酸、甲醛等对冷库和保温车进行消毒，用量为 10mL/m²。

2. 食品接触表面卫生情况的监控

监控方法分为：感官检查、化学检测（消毒剂浓度）、表面微生物检查（细菌总数、沙门氏菌和金黄色葡萄球菌）。经过清洁消毒的设备和工器具、食品接触表面细菌总数低于 100 个/cm² 为宜，沙门氏菌及金黄色葡萄球菌等致病菌不得检出。对车间空气的洁净程度，可通过空气暴露法进行检验。采用普通肉琼脂，直径为 9cm 的平板在空气中暴露 5min 后，经 37℃ 培养的方法进行检测。平板菌数为 30 个以下的，空气为清洁，评价为安全；当达到 50～70 个，空气为低等清洁。

3. 纠偏措施

在检查发现问题时，应对所有的环节与操作进行分析，查找原因，采取适当的方法及时纠正，如对检查结果为不干净的食品接触面重新进行清洁、消毒等。

4. 记录

记录包括：生产一线人员的手部卫生记录及手套、工作服洁净检查记录；操作表面和生产所用器具的监控记录；设备的完好与卫生状况记录；车间（地面、墙面）卫生清扫及卫生状况记录；更衣室、加工车间的空气卫生程度记录；内包装物料的卫生程度记录；纠偏措施记录。

（三）防止发生交叉污染

交叉污染是通过生的食品、食品加工者或食品加工环境把生物或化学的污染物转移到食品的过程。

1. 造成交叉污染的来源

工厂选址或生产车间的选址和设计不合理，清洁消毒不符合要求，加工人员个人卫生不良，生产中卫生操作不规范，生、熟产品未分开或原料和成品未隔离等。

（1）工厂选址、设计应合理　周围环境不造成污染，厂区内不造成污染；车间工艺布局、工艺流程布局合理，该隔离就应隔离，实现生、熟加工分开，初加工、精加工、成品包装分开，清洁区域与不清洁区域分开；运输原辅料或成品的车辆专车专用；人流、水流均遵循从高清洁区到低清洁区的流向原则；物流应不造成交叉污染，可利用生产的时间和空间进行分隔；气流要进行进气的控制和正压排气。

（2）生产工艺设计与工艺技术管理要符合卫生要求　同一车间要禁止加工不同类别的产品；生产中所用到的设备、器具要严格执行清洗和消毒规程；卫生操作应规范；不同生产区域使用的器具、容器、工作服要有明显的标识，不允许随意跨区域流动；洗涤所用的水应该勤更换，采用较大流量的流动水。

（3）培养员工养成良好的卫生习惯，严禁员工有下列行为　整理完生的制品就接着整理熟的制品；处理完垃圾就接着整理食品；直接在地板上作业；离开车间后返回，或接触了不洁物不洗手消毒就直接接触食品；佩戴首饰、不戴工作帽、不穿着工作服、不穿工作鞋就进入车间或投入生产；在车间里随地吐痰，无遮蔽地打喷嚏；边工作边谈笑打闹、吃东西。

2. 交叉污染的监控

在开工时、交班时、餐后续加工时进入生产车间；生产时连续监控；产品贮存区域（如冷库）每日检查。

3. 纠偏措施

发生交叉污染，应立即采取措施防止再发生，纠正失误的操作，必要时让设备停止运行，甚至停产整改，直到有改进，达到要求后方能重新生产。对被怀疑已受到污染的产品要隔离放置，待检验后才能处理。必要时重新评估产品的安全性，并增加员工的培训程序。

4. 记录

防止食品发生交叉污染的相关检查记录包括：企业人员接受卫生培训的记录；生产车间的地面、墙壁、空间、门窗设备、器具的清洗和消毒记录；个人卫生检查记录；进入车间的员工规范着装检查记录；纠偏记录。

（四）手的清洗和消毒、厕所设备的维护与卫生保持

1. 洗手消毒的设施

洗手消毒设施包括非手动开关的水龙头、冷热水、皂液器、消毒槽、干手设备、流动消毒车等，应安放于车间入口、卫生间、车间内，并应设在方便使用的地方，并有醒目标识。

洗手龙头必须是非手动开关，以膝动式、感应式或脚踏式为好。洗手处有皂液盒。在冬季应有热水供应，水温适宜（43℃左右），洗手消毒效果好。车间内适当的位置应设足够数量的洗手消毒设施，以便于员工在操作过程中定时洗手、消毒，或在弄脏手后能及时洗手，最好常年有流动的消毒车。

2. 卫生间设施

卫生间与车间建筑连为一体，应设在卫生设施区域内并尽可能离开作业区，应处在通风良好、地面干燥、光照充足、距离生产车间不太远的位置。卫生间的门、窗不能直接开向加工作业区。卫生间配有冲水、消毒设施，尽量避免使用大通道冲水式卫生间，应采用蹲便器或坐便器。厕所应设有更衣、换鞋设施（数量以15~20人设1个为宜），手纸和废纸篓、洗手设施、烘手设备等。还应有专人经常地打扫并随时进行消毒，卫生状况保持良好，不造成污染。

3. 洗手消毒方法

良好的进车间洗手程序：工人穿工作服→穿工作鞋→清水洗手→用皂液或无菌皂洗手→清水冲净皂液→于50mg/kg次氯酸钠溶液浸泡30s→清水冲洗→干手（干手器或一次性纸巾或毛巾）→75%食用酒精喷手。工人进入车间流程如图3-2所示。

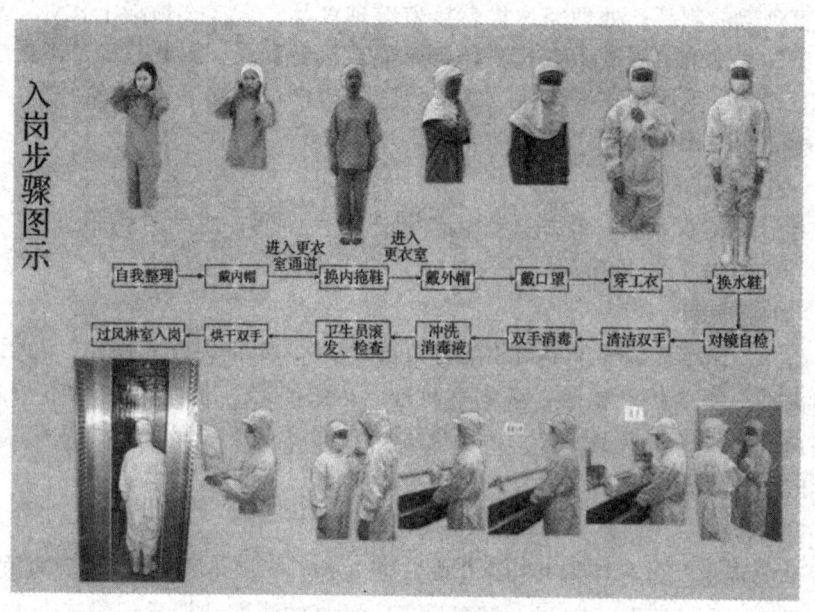

图3-2 进入车间流程

良好的如厕程序：脱工作服→脱工作鞋→如厕→冲厕→用皂液或无菌皂洗手→清水冲净皂液→干手→消毒→穿工作服→穿工作鞋→洗手消毒→进入工作区域。

洗手消毒频率：每次进入加工车间时，手接触了污染物后应根据不同加工产品规定确定消毒频率。

4. 监测

建立一个必要的手部清洗程序，来防止在加工区域或食品中污染物或潜在的致病微生物的传播。具体的检查方式和频率根据不同食品和加工方法而定。

5. 纠偏措施

检查发现问题，重新洗手消毒，及时清理不卫生情况，设施损坏的要及时维修或更换。补充洗手间里的用品，若手部消毒液浓度不适宜，则将其倒掉并配制新液。

6. 记录

该项记录应该包括下述内容：生产一线人员手部卫生检查，如手部的清洗规范的检查记录、手的消毒记录、手的棉签实验记录、手套和工作服穿戴整洁等记录；消毒剂的配制及使用记录；卫生间的设施更换、检修记录，清洁消毒记录，保持卫生周期长短记录；纠偏记录。

（五）防止食品被污染物污染

在食品加工过程中，食品、食品包装材料和食品所有接触表面易被微生物、化学品及物理的污染物污染，被称为外部污染。

1. 食品被污染物污染的原因

食品中物理性污染通常来自于照明设施突然爆裂产生的碎片、车间天花板或墙壁产生的脱落物、工器具上脱落的漆片或铁锈片、木器或竹器具上脱落的硬质纤维、人体掉落的头发等。

食品中化学性污染有企业使用的杀虫剂、清洁剂、润滑剂、消毒剂、燃料等。

食品中微生物污染来自于车间内被污染的水滴和冷凝水、空气中的尘埃或颗粒、地面污物、不卫生的包装材料、唾液、喷嚏等。

2. 食品污染的防范措施

保持车间的良好通风和温度，顶棚呈圆弧形，对蒸汽量大的车间有专门的排气装置，控制车间温度，提前降温，尽量缩小温差，有效控制水滴和冷凝水的形成。

适时对包装物品实施检测，防止其带菌。

对灯具加装防护罩，将易脱落碎片的器具更换为耐腐蚀、易清洗的不锈钢器具。

加工设备上的润滑油选用食用级的，对有毒、有害的化学品严格管理，禁止使用标签的化学品，保护食品不受污染。

每一批包装材料进厂后，要进行微生物检验，必要时进行消毒。包装物料存放库要保持干燥、清洁、通风，防霉，内外包装分别存放，上有盖布下有垫板，并设有防虫鼠设施。

食品的贮存库保持卫生，不同产品、原料、成品分别存放，设有防鼠设施。

对员工进行培训，强化卫生操作意识。

3. 监控

监控对象：任何可能污染食品或食品接触面的掺杂物，如潜在的有毒化合物、不卫生的水（包括不流动的水）和不卫生的表面所形成的冷凝物。

监控频率：建议在生产开始时及工作时间每4h检查一次。

4. 纠偏措施

除去不卫生表面的冷凝物，调节空气流通和房间温度以减少水蒸气凝结，用遮盖物防止冷凝物落到食品、包装材料及食品接触面上；清扫地板，清除地面积水、污物、清洗化合物残留；评估被污染的食品；培训员工正确使用化合物，丢弃没有标签的化学品。

5. 记录

对于确保食品、食品包装材料和食品接触面免受污染的记录不需要太复杂，包括以下几项：原辅料库卫生检查记录；车间消毒记录，车间空气菌落沉降实验记录；包装材料的领用、出入库记录；食品微生物检验记录；纠偏记录。

（六）有毒化学物质的标记、贮存和使用

食品加工厂有可能使用的化学物质包括洗涤剂、消毒剂、杀虫剂、润滑剂、食品添加剂等。它们是进行正常生产所必需的，在操作过程中必须正确标识、保存和按照产品说明和相关规定正确使用。

1. 有毒化合物的购买要求

所使用化学药品必须具备主管部门批准生产、销售、使用的证明，列明主要成分、毒性、使用剂量和注意事项，并标识清楚；工作容器标签必须标明容器中试剂或溶液名称、生产厂名、厂址、生产日期、批准文号、浓度、使用说明，并注明有效期。要建立化学物品的入库记录、使用登记表和核销记录，制定化学物品进库验收制度和验收记录。

2. 有毒化学物质的贮存和使用

对化学物品的保管、配制和使用人员进行必要的培训。化学物质采用单独的区域分类贮存，配备有标记带锁的柜子，防止随便乱拿，设警告标示，并远离加工区域。有毒、有害的化学物品应储藏于密闭储存区内，只有经过培训的人员才能进入该区内。存放错误的化学物品要及时回位，对标签、标识不全者，拒不购入，重新标记那些内容物模糊不清的工作容器，加强对保管和使用人员的培训，强化责任意识；及时销毁不能使用的盛装化学物品的工作容器。

3. 监控

经常检查确保符合要求，建议一天至少检查一次，整天都时刻注意。

4. 纠偏措施

转移存放错误的化合物；对标记不清的拒收或退回；正确标记；处理已坏的容器；评价食品的安全性；加强对保管、使用人员的培训。

5. 记录

该类记录包括：有毒、有害物的购入和卫生部门允许使用证明的记录；有毒、有害物的使用审批记录；有毒、有害物的领用记录；有毒、有害物的配制记录；监控及纠偏记录。

（七）雇员的健康与卫生控制

1. 雇员的健康与卫生习惯管理要求

食品企业的生产人员（包括检验人员）是直接接触食品的人，其身体健康及卫生状况直接影响食品卫生质量。根据食品卫生管理法规定，凡从事食品生产的人员必须体检合格，获有健康证方能上岗。

食品生产企业应制订体检计划，并设有体检档案，凡患有有碍食品卫生的疾病，例如：病毒性肝炎，活动性肺结核，肠伤寒及其带菌者，细菌性痢疾及其带菌者，化脓性或渗出性脱屑皮肤病，手外伤未愈合者不得参加直接接触食品加工，痊愈后经体验合格后可重新上岗。

生产人员要养成良好的个人卫生习惯，按照卫生规定从事食品加工的生产人员要认识到疾病对食品卫生带来的危害，主动向管理人员汇报自己和他人的健康状况。

2. 监控

员工应每年进行一次健康检查，车间负责人每天都要对员工的身体健康状况进行了解。

3. 纠偏

未及时体检的员工进行体检，体检不合格的调离生产岗位，直至痊愈；不按要求穿戴，身上有异物者，立即更正；受伤者（刀伤、化脓）自我报告或检查发现。制订卫生培训计划，加强员工的卫生知识培训，并记录存档。

4. 记录

企业员工的身体健康控制监控记录应有以下几项：企业员工体检记录及健康档案；企业员工日常卫生检查记录；员工卫生培训记录；因病调离岗位或病愈健康重返岗位的员工姓名、日期、病因、治疗结果、重新体检的项目和结果（纠偏）记录。

（八）虫害的防治

1. 虫害防治方法

害虫主要是指苍蝇、老鼠、蟑螂等，苍蝇和蟑螂可以传播沙门菌、葡萄球菌、产气荚膜梭菌、肉毒梭菌、志贺菌、链球菌及其他病菌；啮齿类动物是沙门菌宿主；鸟类携带有大量的病菌，如沙门菌和李斯特菌。通过虫害传播食源性疾病的数量是巨大的，虫害、鼠害的灭除对食品加工厂而言是非常重要的，食品加工环境中有虫害会影响食品的安全卫生，会导致疾病传染给消费者。

每个食品企业都应制定可行的全厂范围内的有害动物的扑灭及控制计划。重点放在厕所、食品下脚料出口、垃圾箱周围、原辅料与成品仓库周围、食堂周围。

防治方法包括清除虫害滋生地，清洁周边环境；预防进入车间，采用风幕、水幕、纱窗、黄色门帘、暗道、挡鼠板、翻水弯等；采用杀虫剂灭虫；车间入口用灭蝇灯；采用黏鼠胶、鼠笼等器具灭鼠，不能用灭鼠药。

2. 虫害监控

对工厂内害虫可能侵入的各个防控点要进行检查监控。监控地面杂草、灌木丛、脏水、垃圾等吸引害虫或隐藏害虫的保护屏障是否清除；设置的"捕虫器"是否完好；是否有家养动物或野生动物出现的痕迹，门窗是否完好或密封，有无纱窗、水帘等防护层；设备周边是否清洁，有无吸引害虫的食品残渣；排水沟是否清洁，水沟盖是否完好，有无吸引害虫的杂物；黑光灯捕捉器装置安装是否合理、是否定期清洁、工作是否正常。

根据检查对象的不同而不同。对于工厂内虫害可能入侵的检查，可以每月或每星期检查一次；对工厂内遗留痕迹的检查，通常为每天检查；也可根据经验来调整监控频率，如害虫、害鼠活动的季节必要时加强控制措施。

3. 纠偏措施

根据发现死鼠的数量和次数以及老鼠活动痕迹等情况，及时调整方案，必要时调整捕鼠夹的疏密或更换不同类型的捕鼠夹；根据杀虫灯检查记录以及虫害发生情况及时调整灭虫方案，必要时维修和更换或加密杀虫灯，以及其他应急措施。

4. 记录

记录包括：企业定期灭虫、灭鼠行动及检查记录；企业卫生清扫及消毒（次数、过程、范围、消毒剂种类、周期）检查记录；重点区域的虫害防止和消灭监控记录；全厂性的卫生执行纠偏记录。

第三节　食品安全管理体系的原理——HACCP 的 7 个原理和 12 个步骤

一、HACCP 体系概述

1. HACCP 体系的概念

HACCP 是 Hazard Analysis Critical Control Point 英文的首字母缩写，即危害分析与关键控制点。这是一种保证食品安全与卫生的预防性管理体系。

2. HACCP 体系的产生

HACCP 诞生于 20 世纪 60 年代的美国。1959 年，美国皮尔斯柏利（Pillsbury）公司与美国航空航天局（NASA）纳蒂克（Natick）实验室为了保证航空食品的安全首次建立 HACCP 体系，保证了航天计划的完成。

3. HACCP 体系的发展

20 世纪 60 年代末始创于美国宇航食品。

1993 年 EU 委员会 HACCP 决议/指令。

1995 年美国相继颁布 HACCP 法规。

1997 年 FDA 水产品法规生效、CAC 颁布 HACCP 指南。

2000 年美国禽肉 HACCP 法规生效（416、417）。

2001 年颁布饮料 HACCP 法规和零售业指南（120）。

美国洲际奶制品运输 HACCP 法规（131）。

2005 年 9 月 1 日 ISO22000 标准出台。

我国是最早进行食品安全管理体系推广的国家之一，截至 2007 年 8 月，我国已有 2675 家食品生产企业获得了中国国家认证认可监督管理委员会 HACCP 认证。

二、HACCP 体系基本原理

（一）HACCP 体系的基本术语

FAO/WHO 食品法典委员会（CAC）在法典指南，即《HACCP 体系及其应用准则》中规定的基本术语及其定义有：

（1）危害（Hazard） 指食品中可能影响人体健康的生物性、化学性和物理性因素。

常见的危害包括：

生物性危害：致病性微生物及其毒素、寄生虫、有毒动植物。

化学性危害：杀虫剂、洗涤剂、抗生素、重金属、滥用添加剂等。

物理性危害：金属碎片、玻璃渣、石头、木屑和放射性物质等。

（2）危害分析（Hazard Analysis，HA） 指收集有关的危害及导致这些危害产生和存在的条件；评估危害的严重性和危险性以判定危害的性质、程度和对人体健康的潜在影响以确定哪些危害对于食品安全是重要的。

（3）显著危害 是指极有可能发生或一旦发生就可能导致消费者不可接受的健康或安全风险的危害。

（4）严重性（Severity） 指某个危害的大小或存在某种危害时所致后果的严重程度。需要强调，严重性随剂量和个体的不同而不同，通常剂量越高，疾病发生的严重程度就越高。高危人群（如婴幼儿、病人、老年人）对微生物危害的敏感性比健康成人高，这些人患病的后果较严重。

（5）危险性（Risk） 对危害发生可能性的估计。危险性可分为高（H）、中（M）、低（L）和忽略不计（N）。

（6）关键控制点（Critical Control Point，CCP） 指一个操作环节，通过在该步骤实施预防或控制措施，能消除或最大程度地降低一个或几个危害。

（7）控制措施（Control Measure） 指判定控制措施是否有效实行的指标。标准可以是感官指标，如色、香、味；物理性指标，如时间、温度；也可以是化学性指标，如含盐量、pH；微生物学特性指标为菌落总数、致病菌数量。

（8）监视（Monitor） 指对于控制指标进行有计划的连续检测，从而评估某个CCP是否得到控制的工作。

（9）偏差（Deviation） 指达不到关键指标限量。

（10）步骤（Step） 指食品从初级产品到最终食用的整个食物链中的某个点、步骤、操作或阶段。

（11）验证（Verfication） 应用不同方法、程序、试验等评估手段，以确定食品生产是否符合HACCP计划的要求。

（12）危险性分析（Risk Analysis） 由三部分组成：危险性评估、危险性管理和危险性信息交流。

（13）危险性评估（Risk Assessment） 对人体因接触食源性危害而产生的已知或潜在危险性进行科学评价。

危险性评估由四个步骤组成：危害的识别；危害特征的研究与描述；摄入量评估；危险性特征的描述。该定义包括危险性的定量表示（以数量表示危险性）、危险性的定性表示及指出不确定性的存在。

（14）危险性管理（Risk Management） 根据危险性评估的结果权衡对策，并在必要时实施相应的控制措施（包括管理手段）。

（15）危险性信息交流（Risk Communication）　危险性评估人员、危险性管理人员、消费者以及其他有关部门就"危险性"问题所进行的信息和意见的相互交流。

（16）暴露评估（Exposure Assessment）　对可能摄入的生物、化学或物理危害进行定性和定量评估。

（二）HACCP体系的7项基本原理

原理一：进行危害分析和确定预防控制措施

拟定工艺中各工序的流程图，确定与食品生产各阶段（从原料生产到消费）有关的潜在危害及其危害程度，确定显著危害，并对这些危害制定具体有效的控制措施。

预防措施分为如下几个方面：

1. 对生物危害

细菌：加热、冷冻、发酵或加入防腐剂，通过调节pH、干燥及来源控制。

病毒：蒸煮方法。

寄生虫：动物饮食控制、环境控制、失活、人工剔除、加热、干燥、冷冻等。

2. 对化学危害

来源控制：产地证明、供应商证明、原料检测。

生产控制：添加剂的合理使用。

标识控制：正确标识产品和原料，标明产品的正确食用方法。

3. 对物理危害

来源控制：供应商证明、原料检测。

生产控制：利用磁铁、金属探测器、筛网、分选机、空气干燥机、X射线设备和感官控制。

原理二：确定关键控制点

确定能够实施控制且可以通过正确的控制措施达到预防危害、消除危害或将危害降低到可接受水平的CCP，例如，加热、冷藏、特定的消毒程序等。应该注意的是，虽然对每个显著危害都必须加以控制，但每个引入或产生显著危害的点、步骤或工序未必都是CCP。CCP的确定可以借助于CCP判断树。

原理三：建立关键限值（CL）

指出与CCP相应的预防措施必须满足的要求，例如温度的高低、时间的长短、pH的范围及盐浓度等。CL是确保食品安全的界限，每CCP都必须有一个或多个CL，一旦操作中偏离了CL，必须采取相应的纠偏措施才能确保食品的安全性。

原理四：建立监控体系

通过有计划的测试或观察，以确保CCP处于被控制状态，其中测试或观察要有记录。监控应尽可能采用连续的理化方法，如无法连续监控，也要求有足够的间隙频率来观察测定每一个CCP的变化规律，以保证监控的有效性。凡是与CCP有关的记录和文件都应该有监控员的签名。

原理五：建立纠偏行动

因为任何 HACCP 方案要完全避免偏差几乎是不可能的。因此，需要预先确定纠偏行为计划。如果监控结果表明加工过程失控，应立即采取适当的纠偏措施，减少或消除失控所导致的潜在危害，使加工过程重新处于控制之中。纠偏措施的功能包括：决定是否销毁失控状态下生产的食品；纠正或消除导致失控的原因；保留纠偏措施的执行记录。

原理六：建立验证程序

验证程序即除监控方法外，用来确定 HACCP 体系是否按 HACCP 计划执行或 HACCP 计划是否需要修改及再确认生效所使用的方法、程序或检测及评审手段。

虽然经过了危害分析，实施了 CCP 的监控、纠偏措施并保持有效的记录，但是并不等于 HACCP 体系的建立和运行能确保食品的安全性，关键在于：① 验证各个 CCP 是否都按照 HACCP 计划严格执行；② 确认整个 HACCP 计划的全面性和有效性；③ 验证 HACCP 体系是否处于正常、有效的运行状态。这三项内容构成了 HACCP 的验证程序。验证的方法包括生物学的、物理学的、化学的或感官方法。

原理七：建立有效的记录保存与管理体系

HACCP 具体方案在实施中，都要求做例行的、规定的各种记录，同时还要求建立有关适用于这些原理及应用的所有操作程序和记录的档案制度，包括计划准备、执行、监控、记录及相关信息与数据文件等都要准确和完整地保存。以文件证明 HACCP 体系的有效运行，记录是 HACCP 体系的重要部分。

三、HACCP 计划的制定和实施

HACCP 计划是将进行 HACCP 研究的所有关键资料集中于一体的正式文件，HACCP 计划由 HACCP 小组确定，主要由两部分组成：生产流程图和 HACCP 控制图，同时还包括其他必需的支持文件。

（一）实施 HACCP 计划的必备程序和条件

1. 必备程序

实施 HACCP 体系的目的是预防和控制所有与食品相关的安全危害，因此，HACCP 不是一个独立的程序，而是全面质量控制体系的一部分。

一个完整的食品安全预防控制体系即 HACCP 体系，它包括 HACCP 计划、良好操作规范（GMP）和卫生标准操作规范（SSOP）3 个方面。GMP 和 SSOP 是企业建立以及有效实施 HACCP 计划的基础条件。

2. 管理层的支持

制定和实施 HACCP 体系必须得到管理层的理解和支持，特别是公司（或企业）最高管理层的重视。只有管理层的大力支持 HACCP 小组才能得到必要的资源，HACCP 体系才能发挥作用。

3. 人员的素质要求和培训

人员是HACCP体系成功实施的重要条件。HACCP体系对人员在食品安全控制过程中的地位和要求十分明确。主要体现在以下几个方面：人是生产要素，产品安全与卫生取决于全体人员的共同努力。各级人员必须经过良好的培训，以胜任各自的工作；所有人员必须严格"照章办事"，不得擅自更改HACCP规定的操作规程；如实报告工作中的差错，不得隐瞒，对HACCP小组成员进行重点培训。

（二）制定和实施HACCP计划的步骤

根据食品法典委员会《HACCP体系及其应用准则》详细阐述HACCP计划的研究过程，此过程由12个步骤组成，涵盖了HACCP 7项基本原理，12个步骤如图3-3所示。

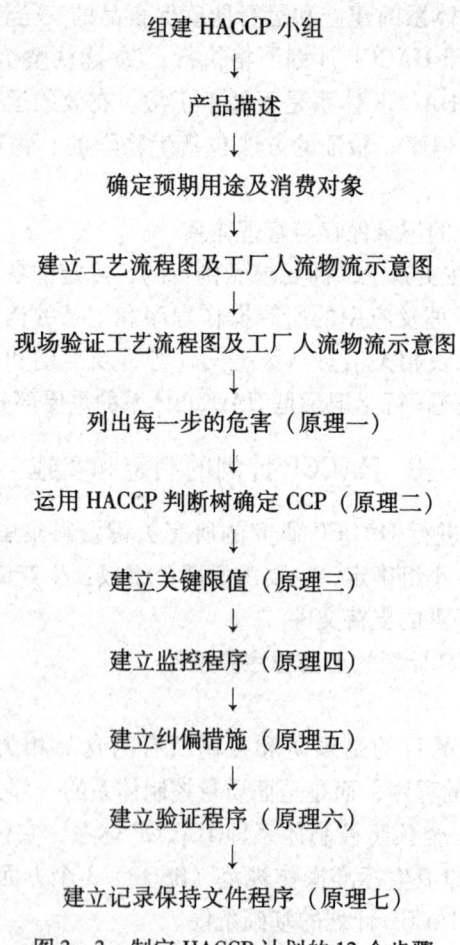

组建HACCP小组
↓
产品描述
↓
确定预期用途及消费对象
↓
建立工艺流程图及工厂人流物流示意图
↓
现场验证工艺流程图及工厂人流物流示意图
↓
列出每一步的危害（原理一）
↓
运用HACCP判断树确定CCP（原理二）
↓
建立关键限值（原理三）
↓
建立监控程序（原理四）
↓
建立纠偏措施（原理五）
↓
建立验证程序（原理六）
↓
建立记录保持文件程序（原理七）

图3-3 制定HACCP计划的12个步骤

步骤1：组建HACCP小组

HACCP体系必须由HACCP小组共同努力才能完成。HACCP小组的职责是制定HACCP计划；修改、验证HACCP计划；监督实施HACCP计划；书写SSOP；对全体人员进行培训等。因此，组建一个能力强、水平高的HACCP小组是有效实施HACCP计划的先决条件之一。

HACCP小组所需要的知识包括：内部知识，如原料质量保证、生产与工艺研究、运输控制、原料采购；外部知识，如微生物专家、毒理学家、统计过程控制、HACCP专家。HACCP小组应由不同部门的专家组成（专家必须具备一定的知识和经验）：

HACCP小组组长最好是HACCP方面的专家。HACCP小组的人数可以根据企业工作的要求确定。

步骤2：产品描述

对产品（包括原料与半成品）及其特性、规格与安全性等进行全面描述，尤其对以下内容要作具体定义和说明：

(1) 原辅料（商品名称、学名和特点）。

(2) 成分（如蛋白质、氨基酸、可溶性固形物等）。

(3) 理化性质（包括水分活度、pH、硬度、流变性等）。

(4) 加工方式（如产品加热及冷冻、干燥、盐渍、杀菌程度等）。

(5) 包装系统（密封、真空、气调、标签说明等）。

(6) 储运（冻藏、冷藏、常温贮藏等）和销售条件（如干湿与温度要求等）。

(7) 所要求的储存期限（保质期、保存期、货架期）。

步骤3：确定预期用途及消费对象

产品的预期用途应以用户和消费者为基础，HACCP小组应详细说明产品的销售地点、目标群体，特别是能否供敏感人群使用。不同用途和不同消费者对食品安全的要求不同，对过敏的反应也不同。

有五种敏感或易受伤害的人群：老人、婴儿、孕妇、病人及免疫缺陷者。例如，李斯特菌可导致流产，如果产品中可能带有李斯特菌，就应在产品标签上注明"孕妇不宜食用"。

步骤4：建立生产工艺流程图及工厂人流物流示意图

生产流程图是一张按序描述整个生产过程的流程图，它描述了从原料到终产品的整个过程的详细情况。生产流程图应包括下列几项内容：所有原料、产品包装的详细资料，包括配方的组成、必需的储存条件及微生物、化学和物理数据，返工或再循环产品的详细情况。

步骤5：现场验证工艺流程图及工厂人流物流示意图

流程图的精确性影响到危害分析结果的准确性，因此，生产流程图绘制完毕后，必须由HACCP小组亲自到现场进行验证，以确保生产流程图确实无误地反映实际生产过程。

步骤6：列出每一步的危害（原理一）

HACCP小组应根据HACCP原理的要求，对加工过程中每一步骤（从流程图开始）进行危害分析，确定危害的种类，找出危害的来源，建立预防措施。

（1）HACCP体系应控制的危害　在HACCP体系中，"危害"是指食物中可能引起疾病或伤害的情况或污染。这些危害主要分为三大类：生物的危害、化学的危害和物理的危害。值得注意的是，在食品中发现的令人厌恶的昆虫、毛发、脏物或腐败等不作为食品安全危害。

危害的分类与控制如图3-4所示。

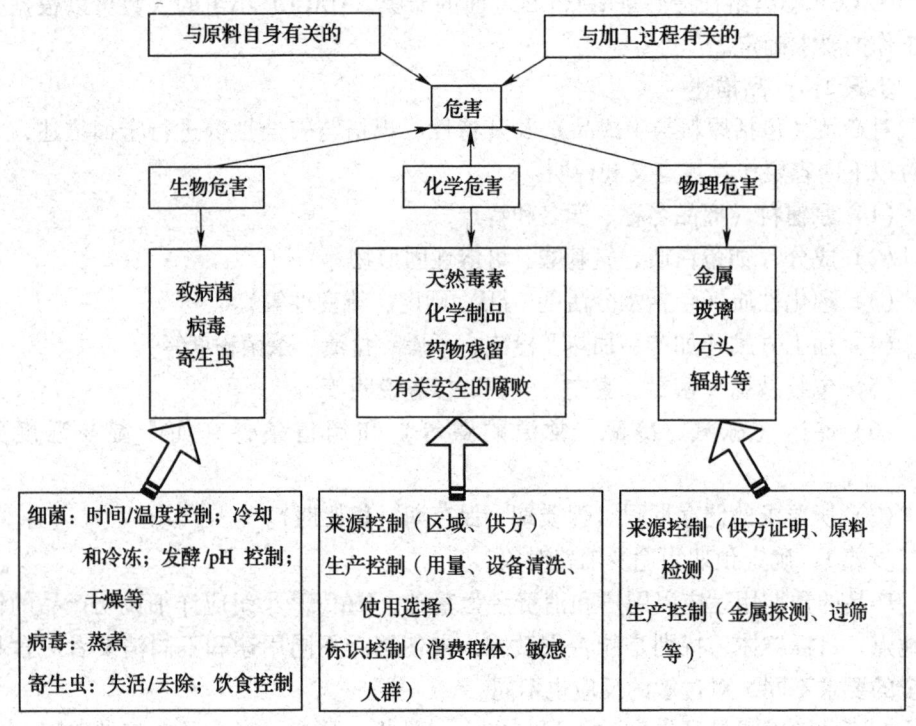

图3-4　危害的分类与控制

生物危害包括致病菌、病毒和寄生虫。

在生物危害中，有害细菌引起的食品危害占到90%。细菌危害是指某些有害细菌在食品中存活时，可以通过活菌的摄入引起人体（通常是肠道）感染或预先在食品中产生的细菌毒素导致人类中毒。前者称为食品感染，后者称为食品中毒。由于细菌是活的生命体，需要营养、水、温度以及空气条件（需氧、厌氧或兼性），因此通过控制这些因素，就能有效地抑制、杀灭致病菌，从而把细菌危害预防、消除或减少到可接受水平。例如，控制温度和时间是常用且可行的预防措施，低温可抑制微生物生长，加热可以杀灭微生物。

与食品安全有关的病毒主要有肝炎A型病毒（HAV）和诺瓦克病毒。病毒传递到食品通常与不良的卫生状况有关。

控制病毒危害的有效途径有以下几点：① 对食品原料进行有效的消毒处理；② 屠宰场对原料动物进行严格的宰前和宰后检验；肉品加工厂对原料肉的来源进行控制；③ 严格执行卫生标准操作规程，确保加工人员健康和加工过程中各环节的消毒效果；④ 不同清洁度要求的区域严格隔离。

通过食品感染人类的寄生虫大约有100种，它们主要是线虫、绦虫、吸虫和原生动物等。通过彻底加热食品可以杀死食品所带的寄生虫。

化学危害也有三类，一类是天然的化学物质，如霉菌毒素、组胺、鱼肉毒素和贝类毒素等，它们主要存在于植物、动物和微生物中。二是有意添加的化学药品，如食品添加剂（如防腐剂、营养添加剂和色素添加剂等）。这些化学物质并不总是代表危害，只有它们的用量超过了规定的使用量时，才会对消费者造成潜在的危害。第三类化学危害是无意地或偶然加入的化合物。如农用杀虫剂、除草剂、抗菌素和生长激素等的残留、有毒元素超标、消毒剂和清洁剂等污染食品都有可能造成化学危害，这种危害最难控制，也是我国目前遭受贸易壁垒最多的一种危害。化学污染可以发生在食品生产和加工的任何阶段。要消除这种危害，必须从种养殖的源头抓起，否则，危害一旦进入食品，就很难再将其消除。

物理危害包括任何在食品中发现的不正常的潜在有害的外来物，包括可能引起疼痛和伤害的尖锐物质，如破碎玻璃；可能导致牙齿严重毁坏的物质，如金属、石子；可能造成窒息的物质，如骨头或塑料。其他需要控制的外来物还包括可作为微生物交叉污染的载体，如鲜奶油蛋糕中的苍蝇，苍蝇传播给蛋糕的致病微生物是危害，而苍蝇本身并不是。严格来讲，只有当它们可能对消费者造成伤害或健康危害时才算是重要安全危害；否则，应该认为它们是质量、卫生或法律等方面的问题，并可以通过卫生和质量的首要必备控制程序来管理。

进行危害分析时可利用的信息资源包括：公开出版的书籍、科学刊物和互联网上的信息；顾问或专家；研究机构；供货商和客户。在作出任何结论之前，必须仔细研究和评估所有来源的信息。

（2）危害分析的几点说明

① 危害分析是对于某一产品或某一加工过程，分析实际上存在哪些危害，是否是显著危害，同时制定出相应的预防措施，最后确定是否是关键控制点。显著危害是指那些可能发生或一旦发生就会造成消费者不可接受的健康风险的危害。HACCP只把重点放到那些显著危害上，没有这一点，试图控制太多，就会导致看不到的真正危害。

"危害分析与预防控制措施"是HACCP 7个原理的基础。其余几个原理都是针对分析出的显著危害进行制定和控制的。

② 在危害分析期间，要把对安全的关注同对质量的关注分开。

③ 危害分析是一个反复的过程，需要HACCP小组（必要时请外部专家）广泛参与，以确保食品中所有潜在的危害都被识别以便实施控制。

④ 危害分析是针对特定产品的特定过程进行的，因为不同的产品或同一产品加工过程不同，其危害分析都会有所不同。

⑤ 危害分析必须考虑所有的显著危害。

（3）危险性评价　为了建立一个适当的控制机制，在危害分析过程中有必要评价提出的每一种危害的特征及意义,即危险性评价。这是 HACCP 小组成员必须了解的一个过程。

危险性的一般定义为危害可能发生的几率或可能性。危害程度可分为:高(H)、中(M)、低(L)和忽略不计(N)。

(4) 建立预防措施　当所有潜在危害被确定和分析后,接着需要列出有关每种危害的控制机制、某些能消除危害或将危害的发生率减少到可接受水平的预防控制措施。可具体从以下方面加以考虑:

① 设施与设备的卫生;② 机械、器具的卫生;③ 从业人员的个人卫生;④ 控制微生物的繁殖;⑤ 日常微生物检测与监控。

(5) 危害分析工作单的填写　美国 FDA 推荐的"危害分析工作单"是一份较为适用的危害分析记录表格,通过填写这份工作单能顺利进行危害分析,确定 CCP,危害分析工作单如表 3-1 所示。

表 3-1　　　　　　　　　　　危害分析工作单

企业名称:××水产品冷冻加工厂　　　　　产品名称:速冻全虾
企业地址:××省××市××路××号　　　贮藏和销售方法:-18℃以下冷冻
计划用途和消费者:公众,即食

加工工序	可能存在的潜在危害	潜在危害是否显著	危害显著的理由	控制危害的措施	是否为CCP
原料验收	生物危害:致病菌	是	原料虾生长环境中可能存在致病菌	蒸煮工序可杀灭致病菌	否
	化学危害:农药残留/重金属	是	原料虾生长环境中可能存在	凭原料虾安全区域产地证明书收货	是
	物理危害:无				
蒸煮	生物危害:致病菌残留	是	温度/时间控制不当造成致病菌残留	控制蒸煮温度和时间	是
	化学危害:消毒剂残留	否		SSOP 控制	否
	物理的:无				

企业负责人签名:××　　　　　　　　　　　　日期:××年××月××日

步骤 7:运用 HACCP 判断树确定 CCP(原理二)

(1) 如何发现 CCP　CCP 是食品生产中的某一点、步骤或过程,通过对其实施控制,能预防、消除或最大程度地降低一个或几个危害。CCP 也可理解为在某个特定的食品生产过程中,任何一个 CCP 失去控制后会导致不可接受的健康危险的环节或步骤。CCP 判断树是进行 CCP 判断的工具,CCP 判断树如图 3-5 所示。

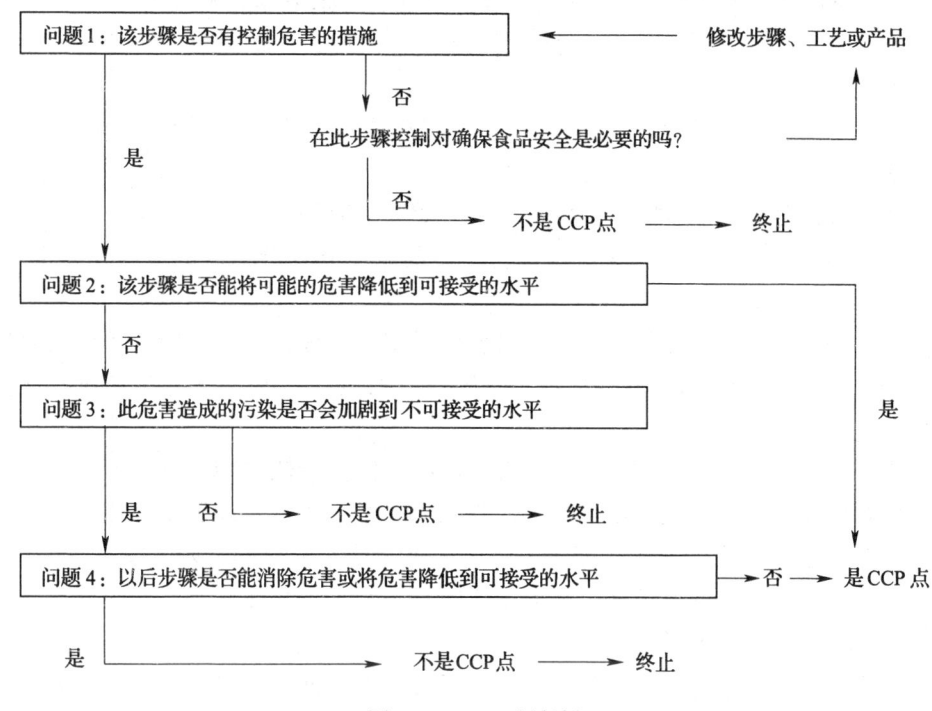

图 3-5 CCP 判断树

(2) 有关 CCP 的几点说明

① 关键控制点（CCP）控制的是影响食品安全的显著危害，但显著危害的引入点不一定是关键控制点（CCP），例如：在生产速冻虾仁的过程中，原料虾有可能带有细菌性病原体，它是一种显著危害，原料虾收购是细菌性病原体的引入点，但该点并不是关键控制点，关键控制点在虾的蒸煮阶段，通过蒸煮可以把细菌性病原体杀死。

② 一个关键控制点能用于控制一种以上的危害，例如：冷冻贮藏可能是控制病原体和组胺形成的一个关键控制点。

③ 一个以上的关键控制点可以用来控制一种危害，如在蒸熟的汉堡饼中控制病原体，如果蒸熟时间取决于最大饼的厚度，蒸熟和成饼的步骤都被认为是关键控制点。

④ 应避免设点太多，否则就会失去控制的重点。

⑤ 生产和加工的特殊性决定了关键控制点具有特异性。在一条加工线上确立的某一产品的关键控制点，可以与在另一条加工线上的同样的产品的关键控制点不同，这是因为危害及其控制的最佳点可以随厂区、产品配方、加工工艺、设备和配料选择等因素的变化而变化。

步骤 8：建立关键限值（原理三）

在确定了工艺过程中所有 CCP 后，就应确定各 CCP 的控制措施要求达到的关键限值（CL），即 CCP 的绝对允许极限，用来区分食品是否安全的分界点。如果超过了关键限值，就意味着这个CCP失控，产品可能存在潜在的危害。

关键限值的确定，可参考有关法规、标准、文献、专家建议、实验结果及数学模型。

关键限值的确定或选择原则是：可控制且直观、快速、准确、方便和可连续监测。

关键限值可以是化学指标、物理指标或微生物指标。

常见的化学指标指标有真菌毒素、pH、盐浓度和水分活度的最高允许水平，或是否存在致过敏物质等。

常见的物理指标有金属、筛子、温度和时间。物理指标也可能与其他因素有关，如在需要采取预防措施以确保无特殊危害时，物理指标可确定成一种持续安全状态。

常见的微生物指标有大肠杆菌是否检出等。但由于微生物指标传统的检测方法耗时很久不能满足关键限值选择要求快速的条件，因此选择需要慎重。随着科技的发展目前已有先进的方法缩短了微生物指标检测的时间，如ATP生物发光，它既能显示清洁过程的有效性，又能用于估计原料中的微生物水平，因此使微生物指标作为关键限值进行应用变成了现实。

案例：以鱼馅油炸关键控制点为例，其目的是用油炸来消除致病菌又能保证良好的色香味，其关键限值可以有3种方案：① 无致病菌检出；② 最低中心温度66℃，最少时间1min；③ 最低油温177℃，最大饼厚0.6cm，最少时间1min。3种方案都能确保产品质量与安全，但其中选择①是不实际的，费时且要大量测定，不能及时监控；选择②，测定中心温度难度大，不好连续监控；选择③则检测方便，可连续监控，是最快速方便且准确的方案，可保证无致病菌和中心温度达66℃以上。因此，在确定限值内容及取值范围时，要做充分全面考虑，研究出最佳的监控方案。

步骤9：建立监控程序（原理四）

监控程序是一个有计划的连续检测或观察过程，用以评估一个CCP是否受控，并为将来验证时使用。监控过程应做精确的运行记录（填入HACCP计划表中）。

监控的目的包括：跟踪加工过程中的各项操作，及时发现可能偏离关键限值的趋势并迅速采取措施进行调整；查明何时失控；提供加工控制系统的书面文件。

监控程序通常包括以下4项内容：

（1）监控对象　监控对象通常是针对CCP而确定的加工过程或产品的某个可以测量的特性。如时间、温度等。

（2）监控方法　对每个CCP的具体监控过程取决于关键限值及监控设备和检测方法。一般采用两种基本监控方法：一种方法为在线检测系统，即在加工过程中测量各临界因素，另一种为终端检测系统，即不在生产过程中而是在其他地方抽样测定各临界因素。最好的监控过程是连续在线检测系统,它能及时检测加工过程中的 CCP 的状态,防止 CCP 发生失控现象。

(3) 监控频率　监控的频率取决于 CCP 的性质及监测过程的类型。

(4) 监控人员　进行 CCP 监控的人员可以是：流水线上的人员、设备操作者、监督员、维修人员、质量保证人员。

负责监控 CCP 的人员必须具备一定的知识和能力,必须接受有关 CCP 监控技术的培训,必须充分理解 CCP 监控的重要性。

步骤 10：建立纠偏措施（原理五）

当监控结果表明某一 CCP 发生偏离关键限值时,必须立即采取纠偏措施。纠偏措施通常要解决两类问题：① 制定使工艺重新处于控制之中的措施；② 拟好 CCP 失控时期生产的食品的处理办法。纠偏行动过程应作的记录内容包括：① 产品描述、隔离和扣留产品数量；② 偏离描述；③ 所采取的纠偏行动（包括失控产品的处理）；④ 纠偏行动的负责人姓名；⑤ 必要时提供评估的结果。

步骤 11：建立验证程序（原理六）

只有"验证才足以置信",验证的目的是通过严谨、科学、系统的方法确认所规定的 HACCP 系统是否处于准确的工作状态中,确定 HACCP 计划是否需要修改和再确认,能否做到确保食品安全。验证是 HACCP 计划实施过程中最复杂、必不可少的程序之一。

验证活动包括：

(1) 确认　确认的目的是提供证明 HACCP 计划的所有要素（危害分析、CCP 确定、CL 建立、监控程序、纠偏措施、记录等）都有科学依据的客观证明,从而有根据地证明只要有效实施 HACCP 计划,就可控制影响食品安全的潜在危害。

任何一项 HACCP 计划在开始实施前都必须经过确认；HACCP 计划实施后,各要素如发生变化需要再次采取确认行动。

(2) 验证 CCP　必须对 CCP 制定相应的验证程序,才能保证所有控制措施的有效性及 HACCP 计划的实际实施过程与 HACCP 计划的一致性。CCP 验证包括对 CCP 的校准、监控和纠偏措施记录的监督复查,以及针对性的取样和检测。

(3) 验证 HACCP 体系　目的是确定企业 HACCP 体系的符合性和有效性。验证内容包括：

① 检查工艺过程是否按照 HACCP 计划被监控。

② 检查工艺参数是否在关键限值内。

③ 检查记录是否准确,是否按要求进行记录。

④ 审核记录的复查活动。

⑤ 监控活动是否按 HACCP 计划规定的频率执行。

⑥ 监控表明对发生了关键界限的偏差是否采取了纠正措施。

⑦ 设备是否按 HACCP 计划进行了校准。

⑧ 最终产品的微生物试验是否保证食品安全指标达到相关法律法规及顾客要求。

（4）执法机构执法验证　执法机构执法验证内容包括：① 对 HACCP 计划及其修改的复查；② 对 CCP 监控记录的复查；③ 对纠正记录的复查；④ 对验证记录的复查；⑤ 检查操作现场，HACCP 计划执行情况及记录保存情况；⑥ 抽样分析。

验证活动一般分为两类：一类是内部验证，由企业内部的 HACCP 小组进行，可视为内审；另一类是外部验证，由政府检验机构或有资格的第三方进行，可视为外审。

步骤 12：建立记录保持文件程序（原理七）

完整准确的过程记录，有助于及时发现问题和准确分析与解决问题，使 HACCP 原理得到正确应用。因此，认真及时和精确的记录及资料保存是不可缺少的。

保存的文件包括：① HACCP 计划和支持性文件，包括 HACCP 计划的研究目的和范围；② 产品描述；③ 生产流程图；④ 危害分析；⑤ HACCP 审核表；⑥ 确定关键限值的偏离；⑦ 验证关键限值的依据；⑧ 监控记录，包括关键限值的偏离；⑨ 纠偏措施；⑩ 验证活动的结果；⑪ 校准记录；⑫ 清洁记录；⑬ 产品的标识和可追溯记录；⑭ 害虫控制记录；⑮ 培训记录；⑯ 供应商认可记录；⑰ 产品回收记录；⑱ 审核记录；⑲ HACCP 体系的修改记录。

四、HACCP 控制软件

HACCP 控制监督工作涉及人员多，工作量大，监控困难，用 HACCP 管理软件进行监督管理，可使工作简化、稳定。

（一）HACCP 自动控制的一般组成

自动控制体系中，最重要的组成软件是计划软件和执行软件。

1. 计划软件

计划软件可进行危害分析，鉴别危害和关建控制点。建立 HACCP 计划，并根据实际操作情况对 HACCP 计划进行修改，满足实际需要。

2. 执行软件

执行软件包括控制各个关键控制点，收集各关键控制点的情况，记录监测结果。当运行情况和 HACCP 计划有别，则从 HACCP 执行数据库中调取纠偏措施进行纠正，并作记录。

除了计划模块和执行模块之外，还有数据库和终端控制处理器。

（二）HACCP 自动控制的一般过程

具体执行过程：HACCP 执行模块阅读 HACCP 计划文件，将其转化为程序，用于监控关键点，收集各关键控制点的监控数据，并和执行数据库的数据对比，如果发现问题，就转变为可以操作的终端信号，以使操作人员进行正确的调整或纠正。

HACCP 自动控制软件有以下几种：

(1) HACCP 管理软件：key2HACCP – plan software 和 key2HACCP – exeute software　该软件为全面管理 HACCP 控制系统的软件，采用直观工具简化流程图的设计，利用简化模块定义 HACCP 任务，帮助用户准确快速地建立 HACCP 计划，减少失误，具有简便、正确等优点。危害分析图表保证用户对每一个因素进行周全的考虑。管理系统与文件直接相连，容易更正，只要某一操作步骤发生变化，HACCP 图表和纠正程序会相应的自动更新。

(2) 食品安全软件：do HACCPTM software　在食品生产和分配流通中使用该软件，可以建立系统性的食品安全生产环境。软件模拟进料、操作、产出等工艺建立的物料流程图，能管理所有的 HACCP 信息，提供安全的生产环境。

(3) HACCP 应用软件：keller – softTM HACCP compliance software　该软件帮助用户循序渐进地建立 HACCP 计划，能产生并打印生产的物料流程图，将预防措施和生产中存在的危害、原材料的工艺流程图紧密联系。根据确定的关键控制点工作，保持各产品的生产记录，如收集的各关键控制点的记录数据。还可指导用户如何记录和管理标准的操作程序，将各种标准的操作程序进行分类，如质量控制、机器保养、卫生状况等。

该软件和 do HACCPTM software，do SSOPTM 一起使用能取得更好的效果。

(4) HACCP 记录软件：record HACCPTM 和 Q – pro software　这些软件可以满足 HACCP 系统记录质量控制的要求，为公司管理提供依据，为上级部门检查提供了监控报告。记录的数据可以直接输入计算机，记录的同时可通过传真或电子邮件发送到各部门，具有方便快捷、准确无误等优点。

该系统管理记录数据井井有条，方便各个部门对数据的需求。能够建立各个关键控制点、临界极限、监控程序、预先决定的正确行动计划，并提供纠正措施和各种记录，如监控系统记录、正确执行报告、校准报告、监控记录和卫生监控记录。还可以指出失败的检查点，根据问题的严重程度来确定产品的等级，并检查缺点，提出改进措施。该软件能在多种型号的计算机上运行，适合各种特殊生产环境的需要。

(5) HACCP 监督审核软件：audit HACCPTM　该系统可以保证操作安全，正确执行政府部门的规章管理制度。控制质量时，将其放在可能引起食品危害的操作中，就能检查出存在的危害，并自动采取相应的纠正措施，最终以正确的操作进行。

该系统最大的优点是能够同时监控审查内部操作和遥控工厂生产，对供应商、合作伙伴的产品进行审查监督管理。通过它还可得到实时规章制度和以往的审查结果。

五、HACCP 与 GMP、SSOP 三者之间的关系

GMP 和 SSOP 是制定和实施 HACCP 计划的基础和前提条件。如果企业没有达到 GMP 要求，或者没有制定有效的 SSOP 并有效实施，那么 HACCP 计划就是一句空话。

HACCP 和 GMP，SSOP 是相互协调，互为补充而又相互独立的体系。GMP，SSOP 和 HACCP 从不同方面规范了食品安全质量的管理，3 个体系相互独立又各有侧重，有所区别，三者的关系如图 3-6 所示。

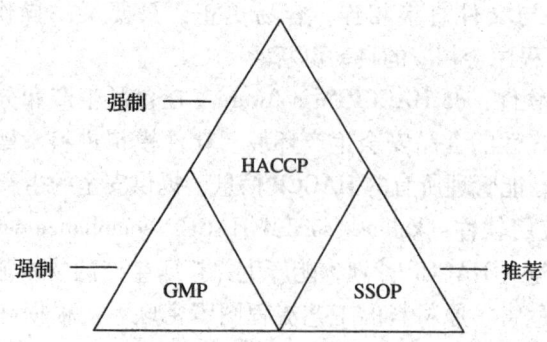

图 3-6　HACCP 与 GMP、SSOP 三者之间的关系

思 考 题

1. 简述 HACCP 体系的 7 大原理。
2. 阐述 HACCP 体系应控制的危害及控制措施。
3. 论述 HACCP 与 GMP、SSOP 三者之间的关系。

实 训 项 目

实训一　某种食品生产工艺流程图的绘制及描述

实训目的：生产流程图是危害分析的基础，详细正确的绘制、描述流程图才能反应各个技术环节，也是每个 HACCP 小组成员必备的基本能力。

实训原理：根据 HACCP 体系中绘制生产流程图的基本要求和具体工艺流程特点，选择恰当的形式来表达。必须保证流程图都按正确的顺序将每一步都表示出来。对于长而复杂的生产过程，可首先绘制每一操作单元的生产流程图，然后将其组合起来。

实训步骤：
1. 复习生产流程图必须包含的内容。
2. 根据待描述的对象，确定生产流程图的表达形式。
3. 绘制某一熟悉食品的生产流程图并注明关键技术参数。

4. 对关键操作进行说明。
5. 师生交流讨论。

实训效果考核：

学生姓名	生产流程图表达形式的准确性（10分）	关键技术参数设置的科学性（30分）	生产流程图的清晰性和逻辑性（40分）	回答质疑的准确性（20分）

实训二 食品企业厂区平面图的绘制

实训目的： 本实训项目旨在引导学生将食品GMP要求与食品工厂设计紧密结合，了解食品GMP厂房设计的原理和步骤，能较科学的绘制食品工厂总平面图。

实训原理：

1. 科学、合理、经济的食品工厂总平面设计是确保GMP有效实施的基础环节，食品工厂建设应满足食品GMP对厂区环境、厂房建筑及结构、各种设施卫生及控制、加工过程及原辅料的贮藏控制和人流物流的控制的基本要求。

2. 总平面设计是GMP食品工厂设计的重要组成部分，是将食品厂不同使用功能的建筑物、构筑物按整个生产工艺流程，结合用地条件进行合理的布置，使建筑群组成一个有机整体。总平面的设计包括平面布置和竖向布置两大部分。在地形比较平坦的情况下，一般只做平面布置，其中包括运输设计、管线综合设计、绿化布置和环保设计四个部分。在设计过程中应根据已确定的用地范围，合理、经济地进行设计，不仅要使该建筑群的组成内容和各项设施，成为统一的有机体，还要与周围的环境及其建筑群体相协调。

实训步骤：

1. 复习食品GMP对食品工厂建设的基本要求、食品工厂总平面设计的基本原则。获取进行食品工厂总平面设计的预备资料：设计任务书、生产工艺技术条件、厂址总平面布置方案图等。

2. 进行工厂总平面设计。

（1）初步设计　①总平面布置资料图；②工厂总平面布置图（初步设计成品图）。

（2）施工图设计　①工厂总平面施工资料图；②工厂总平面布置施工图。

3. 验证。总平面图绘制完毕要根据食品GMP要求、设计任务书、生产工艺技术条件和厂址总平面布置方案图进行验证、整改。

4. 交流与讨论。

实训效果考核：

学生姓名	理论知识的熟练程度（10分）	关键技术参数设置的科学性（30分）	图纸设计的清晰性和合理性（40分）	回答质疑的准确性（20分）

实训三　食品企业车间平面图的绘制

实训目的： 通过实训使学生明确车间布置设计的目的，通过绘制车间平面图使学生准确把握与总平面图相适应的车间长度、宽度、高度和建筑结构的形式，以及生产车间与工段之间的相互关系。

实训原理： 在充分调查的基础上，掌握生产工艺图、物料衡算数据及物料性质、设备资料、公用系统耗用量、土建资料和劳动安全、防火、防爆资料、车间组织及定员资料、厂区总平面布置、国家、行业有关方面的规范资料，按照生产车间工艺布置的原则确定布置方案，并对不同方案进行比较优化，最后将最优方案绘制清晰、准确、符合食品 GMP 规范的车间平面图。

实训步骤：

1. 选定食品生产车间的生产类别、产量。根据实训原理，收集各项备用资料。
2. 整理设备清单，车间分区各部分的面积要求，并对清单进行全面分析，以区分设备的种类，即笨重设备、固定设备还是专用设备，从而决定安放的位置。
3. 根据该车间在全厂总平面中的位置，确定车间建筑物的结构关系、朝向和跨度；用坐标纸按厂房建筑设计的要求，绘制厂房建筑平面轮廓草图。
4. 按照总平面图的构想，确定生产流水线方向；将设备尺寸按比例大小，剪成方块状，在草图上以不同的方案进行排列，以便分析比较。
5. 对自己确认的方案征求配套专家意见，或与老师、同学进行交流，并在此基础上进行完善，最后画出正式图。

实训效果考核：

学生姓名	理论知识的熟练程度（10分）	关键技术参数设置的科学性（30分）	图纸设计的清晰性和合理性（40分）	回答质疑的准确性（20分）

实训四　绘制食品工厂物流图

实训目的： 通过本实训项目使学生切实把握食品厂物流的种类、物流的方向、不同阶段物流在厂区内外的分布及物流与食品原辅料的供应者、生产者、消费者之间的关系，并以此为基础绘制食品工厂物流图。

实训原理： 食品工厂内的物流主要以生产物流为主，供应物流为辅，伴以回收和废弃物物流。物流管理主要针对原材料、制品和成品在工厂内部的实物流动和相应的信息流流动过程中，同时参与部分供应物流与信息活动，以及销售物流与信息流活动。在市场经济中，产品的销售物流与信息活动正发挥越来越重要的作用。

实训步骤：

1. 分析食品工厂总平面图、生产工艺及生产车间平面图。
2. 确定原辅料供应者与制造者之间的材料供应系统。

3. 确定食品工厂各生产工序中执行转变、传送和储存三项活动的材料运送系统（即企业物流系统）。

4. 确定制造系统与用户之间的物资销售（分配）系统。

5. 根据总平面图和生产车间平面图的设计，以生产工艺为主线，依照确定的各系统的要求，绘制生产过程中的物流活动图。

6. 师生交流、评价。

实训效果考核：

学生姓名	理论知识的熟练程度（10分）	物流方向的清晰性和合理性（40分）	与背景信息的吻合度（30分）	回答质疑的准确性（20分）

实训五　SSOP程序文件的编写

实训目的： 通过本次实训使学生明确SSOP的重要性、SSOP程序文件的编写原则、与食品安全控制的关系、涵盖的主要内容，在收集相关资料的基础上能够独立编写具有可操作性的某食品企业的SSOP程序文件。

实训原理： 编写SSOP程序文件的最基本原则是"易于使用和遵守"。SSOP程序文件是一个完整的食品安全管理体系的重要组成部分。其中主要包括但不局限于以下8个方面的内容：加工用水和冰的安全；食品接触面状况和清洁度；预防交叉污染；手的清洗、消毒及卫生间设施；防止食品、食品包装材料、食品接触面被污染；有毒物的标记、贮藏和使用；员工的健康；虫害的控制。

实训步骤：

1. 确定本次SSOP程序文件适用的目标食品企业及产品系列。

2. 确定针对目标企业的程序文件涵盖的内容。

3. 由确定的SSOP程序文件小组成员，依据各自的专业特长分组编撰具体、详尽、可操作性强的程序文件。

4. 对SSOP程序文件的可操作性，与相应级别标准、法规的吻合度，保证食品安全的效果进行验证，而后进行调整，使其更加完善。

5. 交流、评价。

实训效果考核：

学生姓名	理论知识的熟练程度（10分）	与相应标准、法规的吻合度（40分）	SSOP程序文件的可操作性（30分）	回答质疑的准确性（20分）

实训六　洗手消毒程序的编写

实训目的： 通过本实训使学生能够切实理解洗手消毒程序在保证食品安全中的重要性，及学会根据具体的生产工艺、产品特点及人员配置制定具有可操作性的洗手消毒程序。

实训原理：防止交叉污染和洗手消毒程序是 SSOP 的重要组成部分，而正确的洗手消毒程序又是防止交叉污染的有效手段之一。

实训步骤：

1. 明确产品种类和生产工艺流程，确定洗手消毒与交叉污染可能发生联系的生产环节、步骤。

2. 确定洗手消毒程序应涵盖的内容。该内容应包括但不局限于以下几个方面：检测目标；监控方法；纠正措施；洗手方法及清洁手、消毒手的时间、频率；有关洗手设施，手部消毒设施的建议等。

3. 根据步骤2的要求进行编写，并在生产中进行验证调整，使其具有可操作性，即便于执行、纠正和监控。

4. 交流、评价、经验总结。

实训效果考核：

学生姓名	涵盖内容的全面性与生产工艺结合紧密性（30分）	程序文件的可操作性（30分）	与相应标准法规的吻合度（20分）	回答质疑的准确性（20分）

实训七　食品企业供水网络图的绘制

实训目的：本实训旨在了解食品企业供水系统，明确食品企业的种类与供水需求之间的内在联系和要求，并科学、合理地绘制适用于食品企业供水要求的供水网络图。

实训原理：食品企业供水网络应包括消防供水系统、生活及一般生产用水供水系统、工艺及特种水供水系统、锅炉供水系统及冷却循环水供水系统等。因地制宜地绘制满足食品企业供水要求的网络图，并满足食品 GMP 对供水的要求。

实训步骤：

1. 确定该食品企业实际所需的供水系统、建厂地的水源、城市自来水的供水能力、接入管径和供水压力。

2. 在有自来水的地方，应首先考虑采用自来水作为供水方案，并优先考虑生产、生活、消防给水的合并管网，但应明确区分，不能交叉。

3. 在无城市自来水的地方，应首先设置水的净化处理装置，而后再确定供水系统。

4. 根据供水来源确定供水方案，并绘制供水系统流程图。

5. 师生交流点评。

实训效果考核：

学生姓名	理论知识的熟练程度（10分）	供水方案选择的合理性（30分）	图纸设计的科学性（40分）	回答质疑的准确性（20分）

实训八　食品企业灭鼠图的绘制

实训目的：使学生了解食品企业灭鼠的基本原则和方法，根据车间平面图、工艺流程图等资料，采用相应的灭鼠措施，绘制食品企业的灭鼠图。

实训原理：虫害的控制是 SSOP 的重要组成部分，而灭鼠则是其中的重要环节。鼠类携带的病原体高达 200 多种，使人致病的细菌 14 种，病毒 31 种、立克次体 5 种，原虫病 7 种，因此灭鼠是确保食品安全的必要环节。食品企业为预防交叉污染，不可采用药物灭鼠，而应采用相应的灭鼠器具，如黏鼠板、鼠夹等。因此，灭鼠设施的有效摆放位置、时间则成为灭鼠成败的关键。灭鼠图的绘制旨在反映灭鼠器的摆放位置、数量、时间等灭鼠操作的总体规划。

实训步骤：

1. 收集车间平面图、工艺流程图等资料，确定采用的灭鼠方法、器械。
2. 根据收集到的信息，结合食品工厂选址地点、鼠害级别及治理情况，确定鼠害可能威胁的区域及威胁级别。
3. 确定各区域所采用灭鼠器种类、摆放位置、数量、时间等。
4. 绘制灭鼠图。
5. 交流、评价。

实训效果考核：

学生姓名	理论知识的熟练程度（10 分）	灭鼠方案选择的合理性和有效性（30 分）	灭鼠图绘制的清晰性（40 分）	回答质疑的准确性（20 分）

实训九　CCP 判断树的使用

实训目的：通过实训教学，使高职学生能够熟练的运用 CCP 判断树进行 CCP 的确定。

实训原理：CCP 判断树是 CAC（国际法典委员会）向全世界推荐的判断 CCP 的工具，目前在国际上受到了普遍的认可和广泛的使用。其核心是针对某个工序中危害评价得到的显著危害按照 CCP 判断树进行四个问题的回答，从而判定该工序是否为关键控制点。

实训步骤：

1. 复习 CCP 判断树的逻辑关系、判断原理及使用时的注意事项。
2. 指导学生对某一食品的工艺流程图利用 CCP 判断树进行 CCP 的判定。
3. 将判定结果填入下表：

工序	危害	问题1	问题2	问题3	问题4	是否为CCP

4. 将学生分组，在课堂上让学生对自己运用 CCP 判断树判断的结果进行交流，交流过程中，其他学生可以质疑。

5. 教师对学生的判断结果进行点评。

实训效果考核：

学生姓名	分析的准确性 （30分）	交流时的 逻辑性（30分）	回答质疑的 准确性（20分）	其他（20分）

实训十 关键限值的选择

实训目的： 使学生学会科学、准确地选择关键限值，深刻体会关键限值的正确选择的对食品安全控制的重要性。

实训原理： 关键限值是衡量食品安全与否的重要参数，关键限值的选择必须具备科学性与可操作性。每一个 CCP 往往可选择多个关键限值，但最科学、最具可操作性的往往只有一个，因此关键限值的准确选择是保证食品安全的关键。

实训步骤：

1. 复习关键限值应具备的条件和物理、化学、微生物指标控制的危害和使用条件。

2. 选择本案例中最优关键限值，并对这三种关键限值加以评价。

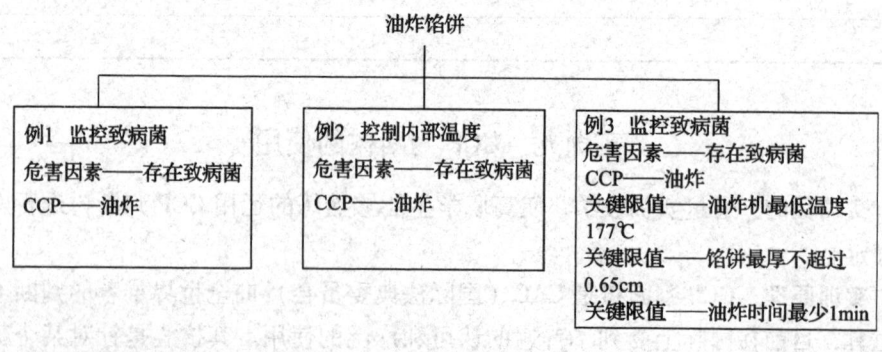

实训效果考核：

学生姓名	理论知识的 熟练程度（20分）	关键限值选择 的准确性（35分）	评价的科学性和 全面性（25分）	交流质疑的 逻辑性（20分）

第四章　ISO22000 食品安全管理体系在食品企业的建立

知识目标：
1. 理解 ISO22000：2005 食品安全管理体系——食品链中各类组织的要求。
2. 掌握 ISO22000：2005 在食品企业建立的程序。

技能目标：
1. 能够利用 ISO22000：2005 标准为某一食品企业建立食品安全管理体系。
2. 能够为某一食品企业编制食品安全管理体系文件。

第一节　ISO22000 食品安全管理体系认证对食品企业的作用

一、ISO22000 食品安全管理体系族标准的产生和发展

ISO（国际标准化组织）为了协调和统一国际食品安全管理体系，由 ISO/TC34 农产食品技术委员会在吸纳了 HACCP 在世界上各国多年应用经验基础上，借鉴了 ISO9001 国际质量管理体系的编写框架，制定的一套专用于食品链内的食品安全管理体系，并于 2005 年 9 月 1 日向全世界正式颁布。ISO22000 的整个产生过程经历了如下阶段：

（1）20 世纪 60 年代美国太空计划。
（2）1995 年美国水产品 HACCP 法规。
（3）1997 年 CACHACCP 体系应用指南。
（4）2002 年质检总局出口食品厂应用。
（5）2004 年 6 月 ISO/TC34 委员会 DIS 版。
（6）2005 年 5 月 FDIS 版。
（7）2005 年 9 月 1 日 ISO22000：2005 标准版。

该标准在 HACCP、GMP（良好操作规范）（GAP：良好农业规范、GHP：良好卫生规范、GDP：良好分销规范、GVP：良好兽医规范、GPP：良好生产规范、GTP：良好贸易规范）和 SSOP（卫生标准操作规范）的基础上，同时整合了 ISO9001：2000 的部分要求而形成的。

我国于 2006 年 3 月 1 日颁布了《ISO22000：2005 食品安全管理体系适用于食品链中各类组织的要求》的等同采用（idt）标准《GB/T22000—2006 食品安全管理体系——适用于食品链中各类组织的要求》，并于 2006 年 7 月 1 日开始实施。目前国内已经通过 HACCP 认证的企业已经有很多。

二、ISO22000 标准的特点

(1) 详细描述基于 HACCP 7 个原理的食品安全管理体系。
(2) 可以用于审核。
(3) 可以用于认证。
(4) 广泛适用性（整个食品链）。
(5) 将把 HACCP 同先决条件以及标准卫生操作程序兼容。
(6) 结构同 ISO9000 和 ISO14000 趋同。
(7) 为国际间 HACCP 概念的交流提供机制。

三、ISO22000 认证对于食品企业的作用

(1) 可以有效地识别和控制危害，降低企业的风险。
(2) 可以有效地降低企业的运营成本。
(3) 可以提高消费者的信任度，提升企业的市场知名度。
(4) 通过 ISO22000 认证后食品企业可以增加投标成功率，也可以促进国际贸易的发展。

四、ISO22000 认证应用范围

(1) 直接介入食品链中一个或多个环节的组织，如：饲料加工，种植生产，辅料生产，食品加工、零售，配餐服务，提供清洁、运输、贮存和分销服务的组织。
(2) 间接介入食品链的组织，如：设备供应商、清洁剂和包装材料及其他食品接触材料的供应商。

第二节　ISO22000 食品安全管理体系标准条款的理解

0　引言

食品安全和消费环节（有消费者摄入）食源性危害的存在状况有关。由于食品链的任何环节均可能引入食品安全危害，应对整个食品链进行充分的控制，因此，食品安全应通过食品链中所有参与方的共同努力来保证。

食品链中的组织包括：饲料生产者、食品初级生产者以及食品生产制造者、运输和仓储经营者、零售分包商、餐饮服务与经营者（包括与其密切相关的其他组织，如设备、包装材料、清洁剂、添加剂和辅料的生产者），也包括相关服务的提供者。

为了确保整个食品链直至最终消费的食品安全，本标准规定了食品安全管理体系的要求，该体系结合了下列普遍认同的关键要素：

——相互沟通；

——体系管理；
——前提方案；
——HACCP 原理。

为了确保在食品链每个环节所有相关的食品危害均得到识别和充分控制，整个食品链中各组织的沟通必不可少。因此，组织与其在食品链中的上游和下游组织之间均需要沟通。尤其对于已确定的危害和采取的控制措施，应与顾客和供方进行沟通，这将有助于明确顾客和供方的要求（如在可行性、需求和对终产品的影响方面）。

为了确保整个食品链中的组织进行有效的相互沟通，向最终消费者提供安全的食品，认清组织在食品链中的作用和所处的位置是必要的。图4-1表明了食品链中相关方之间沟通渠道的一个实例。

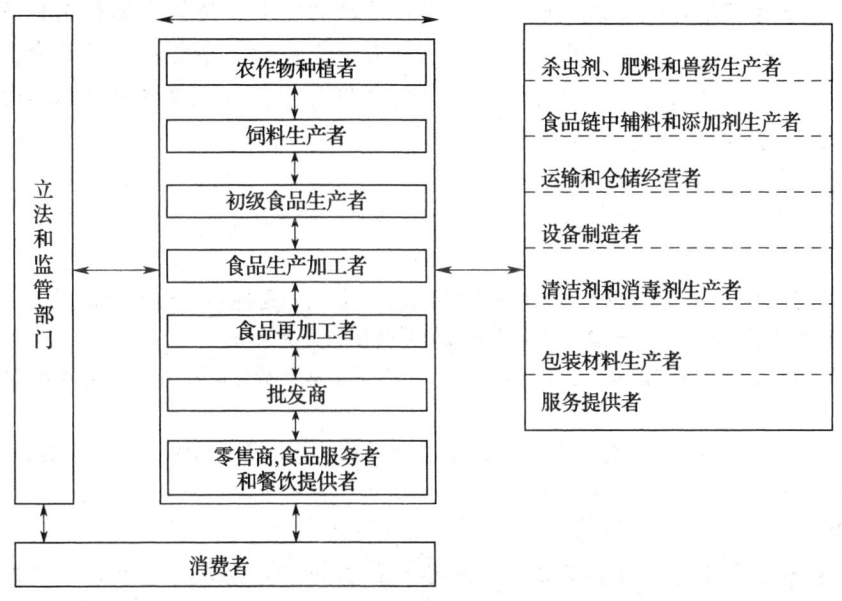

图4-1 食品链上的沟通实例

在已构建的管理体系框架内，建立、运行和更新最有效的食品安全体系，并将其纳入组织的整体管理活动，将为组织和相关方带来最大利益。本标准与GB/T 19001—2000相协调，以加强两者的兼容性。

本标准可以独立于其他管理体系标准之外单独使用，其实施可结合或整合组织已有的相关管理体系要求，同时组织也可利用现有的管理体系建立一个符合本标准要求的食品安全管理体系。

本标准整合了国际食品法典委员会（CAC）制定的危害分析和关键控制点（HACCP）体系和实施步骤；基于审核的需要，本标准将HACCP计划与前提方案（PRPs）相结合。由于危害分析有助于建立有效的控制措施组合，所以它是建立有效的食品安全管理体系的关键。本标准要求对食品链内合理预期发生的所有危害，包括与各种过程和所用设施有关的危害，进行识别和评价。因此，对于已确定的危害是否需要组织控制，本标准提供了判断并形成文件的方法。

在危害分析过程中，组织应通过组合前提方案、操作性前提方案和HACCP计划，选择和确定危害控制的方法。

为便于应用，本标准制定为可适用于认证标准。但各组织也可根据各自的需要，选择相应的方法和途径来满足本标准要求。为帮助各组织实施本标准，ISO/TS22004提供了本标准的应用指南。

虽然本标准仅对食品安全方面进行了阐述，但本标准提供的方法同样可用于食品的其他特定方面，如风俗习惯、消费者意识等。

本标准允许组织［如小型和（或）欠发达组织］实施由外部制定的控制措施组合。

本标准旨在为满足食品链内经营与贸易活动的需要，协调全球范围内关于食品安全管理的要求，尤其适用于组织寻求一套重点突出、连贯且完整的食品安全管理体系，而不仅仅是满足于通常意义上的法规要求。本标准要求组织通过食品安全管理体系以满足与食品安全相关的法律法规要求。

理解要点

（1）对所有从事食品生产、加工、储运或供应食品的所有食品链中所有组织而言，食品安全的要求是首要第一位的。

（2）沟通不仅是危害分析及其更新所必要的输入，而且也是特定危害的控制措施。

（3）规定了食品安全管理体系的要求及该体系公认的关键原则。

（4）阐明了前提方案的概念，并提出安全产品的有效生产要求有机地整合两种前提方案和详细的HACCP计划。

（5）允许小型和（或）欠发达的组织，实施由外部制定和设计的前提方案和HACCP计划的组合。

1 范围

本标准规定了食品安全管理体系的要求，当组织：需要证实其有能力控制食品安全危害，以稳定地提供安全的终产品，同时满足商定的顾客要求与适用和规定的食品安全法律法规要求；旨在通过有效控制食品安全危害，包括更新体系的过程，增强顾客满意。

本标准规定的要求使组织能够：

——策划、实施运行、保持和更新食品安全管理体系，确保提供的产品按预期用途对消费者是安全的；

——证实符合适用的食品安全法律法规要求；

——评价和评估顾客要求，并证实符合双方协定的与食品安全有关的顾客要求，以增强顾客满意；

——与供方、顾客及食品链中的其他相关方在食品安全方面进行有效沟通；

——确保符合其声明的食品安全方针；

——证实符合其他相关方的要求；

——寻求由外部组织对其食品安全管理体系的认证，或进行符合性自我评估或自我声明。

理解要点

（1）本标准适用于食品链中各种类型、规模和提供各种产品，并有下列需求的组织：

① 证实其有能力控制食品安全危害。

② 为消费者提供安全的终产品。

③ 增强顾客满意。

（2）本标准规定的内容，使组织能达到以下目的：

① 策划、设计、实施、运行、保持和更新食品安全管理体系。

② 与相关方有效沟通，提供安全的终产品。

③ 符合适用的法律、法规要求、食品安全方针的承诺和相关方的要求。

④ 寻求认证或注册。

（3）组织通过食品安全管理体系认证，并不表明其产品也被认证为"安全"产品。

本标准所有要求都是通用的，适用于食品链中各种规模和复杂程度的所有组织。

2 规范性引用文件

下列文件中的条款通过本标准的引用而成为本标准的条款。凡是注日期的引用文件，其随后所有的修改单（不包括勘误的内容）或修订版均不适用于本标准。然而，鼓励根据本标准达成协议的各方研究是否可使用这些文件的最新版本。凡是不注日期的引用文件，其最新版本适用于本标准。

GB/T 19000—2000 质量管理体系　基础和术语（idt ISO9000：2000）

理解要点

引用文件注明日期的，其后修订版无效，未注明日期的，其最新版本适用于本标准。

3 术语和定义

GB/T 19000—2000 确立的以及下列术语和定义适用于本标准。

为方便本标准的使用者，对引用 GB/T 19000—2000 的部分定义加以注释，但这些注释仅适用于本标准特定用途。

注：未定义的术语保持其字典含义。定义中黑体字表明参考了本章的其他术语，引用的条款号在括号内。

理解要点

（1）本标准列出了17条术语，并给出定义。

（2）纠正、纠正措施、验证、确认四个术语引自《质量管理体系　基础和术语》（GB/T 19000—2000）。

控制措施、关键控制点、关键限值、食品安全、食品安全危害五个术语引自联合国粮农组织和世界卫生组织于1997年在罗马出版的《Codex Alimentarius Food Hygiene Basic Texts》。

（3）终产品、流程图、食品链、食品安全方针、监视、操作性前提方案、前提方案、更新等八个术语是本标准的特有术语。

3.1　控制措施（control measure）　能够用于防止或消除食品安全危害（3.10）或将其降低到可接受水平的行动或活动。

理解要点

（1）食品安全危害是指食品中所含有的对健康有潜在不良影响的生物、化学或物理因素或食品存在条件。

（2）防止食品安全危害是指在食品生产过程中避免产生危害。

（3）消除食品安全危害是指在食品生产过程中通过采取措施去除已经存在的食品安全危害。

（4）降低食品安全危害到可接受的水平，是指在食品中的有害因素不能防止或完全消除时，通过采取措施减少有害因素的不良影响。

（5）控制措施：HACCP 计划、操作性前提方案。

3.2 纠正（correction） 为消除已发现的不合格所采取的措施。 ［GB/T 19000—2000，定义 3.6.6］

注1：在本标准中，纠正与潜在不安全产品的处理有关，所以可以连同纠正措施（3.3）一起实施。

注2：纠正可以是重新加工，进一步加工和（或）消除不合格的不良影响（如改做其他用途或特定标志）等。

理解要点

纠正是在异常情况下所采取的控制措施；一般包括恢复受控，重新加工，改做其他用途等。如发现杀菌过程中，杀菌参数偏离，将参数调整回原来的状态；同时，将评价为不安全的食品重新杀菌，或将加工的食品隔离并做好标识。

3.3 纠正措施（corrective action） 为消除已发现的不合格或其他不期望情况的原因所采取的措施。［GB/T 19000—2000，定义 3.6.5］

注1：一个不合格可以有若干个原因。

注2：纠正措施包括原因分析和采取措施防止再发生。

理解要点

（1）纠正措施是改进的一种手段。

（2）所确定的纠正措施应注重消除产生不合格的原因，以避免其再发生。

3.4 关键控制点（critical control point；CCP） 能够施加控制，并且该控制对防止或消除食品安全危害（3.10）或将其降低到可接受水平所必需的某一步骤。

理解要点

关键控制点是可以实现食品安全控制的控制措施之一，同时，这种控制措施对特定的食品安全危害控制是必需的，且可以实现。

3.5 关键限值（critical limit；CL） 区分可接受和不可接受的判定值。

注：设定关键限值保证关键控制点（CCP）（3.4）受控。当超出或违反关键限值时，受影响产品应视为潜在不安全产品进行处理。

理解要点

（1）设定关键限值目的是保证关键控制点达到受控的效果，但关键限值不能同工艺加工参数混淆。

（2）关键限值可以是一个点，也可以是一个区间，即控制区间。超出关键限值即可判断为不可以接受的产品。

3.6 终产品（end product） 不再进一步加工或转化的产品。

注：需其他组织进一步加工或转化的产品，是该组织的终产品或下游组织的原料或辅料。

理解要点

食品链中的每个组织都有自己的终产品；终产品有时是整个食品链的成品。

3.7 流程图（flow diagram） 以图解的方式系统地表达各环节之间的顺序及相互作用。

理解要点

流程图的目的是为危害分析做准备，可包括工艺流程图，人流和物流图，水流和气流图，以及设备布置图等；流程图是以图解方式直观地展现各个步骤之间的关系。

3.8 食品链（food chain） 从初级生产直至消费的各环节和操作的顺序，涉及食品及其辅料的生产、加工、分销、贮存和处理。

注：食品链包括食源性动物饲料的生产和用于生产食品的动物饲料的生产。

理解要点

食品链强调的是各个环节食品流之间的关系；包括农作物的生产、食品的加工、储存和流通等；其中初级生产可包括收获、屠宰、挤奶、捕鱼和用于食品生产的动物饲料的生产等。

3.9 食品安全（food safety） 食品在按照预期用途进行制备和（或）食用时，不会伤害消费者的保证。

注：食品安全与食品安全危害（3.10）的发生有关，但不包括其他与人类健康相关的方面，如营养不良。

理解要点

（1）食品安全强调的是满足预期用途，同时对健康不会造成危害。
（2）没有按预期用途食用，造成营养失调或营养不良，不能称该食品不安全。
（3）预期用途可以是拟定的加工、消费和预处理，以及拟定的消费者。

3.10 食品安全危害（food safety hazard） 食品中所含有的对健康有潜在不良影响的生物、化学或物理因素或食品存在状况。

注1：术语"危害"不应和"风险"混淆，对食品安全而言，"风险"是食品暴露于特定危害时，对健康产生不良影响的概率（如生病）与影响的严重程度（死亡、住院、缺勤等）之间形成的函数。

注2：食品安全危害包括过敏源。

理解要点

1. 食品安全危害不仅仅是食品中存在的生物的、化学的和物理的危害物质，而且还包括食品的存在状态；如贝类的贝毒PSP，动源性食品中的寄生虫和骨头碎渣，以及烫的饮料等。

2. 食品安全危害具有相对性，如针对不同消费人群、消费方式、预期用途和危害的存在状态等，危害发生的概率和严重程度是不同的。

3.11 食品安全方针（food safety policy） 由组织的最高管理者正式发布的该组织总的食品安全宗旨和方向。

理解要点

食品安全方针也就是食品生产组织中有关食品安全的政策；食品安全方针应经最高管理者

批准并发布。

3.12 监控（monitoring） 为评估控制措施是否按预期运行，对控制参数进行策划并实施的一系列观察或测量活动。

理解要点

监控的目的是评价控制措施的有效性；应对监控进行策划。

3.13 操作性前提方案（operational prerequisite program，OPRP） 为减少食品安全危害在产品或加工环境中引入和（或）污染或扩散的可能性，通过危害分析确定基本的前提方案。

理解要点

操作性前提方案是通过危害分析所制定的程序或指导书以管理控制食品安全危害的控制措施；其可靠性的结果可通过经常的监视获得。

3.14 前提方案（prerequisite program；PRP） 在整个食品链中为保持卫生环境所必需的基本条件和活动，以适合生产、处理和提供安全终产品和人类消费的安全食品。

注：其他等同术语"良好操作规范（GMP）"、"良好农业规范（GAP）"、"良好卫生规范（GHP）"、"良好分销规范（GDP）"、"良好兽医规范（GVP）"、"良好生产规范（GPP）"、"良好贸易规范（GTP）"。

理解要点

（1）"良好制造规范（GMP）"、"良好农业规范（GAP）"、"良好卫生规范（GHP）"、"良好分销规范（GDP）"、"良好兽医规范（GVP）"、"良好生产规范（GPP）"、"良好贸易规范（GTP）"都是前提方案的一种，只不过称谓发生变化。

（2）前提方案也可以简单的理解为食品企业为保证有效控制食品安全危害而首要准备的工作程序和作业指导书；

（3）前提方案的制定应考虑组织的规模和性质；如小型或欠发达组织可通过采用外部开发设计的前提方案；大型或发达组织可自行开发设计的前提方案，无论哪种方式，均应适合本组织特点。

3.15 更新（updating） 为确保应用最新信息而进行的即时的和（或）有计划的活动。

理解要点

本标准"更新"是指预备信息、前提方案和HACCP的更新；

3.16 确认（validation） 获取证据以证实由HACCP计划和操作性前提方案（3.14）安排的控制措施（3.1）有效认定。[GB/T 19000—2000，定义3.8.5]

理解要点

（1）确认与食品安全管理体系过程的有效性相关，是针对食品安全管理体系的输入信息进行评价，确保支持食品安全管理体系信息的正确性。

（2）确认提供证据以支持食品安全管理体系，因此在体系实施前和变化后进行。

（3）"已确认"一词用于表明相应状态。

（4）使用的方法可以是实际的或是模拟的。

3.17 验证（verification） 通过提供客观证据对规定要求已得到满足的认

定。[GB/T 19000—2000,定义3.8.4]

理解要点

(1) 验证的目的是整个体系的有效性。

(2) 验证与确认不同,确认是运行前和变化后实施的评定,目的在于证明各(或组合的)控制措施能够达到预期的控制水平(或满足可接受水平);验证是在运行中和运行后进行的评定,目的在于证明确实达到了预期的控制水平(和/或满足了可接受水平)。

4 食品安全管理体系

4.1 总要求

组织应按本标准要求建立有效的食品安全管理体系,并形成文件,加以实施和保持,必要时进行更新。组织应确定食品安全管理体系的范围。该范围应规定食品安全管理体系中所涉及的产品或产品类别、过程和生产场地。组织应:

a) 确保在体系范围内合理预期发生的与产品相关的食品安全危害得以识别、评价和控制,以避免组织的产品直接或间接伤害消费者;

b) 在整个食品链内沟通与产品安全有关的适宜信息;

c) 在组织内就有关食品安全管理体系建立、实施和更新进行必要的信息沟通,以满足本标准要求,确保食品安全;

d) 定期评价食品安全管理体系,必要时更新,以确保体系反映组织的活动并纳入包含需控制的食品安全危害最新信息。

组织应确保控制所选择的任何影响终产品符合性且源于外部的过程,并应在食品安全管理体系中加以识别,形成文件。

理解要点

(1) 组织应按本标准建立(形成文件)、实施、保持、更新食品安全管理体系。

(2) 组织应确定其食品安全管理体系的范围。

在建立、实施和保持食品安全管理体系时,组织应:识别合理预期的、可能发生的危害;加强在组织内部及整个食品链中的沟通;定期评价食品安全管理体系,需要时进行更新;识别、控制来源于外部的产品和过程。

(3) 小型经营者可从源于外部的某些过程获益,并提供必要的方式实施基础设施要求的活动。

4.2 文件要求

4.2.1 总则

食品安全管理体系文件应包括:

a) 形成文件的食品安全方针和相关目标的声明;(见5.2)

b) 本标准要求的形成文件的程序和记录;(见4.2.3)

c) 组织为确保食品安全管理体系有效建立、实施和更新所需的文件。

理解要点

(1) 组织应规定为建立、实施、保持和更新食品安全管理体系所需的文件(包括相关记录)。

(2) 文件可采用任何形式或类型的媒体。

(3) 通常,组织的食品安全管理体系文件包括:食品安全方针和目标;程序和记录。

4.2.2 文件控制

食品安全管理体系所要求的文件应予以控制。文件控制应确保所有提出的更改在实施前加以评审,以明确其对食品安全的效果以及对食品安全管理体系的影响。

应编制形成文件的程序,规定以下方面所需的控制:

a) 文件发布前得到批准,以确保文件是充分与适宜的;
b) 必要时对文件进行评审与更新,并再次批准;
c) 确保文件的更改和现行修订状态得到识别;
d) 确保在使用时获得适用文件的有关版本;
e) 确保文件保持清晰、易于识别;
f) 确保相关的外来文件得到识别,并控制其分发;
g) 防止作废文件的非预期使用,若因任何原因而保留作废文件时,应确保对这些文件进行适当的标志。

理解要点

(1) 编制形成文件的程序,并对以下方面做出规定:文件的批准;文件的使用及管理;文件的更改;外来文件和作废文件。

(2) 记录被视为一种特殊形式的文件,其表格按本条款要求控制。

(3) 食品安全方针和目标应按本条款要求进行控制。

(4) 在本标准中,要求形成文件的程序(共9项)如下:4.2.2 文件控制;4.2.3 记录控制;7.2.3 操作性前提方案(也可以是指导书或计划的形式);7.6.5 监控结果超出关键限值时采取的措施;7.10.1 纠正;7.10.2 纠正措施;7.10.3 潜在不安全产品的处置;7.10.4 撤回;8.4.1 内部审核。

4.2.3 记录控制

应建立并保持记录,以提供符合要求和食品安全管理体系有效运行的证据。记录应保持清晰、易于识别和检索。应编制形成文件的程序,以规定记录的标志、贮存、保护、检索、保存期限和处理所需的控制。

理解要点

(1) 本标准中要求的记录有25项。

(2) 除标准中要求的记录外,组织可自由决定保留哪些记录,但应能证实与过程、产品和食品安全管理体系的符合性。

(3) 对记录的控制应编制形成文件的程序。

(4) 记录的保存期限应考虑法律法规要求、顾客要求和产品的保存期。

(5) 记录管理流程:

① 设计——编制——审批——填写(要求:字迹清晰、内容齐全)。

② 收集——整理——分类——编目——标识——归档——保存(要求:防潮、防虫、防鼠、防火)——检索——保存期——处置。

5 管理职责

5.1 管理承诺

最高管理者应通过以下活动,对其建立、实施食品安全管理体系并持续改进其有效性的承诺提供证据。

  a) 表明组织的经营目标支持食品安全。
  b) 向组织传达满足与食品安全相关的法律法规、本标准以及顾客要求的重要性。
  c) 制定食品安全方针。
  d) 进行管理评审。
  e) 确保资源的获得。

理解要点

（1）最高管理者指在最高层指挥和控制组织的一个人或一组人。

（2）最高管理者的承诺可以通过下列方面来体现：对制定与宣传食品安全方针的参与程度；了解本组织食品安全管理体系的概况及目前状态；了解本组织在食品安全方面的业绩；对与食品安全有关的信息及时采取措施的情况，如对投诉、抱怨的处理；管理评审活动。

（3）最高管理者承诺的证据可以是正式签署的文件，也可是其他任何证据。

5.2 食品安全方针

最高管理者应制定食品安全方针，形成文件并对其进行沟通。最高管理者应确保食品安全方针：

  a) 与组织在食品链中的作用相适应；
  b) 符合与顾客商定的食品安全要求和法律法规要求；
  c) 在组织的各层次进行沟通、实施并保持；
  d) 在持续适宜性方面得到评审；
  e) 充分体现沟通；
  f) 由可测量的目标来支持。

理解要点

（1）食品安全方针是由组织的最高管理者正式发布的该组织总的食品安全宗旨和方向，它应是其总方针和战略的组成部分，并与其保持一致。

（2）组织在制定时应当考虑：组织在食品链中的作用与地位；相关的食品安全法律法规要求，与顾客商定的食品安全要求；使用容易理解的语言，在组织内沟通，相互沟通的安排；方针与目标之间的关联性。

5.3 食品安全管理体系策划

最高管理者应确保：a) 对食品安全管理体系的策划，以满足4.1的要求，同时支持食品安全的组织目标；b) 在对食品安全管理体系的变更进行策划和实施时，保持体系的完整性。

理解要点

（1）为了实现食品安全方针与目标，最高管理者应对组织的食品安全管理体系进行策划。

（2）组织应有一套策划的机制，当食品安全管理体系（如产品、工艺、生产设备、人员等）发生变更时进行策划，确保该变更不会给食品安全带来负面影响，并且确保体系的完整性和持续性。

（3）策划内容应包括：组织机构、职责分配、食品安全方针、目标、文件等。

5.4 职责和权限

最高管理者应确保规定各项职责和权限并在组织内进行沟通，以确保食品安全管理体系有效运行和保持。所有员工都有责任向专门人员汇报与食品安全管理体系有关的问题。应授予指定人员明确的职责和权限，以采取措施并予以记录。

理解要点

（1）为确保食品安全管理体系有效运行和保持，最高管理者应当在适宜的组织机构基础上，对职责、权限做出规定，并要求在职能层次间进行相互沟通。

（2）职责、权限和沟通方式确定得合适与否，应以能否促进组织食品安全活动的协调性与有效性为依据。

（3）员工有责任汇报与食品安全管理体系有关的问题，但应当明确规定发生问题时应向谁报告；相关的指定人员具有明确的职责和权限，以采取适当措施，并记录结果。

5.5 食品安全小组组长

组织的最高管理者应任命食品安全小组组长，无论其在其他方面的职责如何，应具有以下方面的职责和权限：

a）管理食品安全小组，并组织其工作；b）确保食品安全小组成员的相关培训和教育；c）确保建立、实施、保持和更新食品安全管理体系；d）向组织的最高管理者报告食品安全管理体系的有效性和适宜性。

注：食品安全小组组长的职责可包括与食品安全管理体系有关事宜的外部联络。

理解要点

（1）授权的食品安全小组组长必须做好本职工作。

（2）食品安全组长宜是该组织的成员，至少具备食品安全的基本知识，但小组中其他成员应能够提供相应的专家意见；组长在具备必备的食品安全知识并得到授权时，可负责与食品安全管理体系有关事宜的外部沟通。

5.6 沟通

5.6.1 外部沟通

为确保在整个食品链中能够获得充分的食品安全方面的信息，组织应制定、实施和保持有效的措施，以便与下列各方进行沟通：

a）供方和承包商；

b）顾客或消费者，特别是在产品信息（包括有关预期用途、特定贮存要求以及适宜时含保质期的说明）、问询、合同或订单处理及其修改，以及顾客反馈信息（包括抱怨）等方面进行沟通；

c）立法和执法部门；

d）对食品安全管理体系的有效性或更新具有影响或将受其影响的其他组织。

外部沟通应提供组织的产品在食品安全方面的信息，这些信息可能与食品链中其他组织相关，特别适用于那些需要由食品链中其他组织控制的已知的食品安全危害。应保持沟通记录。应获得来自顾客和立法与监管部门的食品安全要求。指定人员应具有规定的职责和权限以进行有关食品安全信息的对外沟通。通过外部沟通获得的信息应作为体系更新和管理评审的输入。

理解要点

(1) 外部沟通具有以下三项主要目的：

与顾客的互动沟通，旨在提供（顾客）要求的食品安全水平相互接受的基础；

沿食品链的相互沟通，旨在确保充分和相关的知识分享；以便有效地进行危害识别、评定和控制；

与食品主管部门和各组织间的沟通，旨在为已确定食品安全水平的公众认可和组织有能力达到该水平的可靠性提供基础。

(2) 应满足双方达成一致的、与食品安全有关的顾客要求。

(3) 应指定专门人员，作为与外部进行有关食品安全沟通的途径。

5.6.2 内部沟通

组织应制定实施和保持有效的安排，以便与有关的人员就影响食品安全的事项进行沟通。为保持食品安全管理体系的有效性，组织应确保食品安全小组及时获得变更的信息，包括但不限于以下方面：

a) 产品或新产品；

b) 原料、辅料和服务；

c) 生产系统和设备；

d) 生产场所，设备位置，周边环境；

e) 清洁和消毒程序；

f) 包装、贮存和分销系统；

g) 人员资格水平和（或）职责及权限分配；

h) 法律法规要求；

i) 与食品安全危害和控制措施有关的知识；

j) 组织遵守的顾客、行业和其他要求；

k) 来自外部相关方的有关问询；

l) 表明与产品有关的食品安全危害的抱怨；

m) 影响食品安全的其他条件。

食品安全小组应确保食品安全管理体系的更新包括上述信息。最高管理者应确保将相关信息作为管理评审的输入。

理解要点

(1) 内部沟通旨在确保组织内进行的各种运作和程序都能获得充分的相关信息和数据。

(2) 沟通可以依据不同情况而采取不同的形式。不同部门和层次的人员应通过适当的方法及时沟通。

(3) 对新产品的开发和投放，原料和辅料，生产系统和设备，顾客，人员资格水平和职责的预期变化进行明确地沟通。应关注新的法律法规要求、突发或新的食品安全危害及其处理方法的新知识。

5.7 应急准备和响应

最高管理者应建立、实施并保持程序，以管理能影响食品安全的潜在紧急情况和事故,并应与组织在食品链中的作用相适宜。

理解要点

(1) 最高管理者宜确保该组织建立和保持相应程序,以识别潜在事故、紧急情况和事件,并对其做出响应。

(2) 对潜在紧急情况和事故管理可包括如下方面:

① 首先应确定可能的紧急情况和事故,针对这类情况,应采取必要的事前预防措施。

② 在有关程序中规定紧急情况和事故发生时的应急办法(应急预案),并预防或减少由此产生的不利影响。

③ 一旦发生紧急情况和事故,应根据程序做出响应,事后分析原因,对应急程序进行评审,必要时进行修订。

(3) 条件可行时应对应急程序进行演练,以判断和证实有效性。

5.8 管理评审

5.8.1 总则

最高管理者应按策划的时间间隔评审食品安全管理体系,以确保其持续的适宜性、充分性和有效性。评审应包括评估食品安全管理体系改进的机会和变更的需求,包括食品安全方针。管理评审的记录应予以保持。

理解要点

(1) 管理评审是最高管理者的重要职责,是其对食品安全管理体系的适应性、充分性、有效性按策划的时间间隔进行的系统的、正式的评价。

(2) 管理评审的记录应妥善保存。

5.8.2 评审输入

管理评审输入应包括但不限于以下信息:

a) 以往管理评审的跟踪措施;b) 验证活动结果的分析;c) 可能影响食品安全的环境变化;d) 紧急情况、事故和撤回;e) 体系更新活动的评审结果;f) 包括顾客反馈的沟通活动的评审;g) 外部审核或检验。

注:撤回包括召回。

提交给最高管理者的资料的形式,资料形式应能使最高管理者理解所含信息与已声明的食品安全管理体系的目标之间的关系。

理解要点

(1) 管理评审是对组织运行是否满足其食品安全目标的整体评定。

(2) 在管理评审输入中,体系验证活动结果(包括内部审核的结果)的分析应作为体系更新的输入,识别食品安全管理体系改进或更新的需要;而体系更新活动的结果,应与突发事件准备和响应和召回作为管理评审的输入。

(3) 适宜时,可以考虑供方的控制情况、组织机构和资源的适宜性、有关组织未来需求的战略策划和可能影响食品安全的环境变化。

(4) 提交给最高管理者的管理输入信息的形式,应便于最高者使用。

(5) 本标准的体系评审和更新。

管理评审与其他条款的关系如图 4-2 所示。

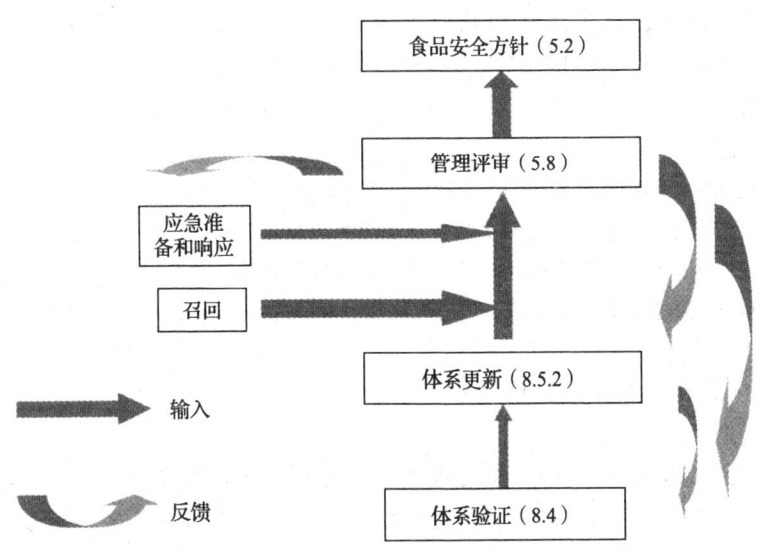

图4-2 管理评审与其他条款的关系

5.8.3 评审输出

管理评审输出的决定和措施应与以下方面有关：a）食品安全保证；b）食品安全管理体系有效性的改进；c）资源需求；d）组织食品安全方针和相关目标的修订。

理解要点

（1）评审输出是管理评审活动的结果，组织应根据输出制定有关的决定和措施，予以实施，形成持续改进。

（2）管理评审输出应包括与以下方面有关的决定和措施：食品安全管理体系有效性的改进：对体系进行更新，包括危害分析、操作性前提方案和HACCP计划等内容，确保体系体现必须控制的食品安全危害的最新信息。

① 食品安全保证：满足本标准总要求（见4.1）；

② 资源需求：考虑资源的适宜性和充分性；

③ 组织食品安全方针和目标的修订：依据管理评审的结果，对食品安全方针和目标进行评审，以适应食品安全管理体系现状和变化的要求。

（3）输出形式：管理评审报告、改进计划、纠正/预防措施单。

6 资源管理

6.1 资源提供

组织应提供充足资源，以建立、实施、保持和更新食品安全管理体系。

理解要点

组织应确定建立、实施、保持和更新食品安全管理体系所需资源，以确保组织食品安全管理体系的适宜性、充分性和有效性。资源可包括人员、基础设施、工作环境等。

6.2 人力资源

6.2.1 总则

食品安全小组和其他从事影响食品安全活动的人员应是能够胜任的，并受到适当的教育、培训,具有适当的技能和经验。当需要外部专家帮助建立、实施、运行或评估食品安全管理体系时,应在签订的协议或合同中对这些专家的职责和权限予以规定。

理解要点

组织中任何可能影响食品安全的人员都应具备必要的能力(专业能力、技能、经验),以便胜任其所从事的工作。这些人员包括食品安全小组的成员、食品安全过程的监视人员、食品检测人员、食品安全信息的外部沟通人员等。若以上人员不能胜任时可以对其进行相应的教育和培训。组织可根据需要聘请外部专家,但应以协议或合同的方式对专家的职责和权限做出规定,并予以保存。

6.2.2 能力、意识和培训

组织应:

a) 确定其活动影响食品安全的人员所必需的资格和能力;

b) 提供必要的培训或采取其他措施以确保人员具有这些必要的能力;

c) 确保对食品安全管理体系负责监视、纠正、纠正措施的人员受到培训;

d) 评价上述 a)、b) 和 c) 的实施及其有效性;

e) 确保这些人员认识到其活动对实现食品安全的相关性和重要性;

f) 确保所有影响食品安全的人员能够理解有效沟通的要求;

g) 保持 b) 和 c) 中规定培训和措施的适当记录。

理解要点

(1) 组织应确定所有对食品安全活动有影响的人员的技能和能力需求,可包括教育、食品安全方面的培训、技能和经验并考核。

(2) 组织可以提供必要的教育和(或)培训,包括:负责监视食品安全过程的人员和所有影响食品安全的人员。

(3) 使组织的人员具有食品安全意识;使影响食品安全的人员具有有效的外部沟通和内部沟通的意识。

(4) 对上述培训或教育的效果进行评价。

(5) 保存教育、培训、技能和经验方面的记录。

6.3 基础设施

组织应提供资源,以建立和保持实现本标准要求所需的基础设施。

理解要点

(1) 基础设施是根据食品安全管理体系建立和保持的需要,组织运行必须提供的设施、设备和服务的体系。可包括:建筑物、工作场所和配套设施,具体要求见 7.2.2 所规定的内容。

(2) 为了建立和保持符合食品安全管理体系要求所需的基础设施,组织应:根据组织所生产产品的性质和相关的法律法规要求以及相关方的要求,识别并确定基础设施的需求。满足上述需求,提供必需的基础设施。

(3) 保持基础设施应达到的能力,做好维护和修理。

6.4 工作环境

组织应提供资源,以建立、管理和保持实现本标准要求所需的工作环境。

理解要点

(1) 工作环境是指工作时所处的一组条件。

(2) 本条款工作环境是指"符合食品安全管理体系要求所需的工作环境",是指对产品质量安全构成影响的环境,如:厂区地理位置及周边环境、加工车间内的生产环境(温度、湿度、光线、洁净度、粉尘等)、周围环境中害虫出没和其他卫生控制要求。

(3) 组织应根据产品及形成的特性确定并管理工作环境,以达到产品符合食品安全要求,保持良好的工作环境。

7 安全产品的策划和实现

7.1 总则

组织应策划和开发实现安全产品所需的过程。组织应实施和运行所策划的活动及其变更并确保其有效;包括前提方案、操作性前提方案和(或)HACCP计划。

理解要点

(1) 组织应识别安全产品的实现中所需要的过程。

(2) 组织应对这些过程进行策划和开发,在本章的7.2~7.8条款中包括了这些过程的策划要求。

(3) 应在安全产品的实现的过程管理中进行PDCA方法的总体策划。

7.2 前提方案(PRPs)

7.2.1 组织应建立、实施和保持前提方案(PRPs),以助于控制:

a) 食品安全危害通过工作环境进入产品的可能性;

b) 产品的生物、化学和物理污染,包括产品之间的交叉污染;

c) 产品和产品加工环境的食品安全危害水平。

理解要点

(1) 建立、实施和保持前提方案(PRPs)的目的:

(2) 控制危害通过工作环境进入产品;控制产品污染和产品之间的交叉污染;控制产品和工作环境的危害水平。

(3) 在选择和设计前提方案时,组织应考虑和利用现有的、适当的信息(如法规,顾客要求,指南,法典原则和操作规范,国家、国际或行业标准)。

(4) 前提方案的设计和实施的步骤:识别、确定适用的法规、指南、标准、相关方要求;结合组织的产品特性制定相应的前提方案;按照前提方案的要求实施;识别相关要求的变化确保PRPs的适宜性和持续有效性。

7.2.2 前提方案(PRPs)应:

a) 与组织在食品安全方面的需求相适宜;

b) 与组织运行的规模和类型、制造和(或)处置的产品性质相适宜;

c) 在整个生产系统中实施,无论是普遍适用还是适用于特定产品或生产线;

d) 获得食品安全小组的批准。

组织应识别与以上相关的法律法规要求。

理解要点

(1) 组织应根据其性质和对食品安全的要求及相应的食品法典和指南,建立并保持符合食品安全要求的前提方案。

（2）前提方案要与组织的规模和组织所生产的产品性质要求相适宜，应该覆盖组织整个生产系统，而不仅仅是组织体系涉及的产品生产线，必须经过食品安全小组确认和批准。

（3）组织在建立前提方案时要充分识别与组织产品相关的法律法规的要求。

7.2.3 当选择和（或）制订前提方案（PRPs）时，组织应考虑和利用适当信息（如法律法规要求、顾客要求、公认的指南、国际食品法典委员会的法典原则和操作规范，国家、国际或行业标准）。

在制定这些方案时，组织应考虑如下：

a) 建筑物和相关设施的构造和布局；
b) 包括工作空间和员工设施在内的厂房布局；
c) 空气、水、能源和其他基础条件的供给；
d) 包括废弃物和污水处理在内的支持性服务；
e) 设备的适宜性，及其清洁、保养和预防性维护的可实现性；
f) 对采购材料（如原料、辅料、化学品和包装材料）、供给（如水、空气、蒸汽、冰等）、清理（如废弃物和污水处理）和产品处置（如贮存和运输）的管理；
g) 交叉污染的预防措施；
h) 清洁和消毒；
i) 虫害控制；
j) 人员卫生；
k) 其他有关方面。

应对前提方案的验证进行策划（见7.8），必要时应对前提方案进行更改（见7.7）。应保持验证和更改的记录。

文件需规定如何管理前提方案中所包括的活动。

理解要点

（1）前提方案的具体要求包括a)～k)。

（2）应对前提方案策划验证，必要时前提方案要及时更改，验证和更改均要求保持记录。

7.3 实施危害分析的预备步骤

7.3.1 总则

应收集、保持和更新实施危害分析所需要的所有相关信息，形成文件。并保持记录。

理解要点

7.3.1是7.3条款的总原则，规定了应收集和保持实施危害分析所需的所有相关信息的要求。

7.3.2 食品安全小组

应任命食品安全小组。食品安全小组应具备多学科的知识和建立与实施食品安全管理体系的经验。这些知识和经验包括但不限于组织的食品安全管理体系范围内的产品、过程、设备和食品安全危害。

应保持记录，以证实食品安全小组具备所要求的知识和经验（见5.2.2）。

理解要点

（1）小组应由多种专业和具备实施食品安全管理体系经验的人员组成。

（2）能够证明人员能力的证据，包括外聘专家的，如学历证明、从业经验证明、技术职称或技能登记证书，都要作为记录保存。

7.3.3 产品特性

7.3.3.1 原料、辅料和与产品接触的材料

应在文件中对所有原料、辅料和与产品接触的材料予以描述，其详略程度应足以实施危害分析（见7.4）。适宜时，描述内容包括以下方面：

a) 化学、生物和物理特性；

b) 配制辅料的组成，包括添加剂和加工助剂；

c) 产地；

d) 生产方法；

e) 包装和交付方式；

f) 贮存条件和保质期；

g) 使用或生产前的预处理；

h) 与采购材料和辅料预期用途相适宜的有关食品安全的接收准则或规范。

组织应识别与以上方面有关的食品安全法律法规要求。

上述描述应保持更新，包括需要时按7.7要求进行的更新。

理解要点

（1）以文件的形式对原料、辅料和与产品接触的材料的特性进行适当的描述，以确保所提供的信息足以识别和评价其中的危害。

（2）采购的原料和辅料，在接收准则或规范中，还要关注与其预期用途相适应的食品安全要求，如农药残留或兽药残留，以及添加剂的要求。

（3）组织在进行上述描述时，应识别与其有关的法规要求。并且在需要时进行更新。

7.3.3.2 终产品特性

终产品特性应在文件中予以规定，其详略程度应足以进行实施危害分析（见7.4），适宜时，描述内容包括以下方面的信息：

a) 产品名称或类似标志；b) 成分；c) 与食品安全有关的化学、生物和物理特性；d) 预期的保质期和贮存条件；e) 包装；f) 与食品安全有关的标识和（或）处理、制备及使用的说明书；g) 分销方式。

组织应确定与以上方面有关的食品安全法规要求。

上述描述应保持更新，需要时，包括按照7.7的要求进行的更新。

理解要点

（1）应以文件的形式对终产品的特性进行适当地描述，以确保描述所提供的信息足以识别和评价其中的危害。

（2）终产品特性直接影响到终产品本身存在的、固有（内在）的危害和影响危害存在的因素。

（3）组织在进行上述描述时，应识别与其有关的法规要求。同时，包含上述与食品安全特性信息有关的文件要随着上述信息的变化而变化，使之持续有效。并且在需要时进行更新。

7.3.4 预期用途

应考虑终产品的预期用途和合理的预期处理，以及非预期但可能发生的错误处置和误用，并将其在文件中描述，其详略程度应足以实施危害分析（见7.4）。

应识别每种产品的使用群体，适宜时，应识别其消费群体；并考虑对特定食品安全危害易感的消费群体。

上述描述应保持更新，包括需要时按7.7的要求进行的更新。

理解要点

在终端产品特性中，可通过合同、订单或口头方式、与产品的使用者和消费者沟通以及经验和市场调查所获得的信息来识别预期用途和合理预期的处理；预期用途中还要考虑预期使用人和消费者，特别是，其中的易感人群；可以在标签中明确。

7.3.5 流程图、过程步骤和控制措施

7.3.5.1 流程图

应绘制食品安全管理体系所覆盖产品或过程类别的流程图。流程图应为评价可能出现、增加或引入的食品安全危害提供基础。

流程图应清晰、准确和足够详尽。适宜时，流程图应包括：

a) 操作中所有步骤的顺序和相互关系；
b) 源于外部的过程和分包工作；
c) 原料、辅料和中间产品投入点；
d) 返工点和循环点；
e) 终产品、中间产品和副产品放行点及废弃物的排放点。

根据7.8的要求，食品安全小组应通过现场核对来验证流程图的准确性。经过验证的流程图应作为记录予以保持。

理解要点

（1）组织根据食品安全管理体系覆盖的范围，绘制体系范围内的产品和过程的流程图。过程流程图为危害分析提供了分析的框架。必要且适用时，为有助于危害识别、危害评价和控制措施评价，还可绘制其他的图表/车间示意图或描述（如气流、人员流、设备流、物流等），以显示其他控制措施的相关位置及食品安全危害可能引入和重新分布的情况。

（2）应识别流程图中返工和循环点并加以控制。

（3）食品安全小组应通过现场比对以验证所绘制的流程图的准确性，并将经过验证的流程图作为记录保存。

（4）流程图也要及时更新。

7.3.5.2 过程步骤和控制措施的描述

应描述现有的控制措施、过程参数和（或）及其实施的严格程度，或影响食品安全的程序，其详略程度足以实施危害分析（见7.4）。

还应描述可能影响控制措施的选择及其严格程度的外部要求（如来自执法部门或顾客）。

上述描述应根据7.7的要求进行更新。

理解要点

（1）应对过程流程图中的步骤进行描述。

（2）描述应当包括相应过程参数（如温度、添加物的点或形式、流程等）、应用强度（或严格程度）（如时间、水平、浓度等）和加工差异性（相关时）；应用于食品链其他阶段（如原料供应商、分包方和顾客）和（或）通过社会方案实施（如通常的环保措施），并预期包含于危害评价中的控制措施。

（3）在危害分析之前已制订了HACCP计划和操作性前提方案的组织，在描述中应将已实施的控制措施包含于和（或）构成上述规范。上述规范应按照7.7的要求进行更新。

7.4 危害分析

7.4.1 总则

食品安全小组应实施危害分析，以确定需要控制的危害，确定为确保食品安全所要求的控制程度，并确定所要求的控制措施组合。

理解要点

（1）本条款是危害分析的总则。

（2）食品安全小组不仅要识别产品和（或）过程中合理预期发生的食品安全危害，而且还要制定控制危害的控制措施组合。

7.4.2 危害识别和可接受水平的确定

7.4.2.1 应识别并记录与产品类别、过程类别和实际生产设施相关的所有合理预期发生的食品安全危害。识别应基于以下方面：

a）根据7.3收集的预备信息和数据；

b）经验；

c）外部信息，尽可能包括流行病学和其他历史数据；

d）来自食品链中，可能与终产品、中间产品和消费食品的安全相关的食品安全危害信息。

应指出可能引入每一食品安全危害的步骤（从原料、生产和分销）。

7.4.2.2 在识别危害时，应考虑：

a）特定操作的前后步骤；

b）生产设备、设施和（或）服务和周边环境；

c）在食品链中的前后关联。

7.4.2.3 针对每个识别的食品安全危害，只要可能，应确定终产品中食品安全危害的可接受水平。确定的水平应考虑已发布的法律法规要求、顾客对食品安全的要求、顾客对产品的预期用途以及其他相关数据。确定的依据和结果应予以记录。

理解要点

（1）首先识别产品本身、生产过程和实际生产设施涉及的合理预期发生的潜在的食品安全危害。

（2）危害识别可基于a）至c）信息（及随后的评价）。

(3) 针对每一种危害在终产品中尽可能确定其可接受水平。

7.4.3 危害评估

应对每种已识别的食品安全危害（见7.4.2）进行危害评估，以确定消除危害或将危害降至可接受水平是否为生产安全食品所必需；以及是否需要将危害控制到规定的可接受水平。

应根据食品安全危害造成不良健康后果的严重性及其发生的可能性，对每种食品安全危害进行评估。应描述所采用的方法，并记录食品安全危害评估的结果。

理解要点

评估危害时考虑危害发生的可能性和严重性，从而判断出哪些危害是显著危害。

7.4.4 控制措施的选择和评估

基于7.4.3的危害评估，应选择适宜的控制措施组合，使食品安全危害得到预防、消除或降低至规定的可接受水平。

在选定的组合中，应对7.3.5.2中所描述每个控制措施，评审其控制确定的食品安全危害的有效性。

应按照控制措施是需要通过操作性前提方案还是通过 HACCP 计划进行管理，对所选择的控制措施进行分类。

应使用符合逻辑的方法对控制措施选择和分类，逻辑方法包括与以下方面有关的评估：

a) 针对实施的严格程度，控制措施对确定食品安全危害的控制效果；
b) 对控制措施进行监视的可行性（如适时监视以便能立即纠正的能力）；
c) 相对其他控制措施，该控制措施在系统中的位置；
d) 控制措施作用失效的可能性或过程发生显著变异的可能性；
e) 一旦控制措施的作用失效，结果的严重程度；
f) 控制措施是否有针对性地建立并用于消除或显著降低危害水平；
g) 协同效应（即两个或更多措施作用的组合效果优于每个措施单独效果的总和）。

属于 HACCP 计划管理的控制措施应按照7.6实施，其他控制措施应作为操作性前提方案按照7.5实施。

应在文件中描述所使用的分类方法学原理和参数，并记录评估的结果。

理解要点

本条款是识别和评价确定危害进行控制的控制措施，对控制措施选择和分类应该使用本条款所述的逻辑方法。

7.5 操作性前提方案（PRPs）的建立

操作性前提方案应形成文件，其中每个方案应包括如下信息：

a) 由每个方案控制的食品安全危害（见7.4.4）；
b) 控制措施（见7.4.4）；
c) 监视程序，以证实实施了操作性前提方案；
d) 当监视显示操作性前提方案失控时，所采取的纠正和纠正措施（分别见

7.10.1 和 7.10.2);

e) 职责和权限;

f) 监视的记录。

理解要点

操作性前提方案计划的制订可仿照 HACCP 计划 (7.6.1) 的形式设计。其中也可使用包含限值与监视的方案。方案中常有对控制较低程度的监视,如每周对相关参数进行检查。

7.6 HACCP 计划的建立

7.6.1 HACCP 计划

应将 HACCP 计划形成文件;并针对每个已确定的关键控制点 (CCP),包括如下信息:

a) 该关键控制点 (见7.4.4) 所控制的食品安全危害;

b) 控制措施 (见7.4.4);

c) 关键限值 (见7.5.3);

d) 监视程序 (见7.6.4);

e) 当超出关键限值时,应采取的纠正和纠正措施 (见7.6.5);

f) 职责和权限;

g) 监视的记录。

理解要点

(1) HACCP 计划中可包括程序或作业指导书。

(2) 可接受水平的变动、需控制的确定食品安全危害的变动以及由于某一控制措施是否仍需要或是否需要实施新的控制措施,导致环境的其他变化都可能影响 HACCP 计划因此,HACCP 计划有必要进行更新。

7.6.2 关键控制点 (CCPs) 的确定

应对需要 HACCP 计划控制的每个危害,针对确定的控制措施确定关键控制点 (见7.4.4)。

理解要点

(1) 当对控制措施的识别和评价 (见7.4.4) 不能识别关键控制点时,潜在的危害须由操作性前提方案控制。

(2) 对同一危害可能由不止一个关键控制点来实施控制;而在某些产品生产中也可能识别不出关键控制点。

7.6.3 关键控制点的关键限值的确定

应对每个关键控制点所设定的监视确定其关键限值。关键限值的建立应确保终产品 (见7.4.2) 的安全危害不超过已知可接受水平。关键限值应是可测量的。关键限值选定的理由和依据应形成文件。基于主观信息 (如对产品、加工过程、处置的视觉检验等) 的关键限值,应有指导书、规范和 (或) 教育及培训的支持。

理解要点

关键限值表明了在关键控制点上的严格程度。当确定同一控制措施控制一种以上的食品安全危害时，通常由对该控制措施最不敏感的危害来决定此严格程度。关键限值应是可测量的，其选定的理由应该形成文件。

7.6.4 关键控制点的监视系统

应对每个关键控制点建立监视系统，以证实关键控制点处于受控状态。该系统应包括所有针对关键限值的、有计划的测量或观察。

监视系统应由相关程序、指导书和记录构成，包括以下内容：

a) 在适当的时间范围内提供结果的测量或观察；
b) 所用的监视装置；
c) 适用的校准方法（见8.3）；
d) 监视频次；
e) 与监视和评价监视结果有关的职责和权限；
f) 记录的要求和方法。

监视的方法和频率应能够及时确定关键限值何时超出，以便在产品使用或消费前对产品进行隔离。

理解要点

大多关键控制点的监控程序应当提供实时的与在线过程相关的信息；应记录所有监控数据，而不仅是出现偏差时。

7.6.5 监视结果超出关键限值时采取的措施

应在HACCP计划中规定超出关键限值时所采取的策划的纠正和纠正措施。这些措施应确保查明不符合的原因，使关键控制点控制的参数恢复受控，并防止再次发生（见7.10.2）。

为适当地处置潜在不安全产品（见7.10.3），应建立和保持形成文件的程序，以确保对其评价后再放行。

理解要点

在HACCP计划中应规定关键控制点偏离关键限值时所采取的措施：使关键控制点恢复受控；分析并查明超出的原因，以防止再发生（见7.10.2）；对偏离时所生产的产品，应按照潜在不安全产品程序进行处置（7.10.3.）；处置后的产品经评价合格后才能放行。

7.7 预备信息的更新、规定前提方案和HACCP计划文件的更新

制订操作性前提方案（见7.5）和（或）HACCP计划（见7.6）后，必要时，组织应更新如下信息：

a) 产品特性（见7.3.3）；
b) 预期用途（见7.3.4）；
c) 流程图（见7.3.5.1）；
d) 过程步骤（见7.3.5.2）；
e) 控制措施（见7.3.5.2）。

必要时，应对HACCP计划（见7.6.1）以及描述前提方案（见7.2）的程序和指导书进行修改。

理解要点

进行危害分析后有必要时对 a)～e) 进行文件的更新。

7.8 验证的策划

验证策划应规定验证活动的目的、方法、频次和职责。验证活动应确定：

a) 前提方案得以实施（见7.2）；

b) 危害分析（见7.3）的输入持续更新；

c) HACCP计划（见7.6.1）中的要素和操作性前提方案（见7.5）得以实施且有效；

d) 危害水平在确定的可接受水平之内（见7.4.2）；

e) 组织要求的其他程序得以实施且有效。

该策划的输出应采用与组织运作方法相适宜的形式。

应记录验证的结果，且传达到食品安全小组。应提供验证的结果以进行验证活动结果的分析（见8.4.3）。

当体系验证是基于终产品的测试，且测试的样品的结果不满足食品安全危害的可接受水平时（见7.4.2），受影响批次的产品应作为潜在不安全产品，按照7.10.3的规定进行处置。

理解要点

（1）验证是为组织所实施的食品安全管理体系的能力提供信任的工具。本标准要求对食品安全管理体系进行单独要素和整体绩效两方面的验证。条款7.8关注的是前者而条款8.4则关注后者；

（2）验证频次取决于控制措施效果的不确定性，验证策划的输出形式可以根据组织的需求来确定，可以是表格、程序或作业指导书的形式。

7.9 可追溯性系统

组织应建立且实施可追溯性系统，以确保能够识别产品批次及其与原料批次、生产和交付记录的关系。

可追溯性系统应能够识别直接供方的进料和终产品初次分销途径。

应按规定的期限保持可追溯性记录，以进行体系评估，使潜在不安全产品得以处理，在产品撤回时，也按规定的期限保持记录。可追溯性记录应符合法律法规要求、顾客要求，例如可以是基于终产品的批次标识。

理解要点

（1）组织可通过标识在容器和产品上的编码以辨别产品、组成成分和服务的批次或来源；记录提供产品的交付地和采购方。

（2）可采取定期演练的方式或对实际发生的问题产品进行追溯，确保潜在不安全产品的召回，以证实可追溯系统的有效性；可追溯记录的保存期应权衡终产品的保质期、顾客和法规要求来制定。

7.10 不符合控制

7.10.1 纠正

当关键控制点的关键限值超出（见7.6.5）或操作性前提方案失控时，组织应确保根据产品的用途和放行要求,识别和控制受影响的产品。

应建立和保持形成文件的程序,规定:

a) 识别和评估受影响的终产品,以确定对它们进行适宜的处置(见7.10.3);
b) 评审所实施的纠正。

超出关键限值的条件下生产的产品是潜在不安全产品,应按7.10.3进行处置。不符合操作性前提方案条件下生产的产品,评价时应考虑不符合原因和由此对食品安全造成的后果;必要时,按7.10.3进行处置。评价应予以记录。

所有纠正应由负责人批准并予以记录,记录还应包括不符合的性质及其产生原因和后果,以及不合格批次的可追溯性信息。

理解要点

建立和保持形成文件的程序以控制受影响的产品。超出关键限值的条件下生产的产品视为潜在不安全产品;对于不符合操作性前提方案时所生产出的产品,应根据不符合原因及其对终端产品的影响程度进行评价,确定为不安全的产品根据7.10.3潜在不安全产品的处理。

7.10.2 纠正措施

通过监视操作性前提方案和关键控制点所获得的数据,应由指定的具备足够知识(见6.2)和权限(见5.4)的人员进行评价,以启动纠正措施。

当关键限值超出(见7.8.5)和不符合操作性前提方案时,应采取纠正措施。组织应建立和保持形成文件的程序,规定适宜的措施以识别和消除已发现的不符合的原因;防止其再次发生;并在不符合发生后,使相应的过程或体系恢复受控状态,这些措施包括:

a) 评审不符合(包括顾客抱怨);
b) 评审监视结果可能向失控发展的趋势;
c) 确定不符合的原因;
d) 评价采取措施的需求,以确保不符合不再发生;
e) 确定和实施所需的措施;
f) 记录所采取纠正措施的结果;
g) 评审采取的纠正措施,以确保其有效。

纠正措施应予以记录。

理解要点

监控的结果,包括关键控制点偏离和操作性前提方案不符合的结果,是纠正和纠正措施的输入。由组织授权的人实施纠正措施,以识别和消除不符合发生的原因。纠正措施应予以记录。

7.10.3 潜在不安全产品的处置

7.10.3.1 总则

除非组织能确保以下情况,否则应采取措施处置所有不合格产品,以防止不合格产品进入食品链:

a) 相关的食品安全危害已降至规定的可接受水平;
b) 相关的食品安全危害在进入食品链前将降至确定的可接受水平(见7.4.2);

c) 尽管不符合,但产品仍能满足相关食品安全危害的可接受水平。

可能受不符合影响的所有批次产品应在评价前处于组织的控制之中。

当产品在组织的控制之外,且继而确定为不安全时,组织应通知相关方,并启动撤回(见7.10.4)。注:术语"撤回"包括召回。处理潜在不安全产品的控制要求、相关响应和授权应形成文件。

7.10.3.2 放行的评价

受不符合影响的每批产品应在符合下列任一条件时,才可作为安全产品放行:

a) 除监视系统外的其他证据证实控制措施有效;

b) 证据表明,针对特定产品的控制措施的组合作用达到预期效果(即符合7.4.2确定的可接受水平);

c) 抽样、分析和(或)其他验证活动的结果证实受影响批次的产品符合确定的相关食品安全危害的可接受水平。

7.10.3.3 不合格品处置

评价后,当产品不能放行时,产品应按如下之一处理:

a) 在组织内或组织外重新加工或进一步加工,以确保食品安全危害得到消除或降至可接受水平;

b) 销毁和(或)按废物处理。

理解要点

(1) 在潜在不安全产品进入食品链之前,需对其进行评价,以确保安全的产品进入食品链。

(2) 标准里提到的不符合并不一定是不安全。

(3) 组织应建立程序,以规定潜在不安全产品的控制及其相关响应,并在文件中明确不安全产品和导致潜在不安全产品的过程评审、处置和放行人员的权限。

(4) 当确认潜在不安全产品的食品安全危害已经降低到可接受水平时,由授权人员实施放行;确定为不安全产品,可采取销毁和再加工等方式处置。

7.10.4 撤回

为能够并便于完全、及时地撤回确定为不安全批次的终产品:

a) 最高管理者应指定有权启动撤回的人员和负责执行撤回的人员。

b) 组织应建立、保持形成文件的程序,以便:

1) 通知相关方(如:立法和执法部门、顾客和(或)消费者);

2) 处置撤回产品及库存中受影响的产品;

3) 安排采取措施的顺序。

为撤回产品在被销毁、改变预期用途、确定按原有(或其他)预期用途使用是安全的或为确保安全重新加工之前,应被封存或在监督下予以保留。

撤回的原因、范围和结果应予以记录,并向最高管理者报告,作为管理评审的输入(见5.8.2)。组织应通过使用适宜技术验证并记录撤回方案的有效性(例如模拟撤回或实际撤回)。

理解要点

组织应建立形成文件的程序,以识别和评价待召回产品,通知相关方,防止食品安全危害的扩散；当证实不安全产品后，应通知相关方，包括主管部门、相关产品顾客；对不安全产品可通过电视、媒体广告、互联网等途径进行召回；组织应对召回程序的有效性进行验证，验证的方式可以通过模拟召回、验证实验和实际召回的方式。

8 食品安全管理体系的确认、验证和改进

8.1 总则

食品安全小组应策划和实施对控制措施和控制措施组合进行确认所需的过程，并验证和改进食品安全管理体系。

理解要点

食品安全小组应对验证、确认和更新食品安全管理体系所需的过程进行策划和实施。

8.2 控制措施组合的确认

对于包含于操作性前提方案中和HACCP计划中的控制措施实施之前以及在变更后（见8.5.2），组织应确认（见3.15）：

a）所选择的控制措施能使其针对的食品安全危害实现预期控制；b）控制措施及其组合时有效，能确保控制已确定的食品安全危害，并获得满足规定可接受水平的终产品。

当确认结果表明不能满足一个或多个上述要素时，应对控制措施和（或）其组合进行修改和重新评估（7.4.4）。修改可能包括控制措施［即过程参数、严格程度和（或）其组合］的变更和（或）原料、生产技术、终产品特性、分销方式、终产品预期用途的变更。

理解要点

（1）确认方法：参考他人已完成的确认或历史知识；用试验模拟过程条件；收集正常操作条件下生物、化学和物理危害的数据；统计学设计的调查和数学模型。

（2）确认可分为初始确认、计划周期性确认或由特殊事例引发的确认。

8.3 监视和测量的控制

组织应提供证据表明采用的监视、测量方法和设备是适宜的，以确保监视和测量程序的成效。为确保结果有效，必要时，所使用的测量设备和方法应：

a）对照能溯源到国际或国家标准的测量标准，在规定的时间间隔或在使用前进行校准或检定。当不存在上述标准时，校准或检定的依据应予以记录；

b）进行调整或必要时再调整；

c）得到识别，以确定其校准状态；

d）防止可能使测量结果失效的调整；

e）防止损坏和失效。

校准和检定结果记录应予保持。

此外，当发现设备或过程不符合要求时，组织应对以往测量结果的有效性进行评估。当测量设备不符合时，组织应对该设备以及任何受影响的产品采取适当的措施。这种评估和相应措施的记录应予保持。当计算机软件用于规定要求的监视和测量时，应确认其满足预期用途的能力。确认应在初次使用前进行。必要时，再确认。

理解要点

（1）组织应决定用什么方法和步骤进行监测,才能保证监控和确认活动的有效性;应保存校准和验证记录。

（2）运行中如果发现测量设备不符合要求,应修复设备,并评价不符合时受影响的产品,评价结果及所采取的后续措施应加以记录并保存。

8.4 食品安全管理体系的验证

8.4.1 内部审核

组织应按照策划的时间间隔进行内部审核,以确定食品安全管理体系是否:

a）符合策划的安排、组织所建立的食品安全管理体系的要求和本标准的要求；b）得到有效实施和更新。

审核方案策划应考虑拟审核过程和区域的状况和重要性,以及以往审核（见8.5.2和5.8.2）产生的更新措施。应规定审核的准则、范围、频次和方法。审核员的选择和审核的实施应确保审核过程的客观性和公正性。审核员不应审核自己的工作。应在形成文件的程序中规定策划、实施审核、报告结果和保持记录的职责和要求。负责受审核区域的管理者应确保及时采取措施,以消除所发现的不符合情况及原因,不能不适当地延误。跟踪活动应包括对所采取措施的验证和验证结果的报告。

理解要点

组织应建立形成文件的内审程序,对制定内审计划、组织实施、报告结果和保持记录等工作职责和要求加以规定（包括准则、范围、频率、办法）。为保证客观性,标准明确提出审核员不审核自己所做的工作。本标准强调,审核结果应以适当形式向最高管理者汇报,并作为管理评审和更新食品安全管理体系输入。

8.4.2 单项验证结果的评价

食品安全小组应系统地评价所策划的验证（见7.8）的每个结果。

当验证证实不符合策划的安排时,组织应采取措施达到规定的要求。该措施应包括但不限于评审以下方面：

a）现有的程序和沟通渠道（见5.6和7.7）；

b）危害分析的结论（见7.4）、已建立的操作性前提方案（见7.5）和HACCP计划（见7.6.1）；

c）前提方案（见7.2）；

d）人力资源管理和培训活动（见6.2）的有效性。

理解要点

（1）验证活动发现的不符合可能是硬件设备方面,也可能是管理系统方面。标准列举了可能会出现的四个方面问题,但实际发生的不符合可能不止这四种。

（2）标准要求验证活动本身应进行策划（7.8）,而且对其结果评价也应系统化。

8.4.3 验证活动结果的分析

食品安全小组应分析验证活动的结果,包括内部审核（见8.4.1）和外部审核的结果。应进行分析以便：

a) 证实体系的整体运行满足策划的安排和本组织建立食品安全管理体系的要求;

b) 识别食品安全管理体系改进或更新的需求;

c) 识别表明潜在不安全产品高事故风险的趋势;

d) 确定信息,用于策划与受审核区域状况和重要性有关的内部审核方案;

e) 提供证据证明已采取纠正和纠正措施的有效性。

分析的结果和由此产生的活动应予以记录,并以相关的形式向最高管理者报告,作为管理评审的输入(见5.8.2);也应用作食品安全管理体系更新的输入(见8.5.2)。

理解要点

食品安全小组应分析验证活动结果的变化趋势,以识别改进的机会,分析结果和产生的活动应形成文件并作为管理评审和体系更新的输入。

8.5 改进

8.5.1 持续改进

最高管理者应确保组织通过以下活动,持续改进食品安全管理体系的有效性:沟通(见5.6)、管理评审(见5.8)、内部审核(见8.4.1)、单项验证结果的评价(见8.4.2)、验证活动结果的分析(见8.4.3)、控制措施组合的确认(见8.2)、纠正措施(见7.10.2)和食品安全管理体系更新(见8.5.2)。

注:GB/T 19001阐述了质量管理体系的有效性的持续改进。GB/T 19004在GB/T 19001基础之上提供了质量管理体系有效性和效率持续改进的指南。

理解要点

在保证实现食品安全的要求下,组织应不断改进食品安全管理。本标准提出了改进的途径和方法。

8.5.2 食品安全管理体系的更新

最高管理者应确保食品安全管理体系持续更新。

为此,食品安全小组应按策划的时间间隔评价食品安全管理体系,应考虑评审危害分析(见7.4)、已建立的操作性前提方案(见7.5)和HACCP计划(见7.6.1)的必要性。

评价和更新活动应基于:

a) 5.6中所述的内部和外部沟通信息的输入;

b) 与食品安全管理体系适宜性、充分性和有效性有关的其他信息的输入;

c) 验证活动结果分析(见8.4.3)的输出;

d) 管理评审的输出(见5.8.3)。

体系更新活动应以适当的形式予以记录和报告,作为管理评审的输入(见5.8.2)。

理解要点

最高管理层对于及时更新体系负有领导责任;食品安全管理体系更新的具体执行由食品安全小组落实;本标准对更新的输入做了具体规定,并明确应有输出记录;更新活动的情况向最高管理层报告。

第三节 如何在食品企业建立 ISO22000 食品安全管理体系

ISO22000 标准是目前国际上管理食品安全最好的手段，它以系统的方法，从食品安全危害分析到控制措施的确定再到验证控制措施的有效性，思路清晰，逻辑严谨，整个食品安全管理体系的有效运行牵涉到企业内从最高管理层到最基层的全体员工。因此，组织建立一个食品安全管理体系是一项系统、严密、扎实而又艰巨的工作，需要领导者的支持和全体员工的共同参与。为了保证食品安全管理体系对组织的适宜性，需要认真策划和准备，发动全体员工，积极调动各方面力量，最终完成食品安全管理体系的建设。

食品企业建立和实施食品安全管理体系的 9 个阶段如下。

一、管理体系的策划准备阶段

组织在食品安全管理体系建立初期，需要做好许多准备工作，如动员宣传、知识培训和资源配备等。一个有效的食品安全管理体系需要经过良好的总体策划和准备。

1. 领导决策，统一思想，形成共识

召开全体员工大会，阐明企业建立和实施食品安全管理体系的必要性，强调食品安全对企业的重要性，企业通过 ISO22000 食品安全管理体系认证对企业的意义，要求全体员工积极参与食品安全管理体系的建立和实施。

2. 组织落实，成立领导小组和精干的工作班子

成立食品安全管理体系认证申办小组，最高管理者还应在管理层中指定一名食品安全小组组长，代表最高管理者负责食品安全管理体系的建立和实施。

3. 进行食品安全意识和 ISO22000 标准的贯标培训

企业应组织各级员工，尤其是各管理层认真学习 ISO22000 食品安全管理体系标准条款内容，重点是学习食品安全管理体系的基本概念和基本术语，食品安全管理体系的基本要求，通过学习，端正思想，找出差距，明确方向。

以上工作中，企业管理层的认识与投入是食品安全管理体系建立与实施的关键，组织和计划是保证，教育和培训是基础。

如果企业在这方面缺乏专家，可以聘请咨询机构为企业建立和实施食品安全管理体系提供咨询。

二、食品安全管理体系的策划和总体设计

食品安全管理体系的策划和总体设计包括六方面工作。

（一）调查企业组织现状

调查企业组织现状的目的是识别其与标准规定的食品安全管理体系所要求的

组织结构之间的差距，以便采取措施，调整和完善现有的组织。调查的重点主要是组织目前的经营情况和现有食品安全管理体系的实施情况。主要涉及以下内容：

（1）从事与食品安全工作有关的管理、执行和验证工作的人员，其职责、权限和相互关系是否明确，实施效果及存在问题。

（2）正在开发和已完成开发的项目，在开发过程中存在的影响食品安全的主要问题。

（3）部门之间、上下级领导之间，以及与分包商之间的协调关系是否存在问题。

（4）食品行业中所采用的各类国际、国内标准（规范），或企业内部标准/规范是否适宜，其执行情况及存在的问题。

（5）各类管理、技术文件、报表及食品安全记录的适用性、完整性。

对上述情况分析汇总，形成企业组织现状报告。

（二）制定实施工作计划

组织建立食品安全管理体系，必须制定建立食品安全管理体系的完整的工作计划，全面完整地对整个过程的各个阶段进行安排。计划内容包括分哪几个主要阶段，各项工作的要求和时间进度，每项工作的负责人和参加人员，各阶段及总的经费预算等。

（三）确定食品安全方针和食品安全目标

一个组织的食品安全方针和食品安全目标不仅应与组织的宗旨和发展方向相一致，而且应能体现顾客的需求和期望。

食品安全方针应能体现一个组织在食品安全上的追求，对顾客在食品安全方面的承诺，也是规范全体员工食品安全行为的准则，但一个好的食品安全方针必须有好的食品安全目标的支持。食品安全目标的主要要求应包括：

1. 适应性

食品安全目标必须能全面反映食品安全方针要求和组织特点。

2. 可测量

方针可以原则一些，但目标必须具体。这里讲的可测量不仅指对事物大小或食品安全参数的测定，也包括可感知的评价。通俗地说，所有制订的食品安全目标都应该是可以衡量的。

3. 分层次

一个组织的食品安全方针和食品安全目标实质上是一个目标体系。食品安全方针应有组织的食品安全目标支持，组织的食品安全目标应有部门的具体目标或举措支持，只要每个员工都能完成本组织的目标，就应能实现本部门的目标，能实现各部门的目标，就能完成本组织的目标。

4. 可实现

食品安全目标是"在食品安全方面所追求的目的"。这就是说现在已经做到或轻而易举就能做到的不能称为目标；另一方面，根本做不到的也不能称为目标。一个科学而合理的食品安全目标，应该是在某个时间段内经过努力能达到的要求。

5. 全方位

即在目标的设定上应能全方位地体现食品安全方针，应包括组织上的、技术上的、资源方面的以及为满足产品要求所需的内容。

应根据组织的宗旨、发展方向确定与组织的宗旨相适应的食品安全方针，对食品安全做出承诺，在食品安全方针提供的食品安全目标框架内规定组织的食品安全目标以及相关职能和层次上的食品安全目标。

（四）确定实现食品安全目标必需的过程和职责

为实现食品安全目标，组织应系统识别并确定为实现食品安全目标所需的过程，包括一个过程应包括哪些子过程和活动。在此基础上，明确每一过程的输入和输出的要求；用网络图、流程图或文字，科学而合理地描述这些过程或子过程的逻辑顺序、接口和相互关系；明确这些过程的责任部门和责任人，并规定其职责。

（五）确定和提供实现食品安全目标必需的资源

这些资源主要包括：人力资源、基础设施、工作环境、信息、财务资源、自然资源和供方及合作者提供的资源等。

（六）确定食品安全管理体系结构

食品安全管理体系由组织结构、程序、过程和资源构成。组织结构是指组织的全体员工为了实现组织的目标而进行分工协作，在职务范围、权利方面形成必要的结构体系。不同的企业，应当有不同的组织结构。

在食品安全管理体系的设计过程中，组织结构的设计是本阶段工作的重点和难点。组织结构的设置应坚持精简、效率原则，职能完备且各部门之间无重叠、重复或抵触现象存在。

三、编制食品安全管理体系文件

食品安全管理体系文件是描述食品安全管理体系的一整套文件，是食品安全管理体系的具体表现和食品安全管理体系运行的法规，也是食品安全管理审核的依据。编制适合企业自身特点并具有可操作性的食品安全管理体系文件是食品安全管理体系建立过程中的中心任务。这项工作包括：食品安全管理体系文件结构的策划、体系文件的编制、文件审核、批准和发放。

（一）食品安全管理体系文件的策划

确定食品安全管理体系文件的层次。文件的层次是食品安全管理体系文件的一个特点，依据ISO22000族标准的特点，食品安全管理体系文件的层次如表4-1所示。

表4-1　　　　　　　　　食品安全管理体系文件层次表

层次	文件
A层	食品安全管理手册
B层	其他食品安全管理文件（表格、报告、作业指导书）
C层	详细的作业文件

（二）食品安全管理体系文件的编制

体系文件的编制包括对以上3个层次文件的统筹制定，如表4-2所示。

表4-2　　　　　　　　　食品安全管理体系文件的编制过程表

活动	文件
整体规划	确定文件层次、确定食品安全管理活动要素、确定编写计划
制定文件提纲	确定指导性文件，规范所有人员的编写行为
编制文件	按照计划进行食品安全管理体系文件的编写

（三）食品安全管理体系文件的类型

1. 食品安全管理手册

食品安全管理手册是阐明一个企业的食品安全方针、规定食品安全管理体系的文件。对某一组织而言，食品安全管理体系是唯一的，食品安全管理手册也具有唯一性。食品安全管理手册是描述食品安全管理体系的纲领性文件，其内容至少应包括：

（1）食品安全方针。

（2）影响食品安全的管理、执行、验证或评审工作人员的职责、权限及相互关系。

（3）为食品安全管理体系所编制的形成文件的程序或对这些程序的引用。

（4）关于食品安全管理手册评审、修改和控制的规定。

一个企业的食品安全管理手册中对应的食品安全管理体系要求不少于所选用的ISO22000标准的要求，但可以根据企业的自身需要增加新的内容。

2. 程序文件

程序文件是描述为实施食品安全管理体系要素所涉及的各职能部门的活动。程序是为进行某项活动所规定的途径，程序可形成文件，也可不形成文件。当程序形成文件时称为程序文件，通常应包括：

（1）活动的目的和范围。

（2）做什么和由谁来做。

（3）何时、何地以及如何做。

（4）应采用什么材料、设备和文件。

（5）如何对活动进行控制和记录。

程序文件是食品安全管理体系有效运行的主要依据，故必须有可操作性和可检查性，食品安全管理体系实施中必需严格按照程序文件执行。

3. 作业指导书、食品安全记录属详细的作业文件，企业可根据需要增加或减少

作业指导书是描述程序文件中某个具体过程、事物形成的技术性细节的文件。食品安全管理体系文件层次 C 中的作业指导书一般是管理性的作业指导书。技术性的作业指导书包括在食品安全管理文件中的各种表格、报告等，主要用于食品安全管理体系运行的证实。

为了提供符合要求和食品安全管理体系有效运行的证据，组织应建立并保持记录，并对记录进行控制。对记录的控制目的是为了解决记录的可"追溯性"，对记录的控制应有形成文件的程序："记录控制程序"。

食品安全管理手册、程序文件的编制顺序可依企业情况而定。文件发放前，要由授权人审批，发放时应做好记录，以便修改、收回。

四、培训内部审核员

内部审核员执行内部食品安全管理体系审核，承担企业管理层与各职能部门、企业与供方、企业与顾客、企业与审核机构之间的联系工作。内部审核员最好在从事企业食品安全管理管理工作、有一定生产经验的人员中挑选，经过严格培训，达到以下要求：

（1）掌握实施食品安全管理体系审核所必须的知识和技能。

（2）遵守审核人员的行为准则：忠于职守、准确公正、尊重事实、勤奋并具有判断力。

按照 ISO22000 标准的要求，凡是推行 ISO22000 的组织，每年都要进行一定频次的内部食品安全管理体系审核。内部食品安全管理体系审核由经过培训的有资格的内审员来执行审核任务。企业可根据具体情况，培训若干名内审员，内审员可由各部门人员兼职担任。

五、食品安全管理体系试运行

完成上述各阶段工作后，进入食品安全管理体系试运行。

1. 食品安全管理体系文件的发布和实施

食品安全管理体系文件在正式发布前应认真听取多方面意见，并经授权人批准发布。食品安全管理手册必须经最高管理者签署发布。食品安全管理手册的正式发布实施即意味着食品安全管理手册所规定的食品安全管理体系正式开始实施和运行。

2. 学习食品安全管理体系文件

在食品安全管理体系文件正式发布或即将发布而未正式实施之前，各部门、

各级人员都要通过学习，清楚地了解食品安全管理体系文件对本部门、本岗位的要求以及与其他部门、岗位的相互关系的要求，只有这样才能确保食品安全管理体系文件在整个组织内得以有效实施。

3. 食品安全管理体系的运行

食品安全管理体系运行主要反映在两个方面：一是组织所有食品安全活动都在依据食品安全策划的安排以及食品安全管理体系文件要求实施，二是组织所有食品安全活动都在提供证实，证实食品安全管理体系运行符合要求并得到有效实施和保持。运行中发现的有关食品安全管理体系文件存在的问题和不足，可按程序的规定修改。

六、食品安全管理体系内部审核

组织在食品安全管理体系运行一段时间后，应组织内审员对食品安全管理体系进行内部审核，以确定食品安全管理体系是否符合食品安全管理手册和程序文件的规定，能否正常运行，以及对于实现企业食品安全方针的有效性。组织申请食品安全管理体系认证之前至少要进行过一次内部食品安全管理体系审核。

七、管理评审

管理评审是由企业最高管理者，根据食品安全方针和食品安全目标，对食品安全管理体系的现状和适应性进行的正式评价，确保食品安全管理体系持续的适宜性、充分性和有效性。管理评审包括评价食品安全管理体系改进的机会和变更的需要，包括食品安全方针、目标变更的需要。组织申请食品安全管理体系认证之前至少要进行过一次管理评审。

管理评审与内部审核都是组织自我评价、自我完善机制的一种重要手段，组织应每年按策划的时间间隔坚持实施管理评审。通过内部审核和管理评审，在确认食品安全管理体系运行符合要求且有效的基础上，组织可向食品安全管理体系认证机构提出认证的申请。

八、食品安全管理体系认证前的准备

1. 选择认证机构

企业进行食品安全管理体系认证是为了向顾客提供足够的信任，这种信任是间接由认证机构来证明的。因此，企业应选择具有较强技术专业能力的权威认证机构，提高信誉。选择认证机构应考虑以下几方面：

（1）该认证机构是否已被国家认可机构认可。

（2）该认证机构的注册专业范围是否覆盖本企业申请注册的专业范围。

（3）该认证机构的权威性和信誉。

（4）不可选择向本单位提供咨询的机构作为认证机构。

2. 对食品安全管理体系文件的全面清理

食品安全管理体系文件是食品安全管理体系审核的主要依据之一。在接受审核前，对企业的食品安全管理体系文件进行一次全面的整理，并将有关文件和记录放在可让审核组容易看到的地方。

3. 有关接受审核的教育培训

明确食品安全管理体系审核的目的、意义、审核组的工作等，审核中应注意的问题；如何积极主动配合审核组。

九、食品安全管理体系认证过程

食品安全管理体系认证就是由认证机构对企业进行的外部食品安全管理体系审核。

1. 认证机构申请与受理

食品企业在做好一切准备后可以向国家认监委认可的认证机构提出认证申请，认证机构在对受审核方资质进行确认后，与该企业即受审核方签订认证合同，正式受理企业的认证申请。

2. 审核的启动

认证机构在审核启动时需要进行以下工作：

（1）指定审核组长。

（2）确定审核目的、范围和准则。

（3）确定审核的可行性。

（4）选择审核组。

（5）初访（由审核组决定是否进行）。

3. 文件评审

在现场审核前应评审受审核方文件，已确定文件所述的体系与审核准则的符合性。

4. 现场审核的准备

现场审核前审核组需要做好审核的准备工作：编制审核计划；审核组工作分配和准备工作文件。

5. 现场审核的实施

现场审核中包括以下程序：

（1）举行首次会议（由审核组长主持）。

（2）审核中的沟通。

（3）信息的收集和证实。

（4）形成审核发现。

（5）准备审核结论。

6. 审核报告的编制、批准和分发

审核报告由审核组长进行编制，有认证机构的技术委员会进行审核批准，按照合同约定进行分发。

7. 纠正措施的验证

审核组在现场审核中开具的不符合项，受审核方的相关部门要及时进行原因分析和采取有效的纠正措施。审核组通常以书面的形式进行纠正措施的验证。

8. 颁发认证证书

认证机构在审核组对企业的纠正措施进行验证并证明有效后，对于符合标准要求的企业颁发认证证书，并告知企业认证证书的使用方法，认证证书的有效期是3年。

9. 监督审核与复评

一个认证周期是3年，为了验证企业食品安全管理体系持续的有效性，认证机构在一个认证周期内每年对食品企业进行一次监督审核，第三次监督审核也称复评，即对企业进行重新的审核。

第四节　ISO22000食品安全管理体系文件的编写

食品安全管理体系文件是食品企业开展食品质量管理和安全保证的基础，是食品安全管理体系审核和体系认证的主要依据。因此食品安全管理体系文件必须切合食品企业实际情况，具有系统性、协调性、科学性、针对性和可操作性。

一、食品安全管理体系文件的种类和层次

1. 食品安全管理体系所需的文件

根据ISO22000—2006标准中规定食品安全管理体系文件应由5部分组成：

（1）食品安全方针和相关目标的声明。

（2）食品安全管理手册。

（3）ISO22000：2005标准要求的形成文件的程序。

（4）组织为确保食品安全管理体系有效建立、实施和更新所需的文件。

（5）ISO22000：2005标准所要求的记录。

2. 食品安全管理体系文件的层次

组织在建立食品安全管理体系时，需确定体系的文件层次。各组织的食品安全管理体系一般包括4个层次。

（1）第一层（管理手册）　简述企业的食品安全方针、目标与指标，概括性、原则性、纲领性地描述食品安全管理体系过程及其相互作用。

（2）第二层（程序文件）　程序文件是管理手册的展开和具体化，使得管理手册中原则性和纲领性的要求得到展开和落实。

程序文件规定了执行食品安全活动的具体办法。内容包括活动的目的和范围；做什么和谁来做；何时、何地和如何做；如何对活动进行控制和记录。

（3）第三层（作业指导书） 在没有文件化的规定就不能保证管理体系有效运行的前提下，组织应使用作业指导书，详述如何完成具体的作业和任务。

管理规定、操作规程、食品配方、技术文件、HACCP 计划、工艺文件、PRP、OPRP 都属于作业指导书的范畴。

（4）第四层（报告、表格） 报告、表格用以记录活动的状态和所达到的结果，为体系运行提供查询和追踪依据。

二、食品安全管理体系文件的编制

（一）食品安全方针和相关目标的编制

食品安全方针是由组织的最高管理者正式发布的组织总的食品安全宗旨和方向，是实施、改进与更新食品安全管理体系的推动力。它与质量方针一样，应是其总方针的组成部分，并与其保持一致；它既可以与组织的质量方针合二为一，也可以不同于质量方针。

1. 食品安全方针的编写要求

（1）在内容上应满足下列要求

① 与组织相适宜，应识别组织在食品链中的地位与作用，还应考虑组织的产品、性质、规模等，确保食品安全方针与组织的特点相适应；不同的组织在食品链中的作用不同，产品不同，其经营的宗旨也各不同，所以食品安全方针也有所不同。

② 符合相关的食品安全法律法规要求及与顾客商定的食品安全要求，组织可根据政府有关食品安全的方针和目标制定自己的食品安全方针。

③ 为确保沟通的有效进行，应在方针中阐述沟通。

（2）在管理上应满足下列要求

① 方针通常使用容易理解的语言来表达，确保组织的各层次进行宣贯，宣贯方式通常是培训、研讨、文件传阅等方式，确保组织的所有员工均能理解方针的含义，了解方针与其活动的关联性，以便大家明确努力的方向，行动协调一致，有效的实施并保持方针。

② 对方针的适宜性进行评审，根据组织的实际情况以及持续改进的要求决定是否需要发生重大变更，如组织性质、产品等发生变化时也需对方针进行评审。

③ 应形成文件，按文件进行控制和管理。

2. 食品安全方针的示例

（1）"全员品管 安全优质 持续改进 客户放心"。

（2）"提供绿色食品，不断推出品质高级化、价格合理化、口味大众化的新饮料。"

（3）"以规范管理，顾客至上持续提升服务品质。"

（4）"质量求精，开拓市场；完善服务，忠诚守信。"

（5）"优秀的品质让顾客放心，良好的服务让顾客满意。"

3. 食品安全目标的编写要求

食品安全方针为食品安全目标的制定提供基本框架。制定的食品安全目标应不仅可测量（定量或定性），而且应支持食品安全方针，应注意目标与方针之间的关联性，并保持一致，通过目标实现方针。目标除了可以直接体现食品安全的要求外，还可以是与食品安全相关的质量和环境等方面的内容（如污水处理系统），但以支持食品安全方针为宗旨。为了实现目标，组织应当规定相应的职责和权限、时间安排、具体方法，并配备适应的资源。

示例：

（1）"顾客投诉：产品质量投诉每年不超过一次；顾客满意度85%，并逐年提高1%。"

（2）"成品检验合格率：100%；食品安全客户投诉件数：0件。"

（二）食品安全管理手册的编制

食品安全管理手册是食品企业开展食品安全管理活动的基础，是食品企业应长期遵循的文件。组织的管理手册是根据ISO22000：2005标准及有关法律法规和其他要求编制的。手册主要包括以下内容：食品安全管理体系范围的说明；引用的程序文件和管理体系中各过程的相互作用的描述。

食品安全管理手册具体包括前言部分、正文部分及附录三部分。

1. 前言部分

（1）手册批准令　手册批准令应概括说明食品安全管理手册的重要性，手册发布及执行时间，本企业最高管理者签字等事项。

示例：某食品公司的发布令

食品安全管理手册是由本公司组织各有关部门依据ISO22000：2005《食品安全管理体系　食品链中各类组织的要求》和相关法律法规，结合本公司实际情况编制而成，阐述了本公司食品安全管理体系的情况和作用，内容包括：

a）食品安全管理体系的范围；

b）本公司食品安全管理体系所形成的程序或对其引用；

c）食品安全管理体系过程之间的顺序和相互作用的表述。

本食品安全管理手册是本公司食品安全管理的法规，从发布之日起，要求各部门、全体员工严格贯彻执行。

总经理：

2008年6月20日

（2）手册的管理及使用说明　为保证食品安全管理手册管理的严肃性和有效性，本章应规定食品安全管理手册的编制、发放、修订等程序，保证手册的受控。具体包括手册管理的目的、适用范围、职责、编制和审批、手册发放、手册控制、手册修订、手册的再版、手册的宣贯、相关记录及文件等内容。

（3）食品安全方针目标发布令　食品安全方针目标发布令主要包括本公司的

食品安全方针及内涵、食品安全目标、食品安全承诺等内容，最后由总经理签字发布。

（4）企业概况　主要介绍本企业或公司的规模、性质、地址、产品种类、联系方式等内容。

（5）食品安全小组组长任命书　主要说明任命食品安全小组组长的依据及其主要职责和权限。并且由本组织的最高管理者签字。

示例：某公司的食品安全小组组长任命书

根据本公司食品安全管理体系建立、实施、保持和发展的需要，特任命_____同志为食品安全管理体系食品安全小组组长。其主要职责和权限如下：

A) 确保按照 ISO22000：2005 标准的要求建立、实施、保持和更新食品安全管理体系；

B) 直接向组织的总经理报告食品安全管理体系的有效性和适宜性，参与制定食品安全方针和目标，并具体决定实施方法和进行评审，作为体系改进的基础；

C) 为食品安全小组成员安排相关的培训和教育，理解本企业的产品、过程、设备和食品安全危害，以及与体系相关的管理要求，确保在整个组织内提高食品安全的意识；

D) 配合总经理配置、调度体系建立和运行所需的资源和人员，掌握各部门职责和重要的接口方式；

E) 熟悉食品安全管理体系基本情况，掌握本企业质量卫生安全体系的工作状况，组织实施公司食品安全管理体系内部审核，任命内审组长；

F) 对内负责各部门之间体系运作的协调，对外负责食品安全管理体系有关事宜的联络。

总经理：

2008 年 1 月 10 日

（6）组织机构图　用图表的方式把本公司的组织机构表述出来。示例：某企业的组织机构图如图 4-3 所示：

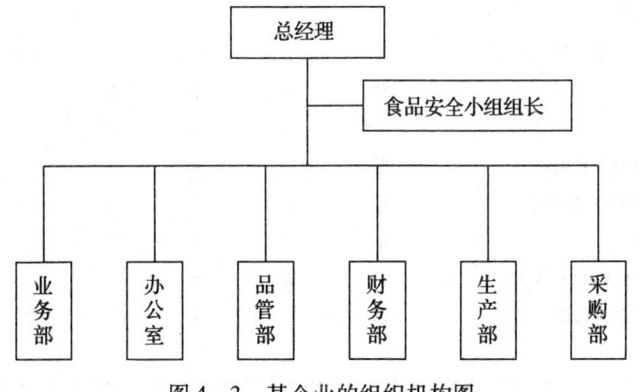

图 4-3　某企业的组织机构图

(7) 食品安全管理体系职能分配表 见表 4-3。

表 4-3　　　　　　　　食品安全管理体系职能分配表

本手册章节号	要求	公司总经理	食品安全小组组长	食品安全小组	厂务部	品管部	管理部	业务部
4.1	总体要求	☆	▲	○	○	○	○	○
4.2	文件要求	○	☆	▲	○	▲	○	○
5.1	管理承诺	▲	○	○	○	○	○	○
5.2	食品安全方针	▲	○	○	○	○	○	○
5.3	策划	☆	▲	○	○	○	○	○
5.4	职责和权限	▲	○	○	○	○	○	○
5.5	食品安全小组	☆	▲	○	○	○	○	○
5.6	沟通	☆	○	○	○	○	○	○
5.7	应急准备和响应	☆	▲	○	○	○	○	○
5.8	管理评审	▲	○	○	○	○	○	○
6.1	资源的提供	▲	○	○	○	○	○	○
6.2	人力资源	☆	○	○	○	▲	○	○
6.3	基础设施	☆	○	○	▲	▲	○	○
6.4	工作环境	☆	○	○	○	▲	○	○
7.1	总则	☆	▲	○	○	○	○	○
7.2	前提方案	○	☆	▲	○	○	○	○
7.3	实施危害分析的预备步骤	○	☆	▲	○	○	○	○
7.4	危害分析	○	☆	▲	○	○	○	○
7.5	操作性前提方案的建立	○	☆	▲	○	▲	▲	○
7.6	HACCP 计划的建立	○	☆	▲	○	○	○	○
7.7	预备信息的更新、描述前提方案和 HACCP 计划的文件的更新	○	☆	▲	○	○	○	○
7.8	验证的策划	○	☆	▲	○	○	○	○
7.9	可追溯性系统	○	☆	○	▲	▲	○	▲
7.10.1	纠正	○	☆	○	○	▲	○	○
7.10.2	纠正措施	○	☆	○	○	▲	○	○
7.10.3	潜在不安全产品的处置	○	☆	○	○	▲	○	○
7.10.4	撤回	☆	▲	○	▲	○	▲	▲
8.1	总则	☆	▲	○	○	○	○	○
8.2	控制措施组合的确认	○	☆	▲	○	○	○	○
8.3	监视和测量的控制	○	☆	○	○	▲	○	○
8.4.1	内部审核	○	☆	▲	○	○	○	○
8.4.2	单项验证结果的评价	○	☆	▲	○	○	○	○
8.4.3	验证活动结果的分析	○	☆	▲	○	○	○	○
8.5	改进	☆	▲	○	○	○	○	○

注：☆——归口，▲——主管，○——配合。

2. 手册正文部分

食品安全管理手册正文部分应按照 ISO22000：2005 标准框架结合自己的企业情况进行编写。具体包括如下 8 个方面内容：

(1) 范围。
(2) 规范性引用文件。
(3) 术语和定义。
(4) 食品安全管理体系。
(5) 管理职责。
(6) 资源管理。
(7) 安全产品的策划和实现。
(8) 食品安全管理体系的确认、验证和改进。

3. 附录部分

附录可以包括程序文件清单，HACCP 计划表等。

(三) 食品安全管理体系程序文件的编制

1. ISO22000：2005 标准要求的形成文件的程序

ISO22000：2005 标准要求的形成文件的程序共 9 个，分别是文件控制程序、记录控制程序、操作性前提方案程序、处置不安全产品程序、应急准备与相应程序、纠正程序、纠正措施程序、撤回程序、内部审核程序。

2. 程序文件的编制

每个程序文件应包括下列内容：活动目的和适用范围，应做什么，由谁来做；何时、何地以及如何去做；应使用什么材料，涉及的文件以及相关记录。

示例：应急准备与相应控制程序

1 目的

建立应急状况的识别和响应机制，确定可能影响食品安全的潜在事故和紧急情况，制订相应的预案，在应急状况发生时做出有效的响应，防止和解决可能伴随的食品安全影响。

2 范围

适用于公司所有的仓库、生产和服务场所及过程中出现的事故和紧急情况。

3 职责

3.1 管理者代表负责应急准备的协调和管理。

3.2 总经理承担响应的责任。

3.3 在应急现场的最高职级的主管负责按本程序做出响应。

3.4 各部门按其职责执行本程序规定。

4 程序

4.1 应急状况识别

管理者代表负责对需要应急准备和响应的可能影响食品安全的潜在事故和紧急情况识别，同时识别出这些情况会给食品带来何种危害，并根据公司、社会和环境的变化不断进行完善。

4.2 制定应急预案

管理者代表应针对识别出的可能影响食品安全的潜在事故和紧急情况预先制定应对措施。可考虑的应对措施包括：

a) 突然停水：略；
b) 火灾发生：略；
c) 传染病流行：略；
d) 地震、台风、洪水等天灾：略；
e) 突然停电：略；
f) 食物中毒：略；
g) 有害物泄漏：略；
h) 食品链的紧急变化：略。

4.3 响应的保障

各部门各负其责，具体内容略。

4.4 应急响应

响应的具体部署略。

4.5 报告与完善

向最高管理者汇报，并进行总结和完善。

5 相关文件

纠正和预防措施控制程序；

各种应急方案。

6 相关记录

XXX/SP/01-01V1.0   应急联系单；

XXX/SP/01-02V1.0   应急报告书。

（四）组织为确保食品安全管理体系有效建立、实施和更新所需的文件

通常包括产品规范、HACCP计划、操作性前提方案和前提方案，以及要求的其他运行程序，如特定产品、过程或任何源于外部的有关合同（如虫害控制、产品检测），规定由谁、何时使用哪些程序，为某项活动或过程所规定的作业指导书或操作规程等。作业指导书在组织中大量使用，它主要针对具体操作者的具体活动而制定。如乳品厂使用的杀菌机作业指导书、无菌灌装机作业指导书等。规范是哪些阐明要求的文件，其中可包括与活动有关的规范（如过程规范、实验规范）和与产品有关的规范（如产品规范、图样、性能规范）。

ISO22000：2005的文件要求有很大的灵活性，组织能够根据需要考虑是否编制各类文件。此外，组织还可能存在其他类型的文件，如流程图、组织结构图、厂区平面图、车间平面图、人流物流图、水流气（汽）图等。

1. 作业指导书

作业指导书一般包括作业目的、适用范围、职责、定义、作业程序、支持性

文件、记录等内容。

2. HACCP 计划

HACCP 计划一般包括如下内容：

（1）描述

① 产品描述：一般包括产品名称、产品执行标准、包装方式、净含量、食用方式、产品特性、保存期限、加工方式、保存条件、销售对象等内容。

② 原料描述：一般包括原料名称、执行标准、制定依据、感官要求、理化指标等内容。

③ 配料描述：一般包括配料名称、执行标准、制定依据等内容。

（2）工艺流程图　流程图是危害分析的依据，从原辅料验收、加工直到储存，建立清楚、完整的流程图，覆盖所有的步骤。流程图的精确性对危害分析是关键，因此流程图列出的步骤必须在现场进行验证，以免疏忽某一步骤而疏漏了安全危害。

（3）工艺步骤描述　主要对工艺各步骤进行详细描述。

（4）建立危害分析工作单见表 4-4。

表 4-4　　　　　　　　　　危害分析工作单

公司名称：　　　　　　　　　　　　　产品描述：
地址：　　　　　　　　　　　　　　　销售和贮存方式：
　　　　　　　　　　　　　　　　　　预期用途和消费者：
签名：　　　　　　　　　　　　　　　日期：

加工步骤	确定在本步骤进入的、受控或加强了的潜在危害	潜在的食品危害是显著的吗？（是/否）	判断依据	应用什么预防措施防止这些显著危害？	本步骤是关键控制点吗？（是/否）
	生物性： 化学性： 物理性：				

（5）HACCP 计划表　HACCP 计划表中包括需要制定关键控制点的关键限值、监控程序、纠正措施、记录及验证（见表 4-5）。

表 4-5　　　　　　　　　　HACCP 计划表

公司名称：　　　　　　　　　　　　　产品描述：
地址：　　　　　　　　　　　　　　　销售和贮存方式：
　　　　　　　　　　　　　　　　　　预期用途和消费者：
签名：　　　　　　　　　　　　　　　日期：

关键控制点	显著危害	各预防措施的关键限值	监视				纠正措施	记录	验证
			对象	方法	频率	责任人			

(6) 验证报告　当 HACCP 计划制定完毕，并进行运行后，由 HACCP 小组成员，按照 HACCP 原理七进行验证，并以书面报告的形式附在 HACCP 计划的后面。

验证报告包括：

确认——获取制定 HACCP 计划的科学依据。

CCP 验证活动——监控设备校正记录复查、针对性取样检测、CCP 记录等复查。

HACCP 系统的验证——审核 HACCP 计划是否有效实施及对最终样品的微生物检测。

（五）ISO22000：2005 标准所要求的记录

记录是一种特殊的文件。其特殊性表现在记录的表格是文件，一旦填写内容作为提供所完成活动的证据，从而成为记录，记录是不允许更改的。

记录可提供产品、过程和体系符合要求及体系有效运行的证据，具有追溯、证实和依据记录采取纠正措施和预防措施的作用。在规定的时限和受控条件下，保持适当的记录是组织的一项关键活动。在已考虑产品预期用途和在食品链中期望的保质期的情况下，组织应基于保持的记录做出决策。记录格式可结合企业实际进行设计。

ISO22000：2005 标准中有 23 个条款中提出记录的要求，分别是：5.6.1、5.8.1、6.2.1、6.2.2、7.2.3、7.3.1、7.3.2、7.3.5.1、7.4.2、7.4.3、7.4.4、7.5、7.6.1、7.6.4、7.8、7.9、7.10.1、7.10.2、7.10.4、8.3、8.4.1、8.4.3、8.5.2，其他过程是否需要记录则由组织根据需要确定。除此之外，记录还可为保持和改进食品安全管理体系提供信息。

思 考 题

1. 简述食品安全管理体系文件类型及层次。
2. 食品安全管理体系程序文件有哪几个？
3. 简述食品安全方针的编写要求。

习题（ISO22000 食品安全管理体系内审员测试题）

一、判断题（每题 1 分，共 20 分）

下列各题中，你认为正确的在（ ）中划"√"，错误的划"×"。

1. 食品安全与消费时食品中食源性危害的存在和水平有关。因此只与食品加工和消费阶段有关。　　　　　　　　　　　　　　　　　　　　　　　　　　　　　　　（　　）
2. 食品安全是指食品危害不造成消费者伤害的条件。　　　　　　　　　　　（　　）
3. 饮料厂的罐装区域、奶粉厂的接粉区罐装区域同其他区域的洁净要求相同。（　　）
4. ISO22000 标准不适用于如设备、清洁剂、包装材料以及其他与食品接触材料的供应商。　　　　　　　　　　　　　　　　　　　　　　　　　　　　　　　　（　　）
5. 组织的食品安全方针应得到对其持续适宜性的评审。　　　　　　　　　　（　　）
6. 食品安全管理体系的文件必须由手册、程序和记录组成。　　　　　　　　（　　）
7. 验证是指通过提供客观证据对特定的预期用途或应用要求已得到满足的认定。（　　）

8. 在超出关键限值的条件下，生产的产品是潜在不安全产品。（　）
9. HACCP 计划应得到食品安全小组的批准，前提方案可不得到食品安全小组的批准。
（　）
10. 对内包装材料如聚乙烯膜应索要符合相应卫生标准的证据。（　）
11. 组织的食品安全方针应符合与顾客商定的食品安全要求和法律法规要求。（　）
12. 组织要有相关的记录来证实食品安全小组具备食品安全管理体系范围内的产品、过程、设备有关的食品危害的知识和经验。（　）
13. 过程流程图必须标出废弃物的排放点。（　）
14. 对危害进行评价时，应考虑安全危害造成不良健康后果的严重性及发生的可能性。
（　）
15. 从事生制品加工的工人的工作服和从事熟制品加工的工人的工作服可在一起清洗。
（　）
16. 食品企业地面大面积积水只要加强清扫即可。（　）
17. 操作性前提方案不应包括对污水排水系统的管理。（　）
18. 熟肉制品包装区是洁净区。（　）
19. 生产企业对使用的食品原料、辅料的卫生指标如重金属等必须本企业进行检验控制。
（　）
20. 召回的原因、范围和结果应向最高管理者报告。（　）

二、选择题（每题中只有一个正确答案）（每题1分，共20分）

1. ISO22000 标准不适用于（　）组织。
   A 添加剂　　　　　　　　　　B 运输和仓储经营者
   C 零售分包商　　　　　　　　D 卫生主管部门
2. 消毒方法不包括（　）。
   A 加热　　　　　　　　　　　B 化学药剂
   C 辐照　　　　　　　　　　　D 水清洗　　　　　E 熏蒸
3. 操作性前提方案是指为控制食品安全危害（　），所制定的前提方案。
   A 引入的可能性　　　　　　　B 在产品中污染或扩散的可能性
   C 或加工环境中污染或扩散的可能性　D 以上都是
4. 食品安全管理体系的范围包括：（　）。
   A 产品或产品类别
   B 产品和加工
   C 产品、加工和场地
   D 体系中涉及的产品或产品类别、加工和生产场地
5. 可能影响组织有关食品安全的潜在紧急情况和事故应由（　）考虑，并证实如何进行管理。
   A 最高管理者　　　　　　　　B HACCP 小组成员和技术专家
   C HACCP 组长　　　　　　　　D 生产部主管
6. （　）人员不应参加食品加工。
   A 肝炎　　　　　　　　　　　B 细菌性痢疾
   C 受外伤　　　　　　　　　　D 以上都是
7. 危害识别应基于以下方面（　）。

A 预备信息和数据 B 经验
C 流行病学调查和其他历史数据 D 以上全是

8. 在加工过程中消除金属危害时，加工线上的( )可以作为CCP。
A 磁铁 B 筛选机
C 金属探测器 D 以上都是

9. HACCP计划可不包括( )。
A HACCP计划所要控制的危害 B 已确定危害将得到被控制的关键控制点
C 关键限值 D 负责执行每个监视程序的人员的培训内容

10. 审核证据包括( )。
A 与审核准则有关的经证实的事实陈述 B 现场观察结果
C 经证实的记录 D 以上都是

11. 召回方案有效性验证的办法包括( )。
A 模拟召回 B 实际召回
C 验证性实验 D 以上都是

12. 下列( )种因素中不可能产生化学危害。
A 环境中的有机废物 B 兽用药品残留
C 诺沃克病毒 D 生长在谷物上的霉菌

13. 食品添加剂的使用应符合( )的规定。
A GB2760 B GB14880
C GB2715 D GB14881

14. 经检验检疫确定为不适合人类食用或不符合兽医卫生要求的动物、屠体、胴体、内脏或动物的其他部分进行无害化处理的方法包括( )。
A 高温 B 焚烧
C 深埋 D 以上都对

15. 下列哪些参数是常用的关键限值( )。
A 温度和时间 B 细菌数量
C 水活度 D 蛋白质含量

16. $10\sim15m^2$安装一支30W紫外灯，紫外线照射消毒的时间一般不少于( )。
A 2h B 4h
C 30min D 过夜

17. 洗手液的余氯浓度一般应控制在( )左右。
A 100mg/kg B 50mg/kg
C 200mg/kg D 400mg/kg

18. ( )任命有权限启动召回的人员和负责执行召回的人员。
A 最高管理者 B HACCP小组组长
C HACCP小组 D 技术质量部门

19. 加工人员的人流应( )。
A 就近进入 B 从高洁净区向低洁净区
C 从低洁净区向高洁净区 D 成品出口一致

20. 农药、兽药的残留是由( )产生的。
A 加工过程 B 储藏

C 运输　　　　　　　　　　　　D 初级生产

三、简答题（每题8分，共40分）

1. 简述卫生标准操作程序八个方面的内容。
2. 请编制一个对员工进入面包厂包装车间时洗手消毒方面的规定？
3. 简述建立 HACCP 体系的 12 个步骤。
4. 简述食品加工企业生产人员的健康控制要求？
5. 试列出五类影响食品安全的化学危害并说明可能的控制措施？

四、案例分析题（三选二，每题10分，共20分）

1. 审核员在对某肉制品的加工车间审核时发现，在该车间人员通道处摆放了5个货架，上面摆放着出炉不久待冷却的香肠，通道处人来人往，香肠上方不时有苍蝇飞舞。车间主任对此回答是生产旺季，冷却间不够用，临时利用通道，至于苍蝇，他认为加工车间处于消毒过的环境，苍蝇并不带菌。

2. 审核员对某企业审核监视和测量时，发现某些食品安全特性是通过感官进行检查的，审核员询问了检查员有无发现问题后就结束了审核，这位审核员的做法是否全面，你遇到这种情况应如何做？并叙述理由。

3. 审核供应部时发现，2003 年 11 月 3 日购进的白糖随批检验报告全部为英语，原料白糖进货验收人员说自己中学毕业不认识英语，但这批原料是进口的，肯定合格，审核员查阅该公司 HACCP 计划书，规定白糖进货验收是 CCP 点，由进货验收人员核对每批产品的随批检验报告中重金属是否合格。

实 训 项 目

实训一　ISO22000 食品安全管理手册的编写

实训目的：

1. 通过对 ISO22000 食品安全管理手册的编写，让学生掌握食品安全管理手册的内容和编写方法。
2. 通过实训，能让学生在实际生产中学会运用食品安全管理手册。

实训原理： 食品安全管理手册是食品企业开展食品安全管理活动的基础，是食品企业应长期遵循的文件。组织的管理手册是根据 ISO22000：2005 标准及有关法律法规和其他要求编制的。在食品企业中实施 ISO22000：2005 标准对改善我国食品卫生状况、提高食品安全性和保障食品安全，具有广泛而深远的意义。

实训步骤：

1. 根据班级学生数量进行分组。
2. 根据本章讲述的食品安全管理手册的知识，通过网络查找资料，每组按照自己的兴趣选择一种食品，以生产该种食品的企业为例编制一份食品安全管理手册。
3. 每组选出一名代表向全班体系汇报本组编写的食品安全手册，其他组同学可以提问质疑。
4. 教师点评各组食品安全手册的编写质量。

实训效果考核：

组别	标题和要素描述的合理性（20分）	交流时的逻辑性（20分）	回答质疑的准确性（10分）	食品安全管理手册编写（50分）

实训二　文件控制程序的编写

实训目的： 通过本实训使学生能够切实理解文件控制程序在保证食品安全中的重要性，学会根据具体的情况编制具有可操作性的文件控制程序。

实训原理： 文件程序是食品企业食品安全管理体系有效运行的基础，其是否具有可操作性至关重要。

实训步骤：

1. 根据班级学生数量进行分组。

2. 根据本章讲述的文件控制程序，通过网络查找资料，每组按照自己的兴趣选择一种食品，以生产该种食品的企业为例编制一份文件控制程序。

3. 每组选出一名代表向全班体系汇报本组编写的文件控制程序，其他组同学可以提问质疑。

4. 教师点评各组文件控制程序的编写质量。

实训效果考核：

学生姓名	涵盖内容的全面性（30分）	文件控制程序的可操作性（30分）	与相应标准法规的吻合度（20分）	回答质疑的准确性（20分）

实训三　危害分析工作单的填写

实训目的： 科学、准确地填写危害分析工作单，反映危害分析的过程和结果的完善程度，是制定HACCP计划及实施后续原理的重要依据。通过本次实训使学生了解危害分析单的填写技巧、可能遇到的问题及处理的方法。

实训原理： 美国FDA推荐的危害分析工作单是一份较为适用的危害分析记录表格，通过填写这份工作单能顺利进行危害分析，对显著危害提供预防措施，确定CCP。

实训步骤：

1. 复习显著危害的定义及判断的依据、危害分析的注意事项、建立预防措施的方法及危害分析表的填写技巧。

2. 选择学生熟悉的某一食品的生产工艺流程图，口头描述生产工艺，包括使用设备、管理项目及基准值、有关加工工艺要求等。

3. 填写危害分析工作单。

危害分析工作单

企业名称：　　　　　　　　　　　　　　产品名称：

企业地址：　　　　　　　　　　　　　　贮藏和销售方法：

计划用途和消费者：

加工工序	可能存在的潜在危害	潜在危害是否显著	危害显著的理由	控制危害的措施	是否为CCP

企业负责人签名：　　　　　　　　　　　　　　日期：

4. 对填写结果进行交流、点评。

实训效果考核：

学生姓名	理论知识的熟练程度（10分）	危害分析的全面性（20分）	显著危害判断的准确性（20分）	危害控制措施的有效性（20分）	CCP判断的准确性（30分）

实训四　HACCP计划表的填写

实训目的：使学生将HACCP相关原理：确定关键限值、确定监控措施、纠偏措施、确定应保存的记录和验证程序五项原理由理论转化为实践，并切实把握这五项原理的内涵，科学、准确地填写具有可操作性的HACCP计划表。

实训原理：HACCP计划表的填写是在危害分析和确定关键控制点的基础上，进一步确定关键限值、确定监控措施、纠偏措施、确定应保存的记录和验证程序等HACCP原理的集中体现形式。HACCP计划表是指导HACCP计划的切实实施的直接依据。

实训步骤：

1. 复习HACCP相关原理：确定关键限值、确定监控措施、纠偏措施、确定应保存的记录和验证程序，并在此基础上，针对"实训三"的危害分析工作单的结果利用CCP树，判断出CCP点。将判断出来的CCP的控制方法填入HACCP计划表。

2. 对填写结果进行交流、点评。

HACCP计划表

企业名称：　　　　　　　　　　　　　　产品名称：

企业地址：　　　　　　　　　　　　　　贮藏和销售方法：

计划用途和消费者：

关键控制点（CCP）	显著危害	预防措施所用限值	监控				纠偏措施	记录	验证
			什么	方法	频率	是谁			

实训效果考核：

学生姓名	理论知识的 熟练程度（20分）	关键限值选择的 准确性（20分）	监控的科学性和 有效性（20分）	纠偏措施的 可操作性（20分）	交流质疑的 逻辑性（20分）

第五章　ISO9001 质量管理体系在食品企业的建立

知识目标：
1. 了解质量管理体系认证对食品企业的作用。
2. 理解八项原则的深刻内涵和主导思想。
3. 掌握食品企业建立质量管理体系的方法、步骤。
4. 理解 ISO9001：2000 标准条款。

技能目标：
1. 学生能够运用八项原则针对企业质量管理体系提出自己的改进意见。
2. 学生能够建立与审核质量管理体系，适合食品企业岗位技能需求。

第一节　ISO9001 质量管理体系认证对食品企业的作用

一、ISO9000 族质量管理体系标准的产生、修订和发展

（一）ISO9000 族标准的产生

国际标准化组织（ISO）于 1979 年成立了质量保证技术委员会（TC176），1987 年更名为质量管理和质量保证技术委员会，负责制定质量管理和质量保证标准。ISO/TC 176 于 1987 年 3 月正式颁布了 ISO9000 系列标准：

ISO8402—1988《质量　术语》

ISO9000—1987《质量管理和质量保证标准　选择和使用指南》

ISO9001—1987《质量体系　设计开发、生产、安装和服务的质量保证模式》

ISO9002—1987《质量体系　生产和安装的质量保证模式》

ISO9003—1987《质量体系　最终检验和试验的质量保证模式》

ISO9004—1987《质量管理和质量体系要素　指南》6 项标准，通称为 1987 版 ISO9000 系列标准。

（二）ISO9000 族标准的修订和发展

1994 年，ISO/TC176 在完成了对标准的第一次修订，并由 ISO 发布了 ISO8402，ISO9000—1、ISO9001、ISO9002、ISO9003 和 ISO9004 等 6 项国际标准，分别取代 1987 版的 6 项标准，通称 1994 版 ISO9000 族标准。

2000 年，ISO/TC176 完成了对标准的第二次修订。2000 年 12 月 15 日由 ISO 正式发布了 ISO9000：2000《质量管理体系　基础和术语》、ISO9001：2000《质量管理体系　要求》、ISO9004：2000《质量管理体系　业绩改进指南》，分别取代 1994 版 ISO8402 和 ISO9000—1，1994 版 ISO9001、ISO9002、ISO9003，以及

ISO9004—1，通称为 2000 版 ISO9000 族标准。新版标准使质量管理体系更加适合组织的需要，可以更适应组织开展其商业活动的需要。

二、2000 年版本的 ISO9000 族标准结构

2000 版的 ISO9000 族标准的组成部分如表 5-1 所示。

表 5-1　　　　　　　　　　2000 版的 ISO9000 族标准

核 心 标 准	其 他 标 准
➢ ISO9000 基本原理和术语 ➢ ISO9001 质量管理体系要求 ➢ ISO9004 质量管理体系业绩改进指南 ➢ ISO19011 质量和环境审核指南	➢ ISO10012 测量设备质量保证要求
技术报告（TR）	小册子
➢ ISO/TR10006 项目管理指南 ➢ ISO/TR10007 技术状态管理指南 ➢ ISO/TR10013 质量管理体系文件指南 ➢ ISO/TR10014 质量经济性指南 ➢ ISO/TR10015 教育和培训指南 ➢ ISO/TR10017 统计技术在 ISO9001 中的应用	➢ 质量管理原理、选择和使用指南 ➢ ISO9001 在小型企业的应用

三、2000 版 ISO9000 族的核心标准介绍

（一）ISO9000：2000《质量管理体系　基础和术语》

ISO9000：2000《质量管理体系　基础和术语》是整个 ISO9000 族标准的基石，标准提出了八项质量管理原则和建立和运行质量管理体系应遵循的 12 个方面的质量管理体系基础；确定了 80 个相关的术语。标准第一次提出了以过程为基础的质量管理体系模式，鼓励采用过程方法管理组织。

（二）ISO9001：2000《质量管理体系　要求》

本标准规定了质量管理体系的要求，供组织需要证实其具有稳定地提供满足顾客要求和适用法律法规要求的产品的能力时使用，组织可通过体系的有效应用，包括持续改进体系的过程及保证符合顾客与适用的法规要求，增强顾客满意。

本标准提出的要求是通用的，旨在适用于各种类型，不同规模和提供不同产品的组织，当由于组织及其产品的特点对标准中的某些条款不适用时，可以对标准中的第 7 章"产品实现"中那些不影响组织提供满足顾客和适用法律法规要求的产品的能力或责任的要求进行删减，否则不能宣布符合此标准。

（三）ISO9004：2000《质量管理体系　业绩改进指南》

本标准提供了超出 ISO9001：2000 要求的指南和建议，以便组织考虑提高质量管理体系的有效性和效率，进而考虑开发组织业绩的潜能。与 ISO9001：2000 相

比，该标准将顾客满意和产品质量的目标扩展为包括相关方满意和组织的业绩。对于组织的最高管理者希望通过追求业绩持续改进而超越ISO9001：2000要求的那些组织，ISO9004：2000推荐了指南。

本标准不用于认证、法规或合同的目的，也不是ISO9001：2000的实施指南。

（四）ISO19011：2000《质量和（或）环境管理体系审核指南》

本标准是ISO/TC 176与ISO/TC 207（环境管理技术委员会）联合制定的，遵循"不同管理体系，可以共同管理和审核"的原则。为质量和环境管理体系审核的基本原则、审核方案的管理、环境和质量管理体系审核的实施以及对环境和质量管理体系审核员的资格要求提供了指南，也对审核员的能力和评价提供了指南，它适用于所有运行质量和（或）环境管理体系的组织，指导其内审和外审的管理工作。

四、ISO9001标准和ISO9004标准的关系

2000版标准将ISO9001和ISO9004设计成协调一致的标准，结构相似，范围不同，既可以相互补充也可以单独使用。采用相似的结构有助于这两个标准作为协调一致的一对标准的应用。表5-2介绍了ISO9001和ISO9004标准的区别。

表5-2　　　　　　　　ISO9001和ISO9004标准的区别

序号	项目	ISO9001	ISO9004
1	目标	顾客满意和产品质量目标	扩展为相关方满意和组织业绩
2	内容	管理体系要求	改进组织的总体业绩与效率
3	用途	用于认证或合同的依据	用于追求业绩的持续改进
4	效果	质量管理体系的有效性	质量管理体系的有效性和高效

五、实施ISO9001认证对食品企业的作用

食品企业实施ISO9001：2000标准有以下几方面的作用和意义：

1. 强化质量管理，提高企业效益

企业取得ISO9001认证，可极大地提高工作效率和产品合格率，降低成本，迅速提高企业的经济效益和社会效益。

2. 提高供方的质量信誉，增强客户信心，扩大市场份额

企业取得ISO9001认证，对于企业外部来说，当顾客得知供方拿到了ISO9001质量体系认证证书，并且有认证机构的严格审核和定期监督，就可以确信该企业是能够稳定地提供优质产品和服务的信得过的企业，从而放心地采购供方的产品或与企业订立供销合同，增强顾客满意，扩大了企业的市场占有率。

3. 促进国际贸易，消除技术壁垒，增强产品品质竞争力

国际贸易中，许多国家为了保护自身的利益，设置了技术壁垒，主要是产品品质认证和ISO9000质量体系认证的壁垒。因此，取得ISO9001认证，对消除技术壁垒、排除贸易障碍起到了十分积极的作用。

4. 有利于国际间的经济合作和技术交流

按照国际间经济合作和技术交流的惯例，合作双方必须在产品（包括服务）品质方面有共同的语言、统一的认识和共守的规范，方能进行合作与交流。贯彻 ISO9000 系列标准为国际经济技术合作提供了国际通用的共同语言和准则，促进了国际间企业的合作于交流。

第二节　ISO9001 质量管理基础和 8 项原则

一、8 项质量管理原则的产生及其作用

ISO/TC176 于 1995 年在策划 2000 版 ISO9000 族标准时，成立了一个专门的工作小组（WG15），WG15 用了大约两年的时间，整理并编撰了 8 项质量管理原则。1999 年，ISO/TC176 将 8 项质量管理原则系统的应用于 2000 版 ISO9000 系列标准中，成为制定 2000 版标准的指导思想和理论基础。

8 项质量管理原则是组织在实施质量管理中必须遵循的原则，也为从事质量认证工作的审核员、咨询师和质量工作者学习、理解、掌握 ISO9000 系列标准提供了帮助。

二、8 项质量管理原则的内涵和理解

（一）以顾客为关注焦点

组织依存于顾客。因此，组织应当理解顾客当前和未来的需求，满足顾客要求并争取超越顾客期望。

顾客是指接受产品的组织或个人，可以是一个组织，也可以是指组织内部的一部分。例如消费者、委托人、零售商、最终使用者等。顾客是组织存在的基础，要满足顾客需求，首先就要了解顾客的需求，这里所说的需求，包含顾客明示的和隐含的需求，明示的需求就是顾客明确提出来的对产品或服务的要求，隐含的需求或者说是顾客的期望，是指顾客没有明示但是必须要遵守的，比如说法律法规的要求，还有产品相关的标准要求。组织将这些要求和期望转化为组织的质量要求，采取措施使其实现，达到顾客满意。

由于顾客的需求是不断变化的，反映在产品质量特性也是随之变化的，组织不仅要考虑顾客的当前需求，还要了解顾客未来需求，并争取超越顾客的期望，增强顾客满意。

（二）领导作用

领导者确立组织统一的宗旨和方向。他们应当创造并保持使员工能充分参与实现组织目标的内部环境。

领导的作用，即最高管理者应该具有决策和领导一个组织的关键作用。最高管理者应该确立组织的统一的宗旨和方向，就是所谓的质量方针和质量目标，为

了全体员工实现组织的目标，创造良好的工作环境，并能够号召全体员工为组织的统一宗旨和方向努力。

（三）全员参与

各级人员都是组织之本，只有他们的充分参与，才能够使他们的才干为组织带来收益。

各级人员是组织的根本，必须给与全体员工充分参与的机会，在组织内部营造全员参与的良好氛围，充分发挥各级人员的才智，为组织带来最大的利益。

（四）过程方法

将活动和相关的资源作为过程进行管理，可以更高效地得到期望的结果。

"过程"在标准中的定义是，一组将输入转化为输出的相互关联或相互作用的活动。任何使用资源将输入转化为输出的活动即视为是过程。一个过程的输出通常是下一个过程的输入，组织为了有效地运作，必须识别并管理许多相互关联的过程。系统地识别并管理组织所应用的过程，特别是这些过程之间的相互作用，称之为"过程方法"。

2000版ISO9000族标准建立了一个过程模式。此模式把管理职责，资源管理，产品实现，测量、分析和改进作为体系的4大主要过程，描述其相互关系、并以顾客要求为输入，提供给顾客的产品为输出，通过信息反馈来测定的顾客满意度，评价质量管理体系的业绩。

（五）管理的系统方法

将相互关联的过程作为系统加以识别、理解和管理，有助于组织提高实现目标的有效性和效率。

系统方法的特点在于它围绕某一设定的方针和目标，确定实现这一方针和目标的关键活动，识别由这些活动构成的过程，分析这些过程间相互影响的关系，按某种方式或规律将这些过程有机的组合成一个系统，管理这些过程构成的系统，使之能协调地运行。

管理的系统方法的实施可在三方面受益：一是提供对过程能力及产品可靠性的信任；二是为持续改进打好基础；三是使顾客满意，最终使组织获得成功。

过程方法与管理的系统方法的区别如表5-3所示。

表5-3　　　　　　　　过程方法于管理的系统方法

	过程方法	管理的系统方法
研究对象	单个过程及该过程和其相关过程的关系	若干过程及过程网络组成的体系
管理对象	一组活动	一组过程
目的	高效率地达到过程的目标	有效地实现组织的目标

（六）持续改进

持续改进总体业绩应当是组织的一个永恒目标。

在质量管理体系中，改进指产品质量、过程及体系有效性和效率的提高，持续改进包括：了解现状；建立目标；寻找、评价和实施解决办法；测量、验证和分析结果，把更改纳入文件等活动。在过程的实施过程中不断地发现问题，解决问题，形成一个 PDCA 循环，并使这个环不断的运行，使得组织能够持续改进。

持续改进是一种管理的理念。持续改进的关键是改进的持续和循环，改进是无止境的，持续改进是组织的一个永恒的目标。

（七）基于事实的决策方法

有效决策是建立在数据和信息分析的基础上。

管理的关键是决策，决策建立在数据分析基础上，才能减少风险。

（八）与供方互利的关系

组织与供方是相互依存的，互利的关系可增强双方创造价值的能力。

通过互利的关系，增强组织及其供方创造价值的能力。供方提供的产品将对组织向顾客提供满意的产品产生重要影响，因此对供方不能只讲控制不讲合作互利。只有把供方、协作方、合作方都看做是组织经营战略同盟中的合作伙伴，才是企业的发展之道。

三、质量管理体系 12 项基础

质量管理体系基础包括 12 条内容，这些内容对于实际应用 ISO9001 标准建立和保持质量管理体系，实际应用 ISO9004 标准提高组织质量管理业绩都是必备的基础。

（一）质量管理体系理论说明

质量管理体系能够帮助组织增强顾客满意。本条文是质量管理体系基础的总纲。

（二）质量管理体系要求与产品要求

质量管理体系要求是通用的，适用于所有行业或经济领域，不论其提供何种类别的产品。ISO9001 本身并不规定产品的要求。

产品要求可由顾客规定，或由组织通过预测顾客的要求规定，或由法规规定。在某些情况下，产品要求和有关过程的要求可包含在诸如技术规范、产品标准、过程标准、合同协议和法规要求中。

（三）质量管理体系方法

建立和实施质量管理体系的方法包括以下几个步骤：

(1) 确定顾客和其他相关方的需求和期望。

(2) 建立组织的质量方针和目标。

(3) 确定实现质量目标必须的过程、职责、资源。

(4) 对每个过程实现质量目标的有效性确定测量方法。

(5) 应用测量方法，以确定每个过程的现行有效性。

(6) 确定防止不合格并消除产生原因的措施。

(7) 寻找提高过程有效性和效率的机会。

(8) 确定并优先考虑那些提供最佳结果的改进。

(9) 为实施以确定的改进，对战略、过程和资源进行策划。

（10）实施改进计划。
（11）监控改进效果。
（12）对照预期效果，评价实际结果。
（13）评审改进活动，确定适宜的跟踪措施。

采用上述方法的组织能在其过程能力和产品可靠性方面建立信任，并为持续改进提供基础，从而增加顾客满意，使组织及其顾客均获成功。

（四）过程方法

为了使组织有效运行，必须识别并管理许多相互关联的过程。系统地识别并管理组织所应用的过程，特别是这些过程之间的相互作用，称之为"过程方法"。

ISO9001 标准鼓励采用过程方法管理组织。

（五）建立质量方针和质量目标的意义

建立质量方针和质量目标为组织提供了关注的焦点。

（六）最高管理者在质量管理体系中的作用

最高管理者通过其领导作用和采取的措施可以创造一个员工充分参与的环境，保证质量管理体系有效运行。

（七）文件

文件的价值：沟通意图、统一行动。文件是一项增值的活动。

（八）质量管理体系评价

1. 总则

质量管理体系评价主要是通过对构成体系的过程进行评价来完成。对每个过程进行评价时，应提出以下四个基本问题：

（1）过程是否予以识别和适当表述？
（2）职责是否予以分配？
（3）程序是否被实施和保持？
（4）在提供所要求的结果方面，过程是否有效？

2. 质量管理体系审核

审核用于评价质量管理体系要求的符合性和满足质量要求和目标方面的有效性。审核的结果可用于识别改进机会。

第一方审核用于内部目的，由组织自己或以组织的名义进行，可作为组织自我和各声明的基础。

第二方审核由组织的顾客或其他人以顾客名义进行。

第三方审核由外部独立的审核服务组织进行。这类组织通常是经认可的，提供符合要求的认证或注册。

3. 质量管理体系评审

最高管理者一项任务是对质量管理体系关于质量方针和目标的适宜性、充分性、有效性和效率进行定期的、系统的评价。

4. 自我评定

自我评定是组织参照质量管理体系或优秀模式对组织的活动和结果进行的全面、系统和定期的评审。

（九）持续改进

持续改进质量管理体系的目的在于提高组织质量管理体系的有效性和效率，实现质量方针和目标，增加顾客和其他相关方满意的程度。

（十）统计技术的作用

使用统计技术可帮助组织找出某种趋势和规律，发现产品或过程的变化，从而有助于组织解决问题并提高效率，这些技术也有助于更好地利用所获得的数据进行决策。ISO/TR10017给出了统计技术应用的细节。

（十一）质量管理体系和其他管理体系所关注的目标

一个组织的管理体系包括若干个不同的管理体系，如质量管理体系、环境管理体系、职业健康安全管理体系、财务管理体系等，每一个管理体系都有各自的目标。质量管理体系致力于使与质量目标有关的输出（结果）适当地满足相关方的需求、期望和要求。

（十二）质量管理体系与优秀模式之间的关系

组织优秀模式是指国际上一些发达国家的著名管理模式，例如美国的马尔科姆·鲍德里奇国家质量奖、欧洲质量奖和日本戴明奖等国家和区域的质量奖的评定模式。组织优秀模式目的在于促进组织追求更高的管理水平和卓越的业绩。

质量管理体系方法和优秀模式的相同点是遵循相同的质量管理原则。这两种方式均具有以下特点：

（1）使组织能够识别它的强项和弱项。

（2）包含对照通用模式评价的规定。

（3）为持续改进提供基础。

（4）包含外部承认的规定。

ISO9000族质量管理体系与优秀管理模式之间的不同在于其应用范围不同。ISO9000族标准对质量管理体系提出了要求，并为业绩改进提供了指南，对质量管理体系的评价可确定这些要求是否得到了满足。优秀模式包含能够对组织业绩进行定量评价的准则，并能适用于组织的全部活动所有相关方，优秀模式是一种竞争性的模式，评定准则允许使用水平对比法，可评价具有最佳业绩的组织，享有国家范围内最高的质量荣誉。

第三节 ISO9001：2000标准条款的理解

一、概　述

GB/T19001—2000《质量管理体系要求》等同采用ISO9001：2000标准。标准由引言、正文和附录三部分组成。

（一）引言

引言部分包括了："0.1 总则"、"0.2 过程方法"、"0.3 与 ISO9004 的关系"和"0.4 与其他管理体系的相容性"等四个条款。引言部分需要特别关注的是以下几个方面：

1. 质量管理体系

GB/T19001—2000 标准规定的质量管理体系要求是通用的，组织应根据各自的需求和特点设计和实施质量管理体系。

2. 用途

GB/T19001—2000 标准可用于对组织满足顾客、法律法规和组织自身要求能力的内部和外部评价，可作为第一方审核、第二方审核和第三方审核的依据。

3. 过程方法

GB/T19001—2000 标准鼓励组织采用过程方法，建立、实施质量管理体系，并改进其有效性，通过满足顾客要求，增强顾客满意。

过程方法的优点是对诸过程组成的系统中单个过程之间的联系及过程的组合和相互作用进行连续的控制。标准中的过程模式如图 5-1 所示。

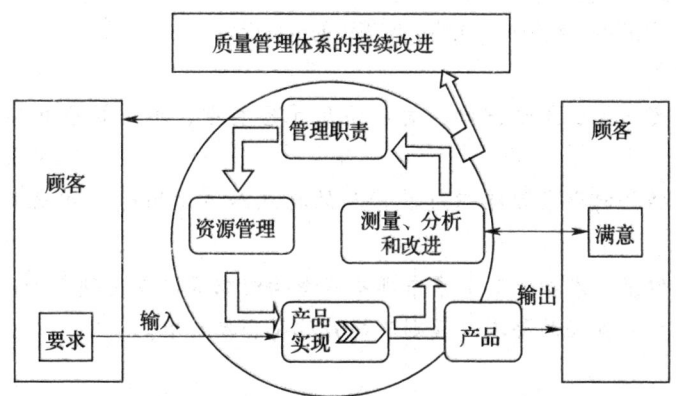

图 5-1 以过程为基础的质量管理体系模式

"以过程为基础的质量管理体系模式"是对 GB/T19001—2000 标准中第 4 至 8 章所提出的过程模式的概念性图解。反映了在规定输入要求时顾客起到了重要作用，对顾客满意的监视，要求对顾客有关组织是否以满足其要求的感受的信息进行评价。这种模式虽没有详细地反映各过程，但却覆盖了本标准的所有要求。

（二）正文

分为 8 章：1. 范围；2. 引用标准（略）；3. 术语和定义（略）；4. 质量管理体系；5. 管理职责；6. 资源管理；7. 产品实现；8. 测量、分析和改进。

附录

附录 A：列出了 GB/T19001—2000 与 GB/T24001—1996 之间的对照；

附录 B：列出了 GB/T19001—2000 与 GB/T19001—1994 之间的对照。

二、标准条文的理解

1 范围

1.1 总则

本标准为有下列需求的组织规定了质量管理体系要求:

a) 需要证实其有能力稳定地提供满足顾客和适用的法律法规要求的产品;

b) 通过体系的有效应用,包括体系持续改进的过程以及保证符合顾客与适用的法律法规要求,旨在增强顾客满意。

注:在本标准中,术语"产品"仅适用于预期提供给顾客或顾客所要求的产品。

理解要点

1. 阐明了 GB/T19001—2000 标准(以下简称标准)的适用"范围",而不是组织质量管理体系的适用范围。标准为有下列需求的组织提出了质量管理体系应满足的基本要求。

(1) 需要证实其有能力稳定地提供满足顾客和适用的法律法规要求的产品。

(2) 通过体系的有效应用,包括体系持续改进的过程以及保证符合顾客与适用的法律法规要求,旨在增强顾客满意。

2. 是否应用该标准由组织自己决定,使组织的自身行为。

1.2 应用

本标准规定的要求是通用的,旨在适用于各类型、不同规模和提供不同产品的组织。

当本标准的任何要求因组织及其产品的特点而不适用时,可以考虑对其进行删减。

除非删减仅限于本标准第 7 章中那些不影响组织提供满足顾客和适用法律法规要求的产品能力或责任的要求,否则不能声称符合本标准。

理解要点

(1) 标准规定的要求是通用的。

(2) 当某一组织因其产品的特点等因素而不适用其中某些要求时,可以考虑对这些不适用的要求进行删减,仅限于第 7 条"产品实现"的要求。

(3) 允许删减的依据:组织所提供产品的特点;顾客要求;适用于法律法规要求。

(4) 企业删减案例:

① 来料加工企业,可以删减"7.3 设计和开发"条款。

② 没有设计职能的独立的制造企业,可以删减"7.3 设计和开发"条款。

③ 不涉及顾客财产的组织,可以删减"7.5.4 顾客财产"条款。

④ 不使用测量和监控装置的组织,可以删减"7.6 测量和监控装置的控制"条款。

⑤ 对提供例行服务的服务性组织,如旅店、餐馆、商店、贸易公司、报关行、物业管理公司等,可以删减"7.3 设计和开发"条款。

⑥ 具有设计职能的组织,不能删减"7.3 设计和开发"条款,不管其是否获 1994 版 ISO9002 认证。

⑦ 具有设计职能的组织,因获 1994 版 ISO9002 认证而取得出口产品质量许可证(法规规定

可以），但仍不能删减"7.3 设计和开发"条款，否则不能给予2000版ISO9001认证。

4 质量管理体系

4.1 总要求

组织应按本标准的要求建立质量管理体系，形成文件，加以实施和保持，并持续改进其有效性。

组织应：

a) 识别质量管理体系所需的过程及其在组织中的应用（见1.2）；

b) 确定这些过程的顺序和相互作用；

c) 确定为确保这些过程的有效运作和控制所需的准则和方法；

d) 确保可以获得必要的资源和信息，以支持这些过程的运作和对这些过程的监视；

e) 监视、测量和分析这些过程；

f) 实施必要的措施，以实现对这些过程策划的结果和对这些过程的持续改进。

组织应按本标准要求管理这些过程。

针对组织所选择的任何影响产品符合要求的外包过程，组织应确保对其实施控制。对此类外包过程的控制应在质量管理体系中加以识别。

注：上述质量管理体系所需的过程应当包括管理活动、资源提供、产品实现和测量有关的过程。

理解要点：

本条款给出了建立（形成文件）、实施、保持和持续改进质量管理体系的总体思路。要求组织系统识别组织运作所需要的过程，并对这些过程加以管理。

标准中a) ~f) 条款是"过程方法"、"管理的系统方法"及"PDCA循环"的具体体现。通常，组织的质量管理体系所需的过程应该包括与管理活动、资源提供、产品实现和测量有关的过程。

4.2 文件要求

4.2.1 总则

质量管理体系文件应包括：

a) 形成文件的质量方针和质量目标；

b) 质量手册；

c) 本标准所需要的形成文件的程序；

d) 组织为确保其过程有效策划、运作和控制所要求的文件；

e) 本标准所要求的记录（见4.2.4）。

注1：本标准出现"形成文件的程序"之处，即要求建立该程序，形成文件，并加以实施和保持。

注2：不同组织质量管理体系文件的多少与详略程度取决于：

  a) 组织的规模和活动的类型；

  b) 过程及其相互作用的复杂程度；

  c) 人员的能力。

注3：文件可采用任何形式或类型的媒体。

理解要点

(1) 本条款阐述了组织制定的质量管理体系文件的范围，通常，一个组织的质量体系文件应包括：

形成文件的质量方针和质量目标，表述质量方针和目标的文件可以体现在质量手册或其他文件中，可以单独作为一个文件。

质量手册：向组织的内部和外部提供关于组织质量管理体系整体信息的文件。

质量计划：表述质量管理体系如何应用于某一具体产品、项目或合同的文件。

程序：提供如何完成活动的一致信息的文件（包括程序文件、作业指导书、操作规范等）。

记录：对所完成的活动或达到的结果提供客观证据的文件。

(2) 本标准对于质量体系的管理方面规定了6个基本程序文件（文件控制、记录控制、内部审核、不合格控制、纠正措施、预防措施）。

需要特别强调的是，对于所有的过程不一定形成文件，但必须有程序。组织应注意所建立的质量管理体系文件必须覆盖标准的全部要求，标准内容不得有遗漏，确保所用的过程处于受控状态。

(3) 质量体系文件可以存在于任何媒体，如纸张、计算机磁盘、光盘或其他电子媒体、照片或样件，也可以是它们的组合。

4.2.2 质量手册

组织应编制和保持质量手册，质量手册包括：

a) 质量管理体系的范围，包括任何删减的细节与合理性（见1.2）；

b) 为质量管理体系编制的形成文件的程序或对其引用；

c) 质量管理体系过程之间的相互作用的表述。

理解要点

(1) 质量手册是规定组织的质量管理体系的文件，描述了一组相互关联或相互作用的过程，旨在实现质量方针和质量目标，其详略程度和编排格式可以根据组织的规模和产品的复杂程度而有所不同。

(2) 质量手册的内容包括：质量管理体系的范围；组织编制的程序文件或对其的引用；过程顺序和相互关系的描述。

(3) 质量手册本身也是一种文件，应按文件控制的要求控制。

4.2.3 文件控制

质量管理体系所要求的文件应予以控制。记录是一种特殊类型的文件，应依据4.2.4的要求进行控制。

应编制形成文件的程序，以规定以下方面所需的控制：

a) 文件发布前得到批准，以确保文件是充分与适宜的；

b) 必要时对文件进行评审与更新，并再次批准；

c) 确保文件的更改和现行修订状态得到识别；

d) 确保在使用处可获得适用文件的有关版本；

e) 确保文件保持清晰、易于识别；

f) 确保外来文件得到识别，并控制其分发；

g）防止作废文件的非预期使用，若因任何原因而保留作废文件时，对这些文件进行适当的标识。

理解要点

文件是指信息及其承载媒体。文件控制是指对文件的编制、评审、批准、发放、使用、更改、再次批准、标识、回收和作废等全过程活动的管理。目的是确保在文件的使用现场得到有关文件的适用版本、防止使用作废文件。组织应编制程序文件以规定上述内容。

4.2.4 记录控制

应建立并保持记录，以提供符合要求和质量管理体系有效运行的证据。记录应保持清晰、易于识别和检索。应编制形成文件的程序，以规定记录的标识、贮存、保护、检索、保存期限和处置所需的控制。

理解要点

（1）质量记录指阐明所取得的结果或提供所完成活动的证据的文件。其作用是提供验证的证据，对其进行分析可作为采取纠正措施和预防措施的依据。

（2）组织应对质量记录的标识、储存、检索、防护、保存期限和处理进行控制，并制定相应的程序文件。

（3）本标准所要求的记录包括管理评审记录、培训记录、产品要求的评审记录、设计和开发的评审记录、设计和开发的验证记录、设计和开发的验证记录、设计和开发的更改记录、供方评价记录、产品标识、测量和监控装置的校准结果记录、产品的测量和监控记录。

5 管理职责

5.1 管理承诺

最高管理者应通过以下活动，对其建立、实施质量管理体系并持续改进和有效性承诺提供证据：

a）向组织传达满足顾客要求及法律法规要求的重要性；
b）制定质量方针；
c）确保质量目标的制定；
d）进行管理评审；
e）确保资源的获得。

理解要点

（1）最高管理者向组织传达满足顾客要求的重要性。在组织内部营造一种质量文化：
① 顾客至上。
② 要求员工将自己的下一站看成顾客。
（2）最高管理者向组织传达满足法律、法规要求的重要性。
（3）最高管理者要制定质量方针，并确保在此基础上建立质量目标并分解到组织的相关部门和层次上。
（4）组织的最高管理者应亲自主持管理评审工作以评价质量管理体系的适宜性、充分性、有效性。
（5）最高管理者应能确保建立、实施质量管理体系并持续改进其有效性的资源的获得。

5.2 以顾客为关注焦点

最高管理者应以实现顾客满意为目的，确保顾客的要求得到确定并予以满足

(见7.2.1和8.2.1)

理解要点

(1) 最高管理者应将满足顾客要求并不断增强顾客满意作为组织的追求。

(2) 通过各种渠道确定和满足顾客的需求和期望。

5.3 质量方针

最高管理者应确保质量方针：

a) 与组织的宗旨相适应；

b) 包括对满足要求和持续改进质量管理体系有效性的承诺；

c) 提供制定和评审质量目标的框架；

d) 在组织内得到沟通和理解；

e) 在持续适宜性方面得到评审。

理解要点

(1) 质量方针应与组织的总体经营方针相适应。

(2) 质量方针可以8项质量管理原则为基础，并从产品质量要求及使顾客满意角度出发作出承诺。

(3) 质量方针应对持续改进质量管理体系有效性作出承诺。

(4) 质量方针是制定和评审质量目标的框架和基础。

(5) 质量方针应在组织内的各个层次上进行沟通和传达。

(6) 为了保持质量方针的适宜性，组织应对质量方针进行定期评审和修订。

5.4 策划

5.4.1 质量目标

最高管理者应确保在组织内部的相应职能和层次上建立质量目标。质量目标包括满足产品要求所需的内容［见7.1a］。质量目标应是可测量的，并应与质量方针保持一致。

理解要点

(1) 最高管理者应确保质量目标分解到组织的相关职能部门和层次，并注意各个部门之间的配合及协调关系。

(2) 质量目标应是可测量的。

5.4.2 质量管理体系策划

最高管理者应确保：

a) 对质量管理体系进行策划，以满足质量目标以及4.1的要求。

b) 在对质量管理体系变更进行策划和实施时，保持质量管理体系的完整性。

理解要点

(1) 质量管理体系策划是指在质量管理中致力于制定质量目标并规定必要的运行活动和相关资源的过程。

(2) 质量策划是一个过程，其输入为：顾客的需要；产品的性能指标；质量管理体系过程的业绩；以前情况获得的经验教训；改进的机会；风险评定及风险减缓。

(3) 质量策划的输出应确定：执行改进计划的职责和权限；所需的技能和知识；改进方法和工具；所需的资源；是否需要替代的质量策划；获得业绩的评价方法；所需的文件和记录。

(4) 为确保质量管理体系的完整，组织的质量管理体系发生更改前必须预先策划。

5.5 职责、权限和沟通

5.5.1 职责和权限

最高管理者应确保组织内的职责、权限得到规定和沟通。

理解要点

组织应明确规定各职能部门及各岗位的职责和权限，并进行相互沟通。

5.5.2 管理者代表

最高管理者应指定一名管理者，无论该成员在其他方面职责如何，应具有以下方面的职责和权限：

a) 确保质量管理体系所需的过程得到建立、实施和保持；

b) 向最高管理者报告质量管理体系的业绩和任何改进的需求；

c) 确保在整个组织内提高满足顾客要求的意识。

注：管理者代表的职责也可包括与质量管理体系有关事宜的外部联络。

理解要点

最高管理者应从管理层中指定一名（或多名）成员作为管理者代表。管理者代表除了其他职责之外，还必须做到条款中规定的4个方面的职责和权限。管理者代表对于建立、实施、改进质量管理体系具有直接责任。

5.5.3 内部沟通

最高管理者应确保在组织内建立适宜的沟通过程，并确保对质量管理体系的有效性进行沟通。

理解要点

(1) 内部沟通应是在不同部门、不同层次的人员之间进行，以达到增进理解，协调行动，从而提高质量管理体系的有效性的目标。

(2) 沟通的方式可以多种多样，如质量例会、小组简报、布告栏、内部刊物、声像、电子邮件、内部网络及其他媒体。

5.6 管理评审

5.6.1 总则

最高管理者应按策划的时间间隔评审质量管理体系，以确保其持续的适宜性、充分性和有效性。评审应包括评价质量管理体系改进的机会和变更的需要，包括质量方针和质量目标。

应保持管理评审的记录（见4.2.4）。

5.6.2 评审输入

管理评审的输入应包括以下方面的信息：

a) 审核结果；

b) 顾客的反馈；

c) 过程的业绩和产品的符合性；

d) 预防和纠正措施状况；

e) 以往管理评审的跟踪措施；

f) 可能影响质量管理体系的变更;
g) 改进的建议。

5.6.3 评审输出

管理评审的输出应包括与以下方面有关的任何决定和措施:
a) 质量管理体系及其过程有效性的改进;
b) 与顾客要求有关的产品的改进;
c) 资源需求。

理解要点

(1) 管理评审应由最高管理者实施,并按计划的时间间隔进行。
(2) 管理评审的目的是确保质量管理体系持续的适宜性、充分性和有效性。
(3) 管理评审输入要充分,形式要适宜。
(4) 管理评审的输出是指管理评审会议所做出的决定,也包括对现有管理体系的评价结论及对现有产品符合要求的评价。因此,管理评审的输出应予以记录,以便对各方面的进展情况进行监控,并将其作为下次管理评审的输入。

6 资源管理

6.1 资源的提供

组织应确定并提供所需的资源:
a) 实施、保持质量管理体系并持续改进其有效性;
b) 通过满足顾客要求,增强顾客满意。

理解要点

(1) 资源至少应包括人力资源、基础设施和工作环境。此外,还应包括(但不是要求)合作伙伴、信息、自然资源和财务资源。
(2) 实现和保持质量管理体系并持续改进其有效性需要不断投入新资源。
(3) 增强顾客满意需要组织及时调整自身的资源。

6.2 人力资源

6.2.1 总则

基于适当的教育、培训、技能和经验,从事影响产品质量工作的人员应是能够胜任的。

理解要点

人员的能力是指经证实的应用知识和技能的本领。

组织根据质量管理体系各工作岗位、质量活动确定对人员能力的要求,为每一职能领域编写岗位说明,其中规定要求的能力、教育、技能、培训和经验,选择能够胜任的人员。

6.2.2 能力、意识和培训

组织应:
a) 确定从事影响产品质量工作的人员所必要的能力;
b) 提供培训或采取其他措施以满足这些需求;
c) 评价所采取措施的有效性;
d) 确保员工认识到所从事活动的相关性和重要性,以及如何为实现质量目标做出贡献；

e) 保持教育、培训、技能和经验的适当记录（见4.2.4）。

理解要点

(1) 本条款主要内容是通过培训和其他方法提高员工的能力，增强员工的质量意识和顾客意识，满足质量工作的要求。

(2) 对从事影响质量活动的人员进行分类，并对各类人员所需的教育、培训、经历及技能提出要求。

(3) 对从事影响产品质量的工作人员进行评价，若其能力不能满足要求，应提供培训以满足要求。

(4) 制定培训计划，采取不同的培训方式提供各方面的培训。

(5) 通过理论考核、操作考核、业绩评定和观察等方法，评价经过培训的人员是否具备了所需的能力，以此评估培训的有效性和效率。

(6) 通过培训，使员工认识到自己所从事活动或工作对质量管理体系的重要性和各种活动之间的关联性。

(7) 组织应保留有关的培训程序文件、培训计划、培训实施和有效性评价的记录，作为认证审核时的有效证据。

6.3 基础设施

组织应确定、提供并维护为达到产品符合要求所需的基础设施，适用时，基础设施包括：

a) 建筑物、工作场所和相关的设施；

b) 过程设备（硬件和软件）；

c) 支持性服务（如运输或通讯）。

理解要点

(1) 基础设施是指组织运行所必须的设施、设备和服务体系，可包括建筑物、工作场所（如车间、办公场所等）；硬件、软件（如计算机程序）；工具和设备；支持性服务（如水、电和气的供应，交付后的维护网点）；通讯和设施（如电话、传真和网络）；运输设施等。

(2) 组织应根据产品实现过程的特点来识别、提供和维护相应的设施。

6.4 工作环境

组织应确定并管理为达到产品符合要求所需的工作环境。

理解要点

(1) 本条款的工作环境指的是为实现产品的符合性所需要的工作环境中的物的因素和人的因素。

(2) 人的因素包括工作方法、安全规则和指南、人体工效学、员工使用的特殊设施等，物的因素指热、卫生、振动、噪音、湿度、污染、光、清洁度、空气流动等。

(3) 组织应根据产品的不同，识别和管理相应的因素。

7 产品实现

7.1 产品实现的策划

组织应策划和开发产品实现所需的过程。产品实现的策划应与质量管理体系其他过程的要求相一致（4.1）。

在对产品实现进行策划时,组织应确定以下方面的适当内容:
a) 产品的质量目标和要求;
b) 针对产品确定过程、文件和资源的需求;
c) 产品所要求的验证、确认、监视、检验和试验活动,以及产品接收准则;
d) 对实现过程及其产品满足要求提供证据所需的记录(见4.2.4)。

策划的输出形式应适于组织的运作方式。

注1:对应用于特定产品、项目或合同的质量管理体系的过程(包括产品实现过程)和资源作出规定的文件可称之为质量计划。

注2:组织也可将7.3的要求应用于对产品实现过程的开发。

理解要点

(1) 产品实现是指产品策划、形成直至交付的产品全部过程。产品实现所需的过程包括:与顾客有关的过程、设计和开发、采购、生产和服务提供、监视和测量装置的控制五大过程,这些过程又包括相应的一系列子过程。

(2) 产品实现过程的策划和开发是质量管理的一项重要活动,是质量管理体系中过程管理的重要内容。组织要对产品的实现过程加以策划,要识别并确定这些过程。

(3) 产品实现过程的策划内容包括:

① 根据具体的产品、项目或合同设定质量目标和要求。

② 根据具体的质量目标建立所需的过程和子过程,尤其应识别出关键过程,规定其实现方法,需形成文件的应制定出文件。

③ 确定并提供所需的资源。

④ 确定为实现产品所需开展的各项监视和测量活动及产品接收准则,即规定每个过程的输入,根据输入制定验收准则,按验收准则评价过程的输出,证实满足输入的要求。

⑤ 建立能证明过程及产品符合要求所需的记录。

(4) 策划的输出可以采用各种形式,可以是一种文件形式,也可以非文件的形式存在。组织应根据自身的特点和需要选择更适合其运作方式的某种形式。质量计划是一种常见的质量策划输出形式。

7.2 与顾客有关的过程

7.2.1 与产品有关的要求的确定

组织应确定:

a) 顾客规定的要求,包括对交付及交付后活动的要求;
b) 顾客虽然没有明示,但规定的用途或已知的预期用途所必需的要求;
c) 与产品有关的法律法规要求;
d) 组织确定的任何附加要求。

理解要点

识别和确定顾客的需求和期望是产品实现过程的首要步骤。

7.2.2 与产品有关的要求的评审

组织应评审与产品有关的要求。评审应在组织向顾客作出提供产品的承诺之前进行(如提交投标书、接受合同或订单及接受合同或订单的更改),并应确保:

a) 产品要求得到规定;

b) 与以前表述不一致的合同或订单要求已予以解决；

c) 组织有能力满足规定的要求。

评审的结果及评审所引起的措施的记录应予以保持（见4.2.4）。

若顾客提供的要求没有形成文件，组织在接受顾客要求前应对顾客要求进行确认。

若产品要求发生变更，组织应确保相关文件得到修改，并确保有关人员知道已变更的要求。

注：在某些情况中，如网上销售，对每一个订单进行正式的评审可能是不实际的。而代之对有关的产品信息，如产品目录、产品广告内容等进行评审。

理解要点

评审的目的是通过评审以保证组织已正确理解了与产品有关的要求并确保组织有能力实现这些要求。

（1）组织应根据已识别的顾客要求和本组织确定的附加要求提出产品要求。

（2）组织应在向顾客提供产品的承诺之前进行评审。

（3）记录评审结果和在评审中提出的跟踪措施。

（4）产品要求发生变更时，组织必须将变更的信息及时传达到相关职能部门，以确保相关文件得到更改，相关人员得到相关的信息。

（5）有些特殊情况时，可能无法对产品的每一个订单以正式评审的方式进行产品要求的评审（如网上销售），组织可对"产品目录或广告"进行评审，确保在网上目录中的产品的规格、型号等信息均正确无误，且有能力供货。

7.2.3 与顾客沟通

组织应对以下有关方面确定并实施与顾客沟通的有效安排：

a) 产品信息；

b) 问询、合同或订单处理，包括对其修改；

c) 顾客反馈，包括顾客抱怨。

理解要点

沟通的内容包括顾客关于产品要求的信息；问询、合同和订单的处理，包括对其修改；在产品提供过程中以及向顾客提供产品后顾客的反馈信息，包括顾客满意和抱怨。

7.3 设计和开发

7.3.1 设计和开发策划

组织应对产品的设计和开发进行策划和控制。

在进行设计和开发策划时，组织应确定：

a) 设计和开发阶段；

b) 适合于每个设计和开发阶段的评审、验证和确认活动；

c) 设计和开发的职责和权限。

组织应对参与设计和开发的不同小组之间的接口进行管理，以确保有效的沟通，并明确职责分工。随设计和开发的进展，在适当时，策划的输出应予以更新。

理解要点

（1）组织通过设计和开发过程，把产品要求转换为规定的特性以及阐明产品要求的文件（如产品规范、图样等），为采购、生产运作过程提供依据。

（2）不同的产品类型具有不同的策划阶段，如硬件产品包括方案确认、初步设计、详细设计、工艺设计等；计算机软件产品包括需求规格说明、概要设计、详细设计、编程、验收测试等；培训服务则包括教学大纲、教案、教材、内部试讲等。

（3）确定每个阶段的评审、验证和确认方法。

（4）规定参与设计和开发活动的人员在设计和开发活动各阶段中的职责和权限。

（5）规定设计和开发活动各接口的沟通方式，并予以管理，以确保有效的沟通。

（6）策划的输出可能是形成文件的设计和开发计划，也可以是其他形式。随着设计和开发的进行，诸如产品目标、资源等可能发生变化，组织应在适当时更新策划的输出。

7.3.2 设计和开发输入

应确定与产品要求有关的输入，并保持记录（见4.2.4）。这些输入包括：

a）功能和性能要求；

b）适用的法规和法律要求；

c）适用时，以前类似设计提供的信息；

d）设计和开发所需的其他要求。

对这些输入进行评审，以确保输入是充分与适宜的，要求应完整、清楚，并且不能自相矛盾。

理解要点

（1）设计和开发的输入是保证设计和开发质量的必要前提，是设计和开发过程中开展其他活动的依据，因此输入应形成文件并进行评审。

（2）设计和开发输入的内容包括：产品的功能和性能要求；强制性标准的要求及相关法律法规要求；适用时，提供以前与该产品相类似的产品的有关信息和所必需的其他要求。

（3）组织必须评审所有与产品要求有关的输入。

7.3.3 设计和开发输出

设计和开发的输出应以能够针对设计和开发输入进行验证的方式提出，并应在放行前得到批准。

设计和开发的输出应：

a）满足设计和开发输入的要求；

b）给出采购、生产和服务提供所必需的适当信息；

c）包含或引用产品接收准则；

d）规定对产品的安全和正常使用产品特性。

理解要点

（1）设计和开发输出提供产品实现过程的后续活动提供规范，是设计和开发过程的成果，因此应形成完整的文件，并确定其符合输入的要求，在发放前经授权人批准。

（2）设计和开发输出应给采购、生产和服务提供适当信息。

7.3.4 设计和开发评审

在适宜阶段，应依据所策划的安排（见7.3.1）对设计和开发进行系统的评

审,以便:
a) 评价设计和开发结果满足要求的能力;
b) 识别任何问题并提出必要的措施。

评审的参加者应包括与所评审的设计和开发阶段有关的职能的代表。评审结果及任何必要措施的记录应予以保持(见4.2.4)。

理解要点

(1) 设计和开发评审是为了确保设计和开发结果的适宜性、充分性和有效性,以完成设计和开发计划。

(2) 组织应按设计和开发策划的安排,在适当阶段对设计和开发的结果进行系统的评审。

(3) 评审的目的是为评价设计和开发的结果满足要求的能力,识别各设计阶段存在的问题,并提出必要的措施加以解决。

(4) 组织应保留评审结果和相应跟踪措施的记录。

7.3.5 设计和开发验证

为确保设计和开发输出满足输入的要求,应依据所策划的安排(见7.3.1)对设计和开发进行验证。验证结果及任何必要措施应予保持(见4.2.4)。

理解要点

(1) 验证是通过提供客观证据对规定要求已得到满足的认定。

(2) 设计和开发验证的方法可包括:变换方法进行计算;将新设计与已证实的类似设计进行比较;进行试验和证实;对发放前的设计阶段文件进行评审。

(3) 记录验证结果和跟踪措施。

7.3.6 设计和开发确认

为确保产品能够满足规定的使用要求或已知预期用途的要求,应依据所策划的安排(见7.3.1)对设计和开发进行确认。只要可行,确认应在产品交付或实施前完成。确认结果及任何必要措施应予保持(见4.2.4)。

理解要点

(1) 设计和开发确认活动可以证实提交的产品能够满足预期的使用要求,其中使用要求可以是实际的,也可以是模拟的。

(2) 设计和开发确认应按设计和开发策划的安排进行,只要可行,应在产品交付或实施之前确认。

(3) 记录确认结果和跟踪措施。

7.3.7 设计和开发更改的控制

应识别设计和开发的更改,并保持记录。适当时,应对设计和开发的更改进行评审、验证和确认,并在实施前得到批准。设计和开发更改的评审应包括评价更改对产品组成部分和已交付产品的影响。

更改的评审结果及任何必要的措施应予以保持(见4.2.4)。

理解要点

(1) 设计和开发的更改通常针对已输出的设计产品,也包括阶段输出的设计产品的更改(如对经批准的设计任务书和设计方案进行更改)。

(2) 引起更改的原因有顾客或供方要求更改,法律法规的更改以及组织自身原因均会产生设计和开发的更改。

（3）更改过程设计和开发包括：

① 识别：确定更改的需要及其可行性。

② 形成文件并受控：文件中表明更改的原因、更改的内容以及对产品的影响程度。

③ 必要的验证和确认：如更改对产品的影响程度较大时，应对更改进行验证和确认。

④ 批准：经授权人批准后，才能实施更改。

⑤ 记录：记录更改评审的结果及跟踪措施。

7.4 采购

7.4.1 采购过程

组织应确保采购的产品符合规定的采购要求。对供方及采购的产品控制的类型和程度应取决于采购的产品对随后的产品实现及最终产品的影响。

组织应根据供方按组织要求提供产品的能力评价和选择供方。应制定选择、评价和重新评价的准则。评价结果及评价所引起的任何必要措施的记录应予保持（见4.2.4）。

理解要点

（1）采购过程的输入是采购要求，输出是采购产品，活动包括：

① 识别采购产品对实现过程和交付产品的影响程度。

② 制定采购文件。

③ 评价供方进行选择。

④ 订购。

⑤ 对供方进行定期评价；验证采购产品。

⑥ 对不合格的采购产品进行处置。

（2）对供方进行评价可以采用以下方法：

① 评价供方的相关经验。

② 评审供方的质量管理体系，对其提供产品的能力进行评价。

③ 调查供方的顾客满意度情况。

④ 调查供方的财务状况、服务能力。

7.4.2 采购信息

采购信息应表述拟采购的产品，适当时包括：

a）产品、程序、过程和设备批准要求；

b）人员资格的要求；

c）质量管理体系的要求。

在与供方沟通前，组织应确保规定的采购要求是充分与适宜的。

理解要点

（1）采购文件（包括采购合同）应包括采购产品的信息，如对产品的质量要求、验收要求及价格、数量、交付等方面的要求。

（2）适当时，对供方的产品、程序、过程、设备、人员、质量管理体系等方面提出要求。如要求供方的产品进行安全认证；对供方加工过程提出要求；要求供方进行质量体系认证等。

（3）采购文件在发放前，可以通过会议评审、授权评审和批准等方式确保规定要求的适宜性。

7.4.3 采购产品的验证

组织应确定并实施检验或其他必要的活动，以确保采购的产品满足规定的采购要求。

当组织或顾客拟在供方的现场实施验证时，组织应在采购信息中对拟验证的安排和产品放行的方法做出规定。

理解要点

采购产品的验证活动包括：检验、测量、观察、提供合格证明文件等方式。

7.5 生产和服务提供

7.5.1 生产和服务提供的控制

组织应在策划并在受控的条件下进行生产和服务提供，适用时，受控条件应包括：

a) 获得表述产品特性的信息；

b) 必要时，获得作业指导书；

c) 使用适宜的设备；

d) 获得和使用监视和测量装置；

e) 实施监视与测量；

f) 放行、交付和交付后活动的实施。

理解要点

生产和服务提供对有形产品来说，是指其加工直至交付后服务的过程；对计算机软件来说，是指软件实现、交付、安装、配套和维护过程；对服务来说，是指服务提供过程。

7.5.2 生产和服务提供过程的确认

当生产和服务提供过程的输出不能由后续的监视或测量加以验证时，组织应对任何这样的过程实施确认。这包括那些仅在产品使用后或服务已交付之后问题才显现的过程。

确认应证实过程实现所策划的结果的能力。

组织应对这些过程做出安排，适用时包括：

a) 为过程的评审和批准所确定的准则；

b) 设备的认可和人员资格的鉴定；

c) 使用特定的方法和程序；

d) 记录的要求（见4.2.4）；

e) 再确认。

理解要点

(1) 有些生产和服务提供过程所形成的产品或服务，不能由后续的测量、监视来验证其是否达到了规定要求，或问题在产品使用或服务已交付后才显露出来。例如建筑装修中墙面防水质量在施工过程中不能完全加以验证，但其存在的问题（如渗水等）在使用过程中会显现出来，组织应充分识别这样的过程并对这些过程进行确认，确认的目的是要证实这些过程实现所策划的结果的能力。

（2）组织可根据这些过程的特点做出安排，加强对这些过程的控制。

7.5.3　标识和可追溯性

适当时，组织应在产品实现的全过程中使用适宜的方法识别产品。

组织应根据监视和测量要求识别产品的状态。

在有可追溯性要求的场合，组织应控制并记录产品唯一性标识（见4.2.4）。

注：在某些行业，技术状态管理是保持标识和可追溯性的一种方法。

理解要点

（1）产品标识是指识别产品特定特性或状态的标志或标记，通常可分为产品标识、监视和测量状态标识和唯一性标识（即可追溯性标识）3种。

（2）产品的可追溯性是指追溯所考虑对象的历史、应用情况或所处场所的能力。如对硬件产品，可追溯性涉及原材料和零部件的来源、加工过程的历史、产品交付后的分布和场所。可追溯性也可用于服务过程，如为了追溯服务提供的程度等。

（3）当合同、法规和组织自身对可追溯性有要求时，组织应规定并记录唯一性的标识。

7.5.4　顾客财产

组织应爱护在组织控制下或组织使用的顾客财产。组织应识别、验证、保护和维护供其使用或构成其产品一部分的顾客的财产。若顾客财产发生丢失、损坏或发现不适用的情况时，应报告顾客，并保持记录（见4.2.4）

注：顾客财产包括知识产权。

理解要点

（1）顾客财产是指顾客所拥有的有组织控制或使用的财产，如顾客提供的构成产品的部件和组件，顾客提供的用于修理、维护或升级的产品，顾客直接提供的包装材料，代表顾客提供的服务，顾客提供的图样规范等。

（2）组织应对这类产品将进行标识、验证、保护和维护，当出现问题时，应及时记录并向顾客报告。

7.5.5　产品防护

在内部处理和交付到预定的地点期间，组织应针对产品的符合性提供防护，这种防护应包括标识、搬运、包装、贮存和保护。防护也应适用于产品的组成部分。

理解要点

（1）组织应从产品接收、内部加工、放行到交付的所有阶段采取措施防止组织内部产品和外供产品的变质、损坏和错用。

（2）产品的防护涉及标识（包括运输标记）、搬运、包装、储存、保护或隔离等。

7.6　监视和测量装置的控制

组织应确定需实施的监视和测量及所需的监视和测量装置，为产品符合确定的要求（见7.2.1）提供证据。

组织应建立过程，以确保监视和测量活动可行并与监视和测量的要求相一致的方式实施。

为确保结果有效，必要时，测量设备应：

a）对照能溯源到的国际或国家标准的测量标准，按照规定的时间间隔或在使用前进行校准或检定。当不存在上述标准时，应记录校准或检定的依据；

  b）进行调整或必要时再调整；

  c）得到识别，以确定其校准状态；

  d）防止可能使测量结果失效的调整；

  e）在搬运、维护和贮存期间防止损坏和失效；

  此外，当后来发现设备不符合要求时，组织应对以往测量结果的有效性进行评价和记录。组织应对该设备和任何受影响的产品采取适当的措施。校准和验证结果的记录应予以保持（见4.2.4）

  当计算机软件用于规定要求的监视和测量时，应确认其满足预期用途的能力。确认应在初次使用前进行，必要时再确认。

  注：作为指南，参见GB/T 19002.1和GB/T 19022.2

理解要点

  （1）组织应明确产品实现过程中所需要的测量，并确定测量活动中所需的测量和监控装置，以提供符合要求的证据。

  （2）组织的测量和监控装置的测量能力必须与测量要求相一致，并在使用中控制和保持这种能力。

  （3）在校准的有效期内使用时，如发现偏离校准状态，应对该测量监控装置此前的测量结果的有效性进行评价，并采取必要的措施，包括追回其测量过的产品和重新测量等措施。

8 测量、分析和改进

8.1 总则

  组织应策划并实施以下方面所需的监视、测量、分析和改进过程：

  a）证实产品的符合性；

  b）确保质量管理体系的符合性；

  c）持续改进质量管理体系有效性。

  这应包括对统计技术在内的使用方法及其应用程度的确定。

理解要点

  （1）为证实产品的符合性，确保质量管理体系的符合性并持续改进其有效性，组织应针对这些方面策划所需的监视、测量、分析和改进过程，确定这些活动的项目、方法、频次和必需的记录，包括恰当的统计技术及其应用程度。

  （2）这种测量和监控活动应能够及时发现产品、过程和体系运行中存在的问题，并实施有效的措施加以解决。

8.2 监视和测量

8.2.1 顾客满意

  作为对质量管理体系业绩的一种测量，组织应监视顾客有关组织是否满足其要求的感受的信息，并确定获得和利用这种信息的方法。

理解要点

（1）顾客满意是指顾客对其要求已被满足的程度的感受，是一个相对的概念。

（2）组织应建立监控体系，收集分析顾客满意和不满意的信息，并以此作为评价质量管理体系业绩的方法之一，评价质量管理体系的有效性。

（3）收集顾客满意和不满意的方式多种多样，可以是口头的或书面的，收集渠道包括：顾客投诉、与顾客的直接接触、问卷调查、来自消费者组织的报告、各种媒体的报告、行业研究活动等。

8.2.2 内部审核

组织应按策划的时间间隔进行内部审核，以确定质量管理体系是否：

a）符合策划的安排（见7.1）、本标准的要求以及组织所确定的质量管理体系的要求；

b）得到有效实施和保持。

考虑拟审核的过程和区域的状况和重要性以及以往审核的结果，应对审核方案进行策划。应规定审核的准则、范围、频次和方法。审核员的选择和审核的实施应确保审核过程的客观性和公正性。审核员不应审核自己的工作。

策划和实施审核以及报告结果和保持记录（见4.2.4）的职责和要求应在形成文件的程序中作出规定。

负责受审区域的管理者应确保及时采取措施，以消除所发现的不合格及其原因。跟踪活动应包括对所采取措施的验证和验证结果的报告（见8.5.2）。

注：作为指南，参见GB/T 19021.1、GB/T 19021.2和GB/T 19021.3。

理解要点

内部审核是组织建立自我评价、促进自我改进机制的手段。内部审核的目的是为了确定质量管理体系的实施效果是否达到了规定要求，以便及时发现存在的问题并采取纠正措施，保持质量管理体系有效运行。

8.2.3 过程的监视和测量

组织应采用适宜的方法对质量管理体系过程进行监视，并在适用时进行测量。这些方法应能证实过程实现所策划结果的能力。当未能达到所策划结果时，应采取适当的纠正和纠正措施，以确保产品的符合性。

理解要点

质量管理体系过程包括与管理活动、资源管理、产品实现和测量有关的过程，组织应采用适宜的方法监视这些过程，若有适宜的方法可以对过程进行测量，则也应测量。

8.2.4 产品的监视和测量

组织应对产品的特性进行监视和测量，以验证产品的要求已得到满足。这种监视和测量应依据所策划的安排（见7.1），在产品实现过程的适当阶段进行。

应保持符合接受准则的证据。记录应指明有权放行产品的人员（见4.2.4）。

除非得到有关授权人员的批准，适用时得到顾客的批准，否则在策划的安排（见7.1）已圆满完成之前，不应放行产品和交付服务。

理解要点

产品的监视和测量是为了验证产品是否满足产品要求的活动。测量和监控的对象包括采购产品、中间产品和最终产品。

8.3 不合格品控制

组织应确保不符合产品要求的产品得到识别和控制,以防止其非预期使用或交付,不合格品控制以及不合格品处置的有关职责和权限应在形成文件的程序中作出规定。

组织应通过下列一种或几种途径,处置不合格品:

a) 采取措施,消除已发现的不合格;

b) 经有关授权人员批准,适用时经顾客批准,让步使用、放行或接收不合格品;

c) 采取措施,防止其原预期的使用或应用。

应保持不合格的性质以及随后所采取的任何措施的记录,包括所批准的让步的记录(见4.2.4)。

在不合格品得到纠正之后应对其再次进行验证,以证实其符合要求。

当在交付后或开始使用后发现产品不合格时,组织应采取与不合格的影响或潜在影响的程度相适应的措施。

理解要点

(1) 不合格品是指不满足要求的产品,涉及产购产品、过程中产品和外供产品。组织应确保识别不合格品并加以控制,以防止该不合格品仍按预期的要求交付和使用。

(2) 不合格品的控制必须形成程序文件,并规定对不合格品识别和控制的职责、权限和控制要求。

8.4 数据分析

组织应确定、收集和分析适当的数据,以证实质量管理体系的适宜性和有效性,并评价在何处可以持续改进质量管理体系的有效性。这应包括来自监视和测量的结果以及其他有关来源的数据。

数据分析应提供以下有关方面的信息:

a) 顾客满意(见8.2.1);

b) 与产品要求的符合性(见7.2.1);

c) 过程和产品的特性及趋势,包括采取预防措施的机会;

d) 供方。

理解要点

(1) 数据分析的目的是为了评价质量管理体系的适宜性和有效性,并识别改进机会和区域。

(2) 收集数据的范围一般包括:

① 与产品质量有关的数据:如质量记录、产品不合格信息、产品实现过程的能力、内外部审核的结论、管理评审输出、生产率、交货期等。

② 与运行能力有关的数据:如过程运行的测量监控信息、产品实现过程的能力、内外部审核的结论、管理评审输出、生产率、交货期等。

8.5 改进

8.5.1 持续改进

组织应利用质量方针、质量目标、审核结果、数据分析、纠正和预防措施以及管理评审，持续改进质量管理体系的有效性。

理解要点

（1）持续改进指不断提高组织质量管理体系的有效性和效率，从而实现其质量方针和目标。改进可以是日常的改进活动，也可以是重大的改进活动。

（2）组织可以通过质量方针、目标、审核结果、数据分析、纠正措施与预防措施、管理评审等实现日常的持续改进，并提出改进的项目，促进质量管理体系的持续改进。

（3）持续改进的基本活动、步骤和方法：分析现状，识别改进区域；分析原因、原因确认、制定对策；执行、控制与调整；检查结果，采取巩固措施，解决遗留问题。

8.5.2 纠正措施

组织应采取措施，以消除不合格的原因，防止不合格的再发生。纠正措施应与所遇到不合格的影响程度相适应。

应编制形成文件的程序，以规定以下方面的要求：

a）评审不合格（包括顾客抱怨）；

b）确定不合格的原因；

c）评价确保不合格不再发生的措施的需求；

d）确定和实施所需的措施；

e）记录所采取措施的结果（见4.2.4）；

f）评审所采取的纠正措施。

理解要点

（1）纠正措施是指为消除已发现的不合格或其他不期望情况的原因所采取的措施。

（2）组织应制定纠正措施的控制程序，形成文件。

8.5.3 预防措施

组织应确定预防措施，以消除潜在的不合格的原因，防止不合格的发生。预防措施应与潜在问题的影响程度相适应。

应编制形成文件的程序以规定以下方面的要求：

a）确定潜在的不合格及其原因；

b）评价防止不合格发生的措施的需求；

c）确定并实施所需的措施；

d）记录所采取措施的结果（见4.2.4）；

e）评审所采取的预防措施。

理解要点

（1）预防措施是指为消除潜在不合格或其他潜在不期望情况的原因采取的措施，是为预防不合格的发生。

（2）组织应制定并实施预防措施程序，内容包括：

① 识别潜在的不合格并分析原因。可以通过顾客的需求和期望、市场分析、自我评价结果、操作条件失控的早期报警等方面来识别潜在的不合格，并用适当的方法分析原因。

② 确定并实施所需的预防措施。由相关职能部门的代表参加策划预防措施，应根据潜在问题的影响程度考虑优先顺序，在实施过程中，对预防措施进行监控，以确保有效。

③ 记录上述原因、内容及采取措施的结果。

④ 跟踪并评价所采取预防措施的效果。

第四节　如何在食品企业建立ISO9001质量管理体系

2000版ISO9000族标准的作用是帮助各种类型和规模的组织实施并运行有效的质量管理体系。不了解体系，就不能理解标准，更不能建立和实施有效的质量管理体系。

一、质量的基本知识

（一）质量的概念

质量的概念最初仅用于产品，以后逐渐扩展到服务、过程、体系和组织，以及以上几项的组合。

质量：一组固有特性满足要求的程度。

在理解质量的概念时，应注意以下几个要点：

1. 关于"固有特性"

特性指"可区分的特征"，可以有各种类别的特性，如物的特性（如机械性能）；感官的特性（如：气味、噪音、色彩等）；行为的特性（如礼貌）；时间的特性（如：准时性、可靠性）；人体工效的特性（如生理的特性或有关人身安全的特性）和功能的特性（如飞机的最高速度）。

（1）特性可以是固有的或赋予的。"固有的"就是指某事或某物中本来就有的，尤其是那种永久的特性。例如，螺栓的直径、机器的生产率或接通电话的时间等技术特性。

（2）赋予特性不是固有的，不是某事物中本来就有的，而是完成产品后因不同的要求而对产品所增加的特性，如产品的价格、硬件产品的供货时间和运输要求（如：运输方式）、售后服务要求（如：保修时间）等特性。

（3）产品的固有特性与赋予特性是相对的，某些产品的赋予特性可能是另一些产品的固有特性，例如：供货时间及运输方式对硬件产品而言，属于赋予特性；但对运输服务而言，就属于固有特性。

2. 关于"要求"

要求指"明示的、通常隐含的或必须履行的需求或期望"。

（二）与质量相关的概念

1. 组织

组织是指"职责、权限和相互关系得到安排的一组人员及设施"。如：公司、集团、商行、社团、研究机构或上述组织的部分或组合。

2. 过程

过程是指"一组将输入转化为输出的相互关联或相互作用的活动"。过程由输入、实施活动和输出三个环节组成。

3. 产品

产品是指"过程的结果"。产品有四种通用的类别：服务（如商贸、运输）；软件（如计算机程序、字典）；硬件（如发动机机械零件、电视机）；流程性材料（如润滑油）。

依产品的存在形式，又可将产品分为有形的和无形的。服务通常是无形的，并且是在供方和顾客接触面上至少需要完成一项活动的结果。

软件由信息组成，通常是无形产品并以方法、论文或程序的形式存在。

硬件通常是有形产品，其量具有计数的特性（可以分离，可以定量计数）。

流程性材料通常是有形产品，其量具有连续的特性（一般是连续生产，状态可以是液体、气体、粒子线状、块状或板状等）。

4. 顾客

顾客是指接受产品的组织或个人。例如，消费者、委托人、最终使用者、零售商、受益者和采购方。顾客可以是组织内部或外部的，下一道工序是上一道工序的顾客。

二、质量管理体系的基本知识

（一）质量管理体系

ISO9000 标准将体系（系统）、管理体系和质量管理体系 3 个术语定义为：

体系（系统）：相互关联或相互作用的一组要素。

管理体系：建立方针和目标并实现这些目标的体系。

质量管理体系：在质量方面指挥和控制组织的管理体系。

（二）质量管理

质量管理是指在质量方面指挥和控制组织的协调的活动。通常包括制定质量方针和质量目标及质量策划、质量控制、质量保证和质量改进。

1. 质量策划

质量策划是质量管理的一部分，致力于制定质量目标并规定必要的运行过程和相关资源以实现质量目标。

质量策划幕后关键是制定质量目标并设法使其实现。质量目标是在质量方面所追求的目的，其通常依据组织的质量方针制定。并且通常对组织的相关职能和层次分别规定质量目标。

2. 质量控制

质量控制是质量管理的一部分，致力于满足质量要求。

质量控制是一个设定标准（根据质量要求）、测量结果，判定是否达到了预期要求，对质量问题采取措施进行补救并防止再发生的过程，质量控制不是检验。

3. 质量保证

质量保证是质量管理的一部分，致力于提供质量要求会得到满足的信任。

质量保证是对达到预期质量要求的能力提供足够的信任，其关键词是"信任"。

组织规定的质量要求，包括产品的、过程的和体系的要求，必须完全反映顾客的需求，才能给顾客以足够的信任。质量保证是在有两方的情况下才存在，由一方向另一方提供信任。由于两方的具体情况不同，质量保证分为内部和外部两种，内部质量保证是组织向自己的管理者提供信任；外部质量保证是组织向顾客或其他方提供信任。

4. 质量改进

质量改进是质量管理的一部分，致力于增强满足质量要求的能力。

作为质量管理的一部分，质量改进的目的在于增强组织满足质量要求的能力，由于要求可以是任何方面的，因此，质量改进的对象也可能会涉及组织的质量管理体系、过程和产品，可能会涉及组织的方方面面。

三、食品行业建立和实施质量管理体系的方法步骤

ISO9001标准非常全面，它规范了企业内从原材料采购到成品交付的所有过程，牵涉企业内从最高管理层到最基层的全体员工。因此，组织建立一个质量体系是一项系统、严密、扎实而又艰巨的工作，需要领导者和全体管理阶层的认真策划和准备，发动全体员工，积极调动各方面力量，最终完成质量体系的建设。

（一）质量管理体系的策划准备阶段

组织在质量体系建立初期，需要做好许多准备工作，比如思想动员、资源调动等。一个有效的质量管理体系需要经过良好的总体策划和准备，内容包括：

1. 领导决策，统一思想，形成共识

召开全体员工大会，阐明企业建立和实施质量管理体系的必要性，强调提高食品质量对企业的重要性，以及过程改进、通过ISO9000质量体系认证对企业的意义，要求全体员工积极参与质量体系的建立和实施。

2. 组织落实，成立领导小组和精干的工作班子

成立质量体系认证申办小组，最高管理者还应在管理层中指定一名管理者代表，代表最高管理者负责质量管理体系的建立和实施。

3. 进行质量意识和标准的贯标培训

企业应组织各级员工，尤其是各管理层认真学习2000版ISO9000族质量管理体系四项核心标准，重点是学习质量管理体系的基本概念和基本术语，质量管理体系的基本要求，通过学习，端正思想，找出差距，明确方向。

以上工作中，企业管理层的认识与投入是质量体系建立与实施的关键，组织和计划是保证，教育和培训是基础。

如有必要，聘请咨询机构为企业建立和实施质量体系提供咨询。包括：

（1）体系策划 制定建立质量体系的实施计划，拟定组织机构职责，选定质量体系要素，制定要素的实施方法。

（2）培训服务 ISO9000族标准的理解与实施，ISO9000族质量体系文件的编

写与实施，ISO9000 质量体系审核。

（3）文件编写与实施　确定文件清单，帮助编写文件，审查及修订文件。

（4）体系运行及审核　实施体系文件，制定内审计划，实施内部审核，实施纠正。

（5）认证申请　选定认证机构，认证前检查与准备。

（二）质量体系的策划和总体设计

这一阶段的工作包括：

1. 调查企业组织现状

调查企业组织现状的目的是识别其与标准规定的质量体系所要求的组织结构之间的差距，以便采取措施，调整和完善现有的组织。调查的重点主要是组织目前的经营情况和现有质量体系的实施情况。主要涉及以下内容：

（1）从事与质量工作有关的管理、执行和验证工作的人员，其职责、权限和相互关系是否明确，实施效果及存在问题。

（2）正在开发和已完成开发的项目，在开发过程中存在的影响质量的主要问题。

（3）部门之间、上下级领导之间，以及与分包商之间的协调关系是否存在问题。

（4）食品行业中所采用的各类国际、国内标准/规范，或企业内部标准/规范是否适宜，其执行情况及存在的问题。

（5）各类管理、技术文件、报表及质量记录的适用性、完整性。

对上述情况分析汇总，形成企业组织现状报告。

2. 制定实施工作计划

组织建立质量体系，必须制定建立质量体系的完整工作计划，全面对整个过程的各个阶段进行安排。计划内容包括分哪几个主要阶段，各项工作的要求和时间进度，每项工作的负责人和参加人员，各阶段及总的经费预算等。

3. 确定质量方针和质量目标

一个组织的质量方针和质量目标不仅应与组织的宗旨和发展方向相一致，而且应能体现顾客的需求和期望。

质量方针应能体现一个组织在质量上的追求，对顾客在质量方面的承诺，也是规范全体员工质量行为的准则，但一个好的质量方针必须有好的质量目标的支持。质量目标的主要要求应包括：

（1）适应性　质量目标必须能全面反映质量方针要求和组织特点。

（2）可测量　方针可以原则一些，但目标必须具体。这里讲的可测量不仅指对事物大小或质量参数的测定，也包括可感知的评价。通俗地说，所有制定的质量目标都应该是可以测量的。

（3）分层次　"最高管理者应确保在组织的相关职能和层次上建立质量目标"。一个组织的质量方针和质量目标实质上是一个目标体系。质量方针应有组织的质量目标支持，组织的质量目标应有部门的具体目标或举措支持，只要每个员工都能完成本组织的目标，就应能实现本部门的目标，能实现各部门的目标，就能完成本组织的目标。

（4）可实现　质量目标是"在质量方面所追求的目的"。这就是说现在已经做到或轻而易举就能做到的不能称为目标；另一方面，根本做不到的也不能称为目标。一个科学而合理的质量目标，应该是在某个时间段内经过努力能达到的要求。

（5）全方位　即在目标的设定上应能全方位地体现质量方针，应包括组织上的、技术上的、资源方面的以及为满足产品要求所需的内容。

应根据组织的宗旨、发展方向确定与组织的宗旨相适应的质量方针，对质量做出承诺，在质量方针提供的质量目标框架内规定组织的质量目标以及相关职能和层次上的质量目标。

4. 确定实现质量目标必需的过程和职责

为实现质量目标，组织应：

（1）系统识别并确定为实现质量目标所需的过程，包括一个过程应包括哪些子过程和活动。在此基础上，明确每一过程的输入和输出的要求。

（2）明确这些过程的责任部门和责任人，并规定其职责。

5. 确定和提供实现质量目标必需的资源

这些资源主要包括：人力资源、基础设施、工作环境、信息、财务资源、自然资源、供方及合作者提供的资源等。

6. 确定质量体系结构

质量体系由组织结构、程序、过程和资源构成。组织结构是指组织的全体员工为了实现组织的目标而进行分工协作，在职务范围、权利方面形成必要的结构体系。不同的企业，应当有不同的组织结构。

在质量体系的设计过程中，组织结构的设计是本阶段工作的重点和难点。组织结构的设置应坚持精简、效率原则，职能完备且各部门之间无重叠、重复或抵触现象存在。

（三）编制质量管理体系文件

质量体系文件是描述质量体系的一整套文件，是质量体系的具体表现和质量体系运行的法规，也是质量审核的依据。编制适合企业自身特点，并具有可操作性的质量体系文件是质量体系建立过程中的中心任务。这项工作包括：质量体系文件结构的策划、体系文件的编制、文件审核、批准和发放。

1. 质量体系文件的策划

确定质量体系文件的层次。文件的层次是质量体系文件的一个特点，依据ISO9000族标准的特点，质量体系文件的层次如表5-4所示。

表5-4 质量体系文件层次表

层次	文件
A层	质量手册
B层	其他质量文件（表格、报告、作业指导书）
C层	详细的作业文件

2. 体系文件的编制

体系文件的编制包括对以上3个层次文件的统筹制定，如表5-5所示。

表5-5 质量体系文件的编制过程表

活动	文件
整体规划	确定文件层次，确定质量活动要素，确定编写计划
制定文件提纲	确定指导性文件，规范所有人员的编写行为
编制文件	按照计划进行质量体系文件的编写

3. 质量体系文件的类型

（1）质量手册 质量手册是阐明一个企业的质量方针、规定质量管理体系的文件。对某一组织而言，质量管理体系是唯一的，质量手册也具有唯一性。质量手册是描述质量体系的纲领性文件，其编写要求可参照ISO10013《质量手册编制指南》，其内容至少应包括：

① 质量方针。
② 影响质量的管理、执行、验证或评审工作人员的职责、权限及相互关系。
③ 为质量管理体系所编制的形成文件的程序或对这些程序的引用。
④ 关于质量手册评审、修改和控制的规定。

一个企业的质量手册中对应的质量体系要求不少于所选用的ISO9000族标准的要求，但可以根据企业的自身需要增加新的内容。

（2）程序文件 程序文件是描述为实施质量体系要素所涉及的各职能部门的活动。程序是为进行某项活动所规定的途径，程序可形成文件，也可不形成文件。当程序形成文件时称为程序文件，通常应包括：

① 活动的目的和范围。
② 做什么和由谁来做。
③ 何时、何地以及如何做。
④ 应采用什么材料、设备和文件。
⑤ 如何对活动进行控制和记录。

程序文件是质量体系有效运行的主要依据，故必须有可操作性和可检查性，质量体系实施中必需严格按照程序文件执行。

（3）质量计划 质量计划是规定用于某一具体情况的质量管理体系要素和资源的文件。如针对特定产品、过程、项目所规定的措施和活动顺序的文件。质量计划通常引用质量手册部分内容或程序文件。

（4）作业指导书、质量记录　此属详细的作业文件，企业可根据需要增加或减少。

作业指导书是描述程序文件中某个具体过程、事物形成的技术性细节的文件。质量体系文件层次 C 中的作业指导书一般是管理性的作业指导书。技术性的作业指导书包括在产品质量文件中。层次 C 中的各种表格、报告等，主要用于质量体系运行的证实。

为了提供符合要求和质量管理体系有效运行的证据，组织应建立并保持记录，并对记录进行控制。

质量手册、程序文件的编制顺序可依企业情况而定。文件发放前，要由授权人审批，发放时应做好记录，以便修改、收回。

（四）培训内部审核员

内部审核员执行内部质量体系审核，承担企业管理层与各职能部门、企业与供方、企业与顾客、企业与审核机构之间的联系工作。内部审核员最好在从事企业质量管理工作、有一定生产经验的人员中挑选，经过严格培训，达到以下要求：

（1）掌握实施质量体系审核所必须的知识和技能。

（2）遵守审核人员的行为准则：忠于职守、准确公正、尊重事实、勤奋并具有判断力。

按照 ISO9000 标准的要求，凡是推行 ISO9000 的组织，每年都要进行一定频次的内部质量审核。内部质量审核由经过培训的有资格的内审员来执行审核任务。企业可根据具体情况，培训若干名内审员，内审员可由各部门人员兼职担任。

（五）质量管理体系试运行

完成上述各阶段工作后，进入质量体系试运行。

1. 质量管理体系文件的发布和实施

质量管理体系文件在正式发布前应认真听取多方面意见，并经授权人批准发布。质量手册必须经最高管理者签署发布。质量手册的正式发布实施即意味着质量手册所规定的质量管理体系正式开始实施和运行。

2. 学习质量管理体系文件

在质量管理体系文件正式发布或即将发布而未正式实施之前，各部门、各级人员都要通过学习，清楚地了解质量管理体系文件对本部门、本岗位的要求以及与其他部门、岗位的相互关系的要求，只有这样才能确保质量管理体系文件在整个组织内得以有效实施。

3. 质量管理体系的运行

质量管理体系的运行主要反映在两个方面：一是组织所有质量活动都在依据质量策划的安排以及质量管理体系文件要求实施，二是组织所有质量活动都在提供证实，证实质量管理体系运行符合要求并得到有效实施和保持。运行中发现的有关质量体系文件存在的问题和不足，可按程序的规定修改。

（六）质量管理体系内部审核

组织在质量管理体系运行一段时间后，应组织内审员对质量管理体系进行内部审核，以确定质量管理体系是否符合质量手册和程序文件的规定，能否正常运行，以及对于实现企业质量方针的有效性。组织申请质量体系认证之前至少要进行过一次内部质量体系审核。

（七）管理评审

管理评审是由企业最高管理者，根据质量方针和质量目标，对质量管理体系的现状和适应性进行的正式评价，确保质量管理体系持续的适宜性、充分性和有效性（评审也可包括效率，但不是认证要求）。管理评审包括评价质量管理体系改进的机会和变更的需要，包括质量方针、目标变更的需要。组织申请质量体系认证之前至少要进行过一次管理评审。

管理评审与内部审核都是组织自我评价、自我完善机制的一种重要手段，组织应每年按策划的时间间隔坚持实施管理评审。通过内部审核和管理评审，在确认质量管理体系运行符合要求且有效的基础上，组织可向质量管理体系认证机构提出认证申请。

（八）质量管理体系认证前的准备

1. 选择认证机构

企业进行质量体系认证是为了向顾客提供足够的信任，这种信任是间接由认证机构来证明的。因此，企业应选择具有较强技术专业能力的权威认证机构，提高信誉。

2. 对质量管理体系文件的全面清理

质量管理体系文件是质量管理体系审核的主要依据之一。在接受审核前，对企业的质量管理体系文件进行一次全面的整理，并将有关文件和记录放在可让审核组容易看到的地方。

3. 有关接受审核的教育培训

明确质量管理体系审核的目的、意义、审核组的工作等，审核中应注意的问题，如何积极主动配合审核组。

（九）质量管理体系认证过程

质量管理体系认证过程包括：

（1）认证机构申请与受理。

（2）审核的启动。

（3）指定审核组长。

（4）确定审核目的、范围和准则。

（5）确定审核的可行性。

（6）选择审核组。

（7）初访（由审核组决定是否进行）。

（8）文件评审：在现场审核前应评审受审核方文件，已确定文件所述的体系与审核准则的符合性。

（9）现场审核的准备工作包括：编制审核计划；审核组工作分配；准备工作文件。

现场审核的实施；举行首次会议（由审核组长主持）；审核中的沟通；信息的收集和证实；形成审核发现；准备审核结论。

（10）审核报告的编制、批准和分发。

（11）纠正措施的验证。

（12）颁发认证证书。

（13）监督审核与复评。

第五节　ISO9001质量管理体系文件的编写

一、ISO9001质量管理体系文件概述

（一）文件的价值

从总体来讲，文件的作用有：

（1）阐述、声明的作用　企业质量管理体系文件是客观的描述企业质量管理体系的法规性文件，为企业全体人员了解质量管理体系创造了必要条件。企业向客户或认证机构提供的质量手册起到了对外声明的作用。

（2）规定、指导的作用　企业的文件对企业日常的管理活动起到指导作用。

（3）记录、证实的作用　质量记录具有记录和证实质量管理体系运行有效性的作用。其他文件则具有证实质量管理体系客观存在和运行适用性的作用。

从评价和改进质量管理体系的角度来看，文件具有以下三项具体作用：①评价质量管理体系的作用；②保障质量改进的作用；③平衡培训要求的作用。

（二）ISO9001质量管理体系文件类型

（1）质量手册　规定组织质量管理体系的文件。通过质量手册，向组织内部和外部提供关于质量管理体系的一致信息。

（2）质量计划　对特定的项目、产品、过程或合同，规定由谁及何时应使用哪些程序和相关资源的文件。

（3）规范　阐明要求的文件。

（4）指南　阐明推荐的方法或建议的文件。

（5）程序文件、作业指导书、图样　这些文件提供如何一致地完成活动和过程的信息。

（6）记录　阐明所取得的结果或提供所完成活动的证据文件。

（三）文件的层次

组织的质量管理体系文件一般分为三个层次：质量手册、程序文件、其他质量文件（其中包括作业指导书、规范、指南、图样、报告、表格等）。

图 5-2 给出了质量管理体系文件的层次。图中任何层次的文件，既可以分开，又可以合并。

除了图 5-2 中典型的质量管理体系文件外，质量管理体系文件还涉及质量计划和质量记录。之所以未将质量记录和质量计划列入，是由于：

(1) 质量记录一般是以其他文件为载体存在的，在不同层次的文件中都有可能存在。

(2) 质量计划是作为质量手册或程序文件在特定对象（特定的产品、项目或合同等）上的补充，故也不宜于将其划在某一文件层次之中。

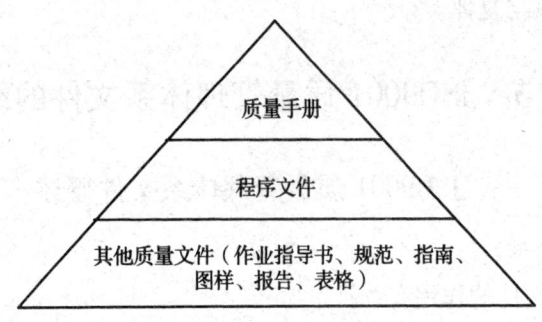

图 5-2　典型的质量管理体系文件层次

(四) 文件编制的原则

1. 系统性

体系文件应反映一个组织质量管理体系运行的全过程。体系文件的各个层次间、文件与文件之间应做到层次清楚、接口明确、结构合理。

2. 法规性

质量管理体系文件是必须执行的法规性文件，应保持其相对的稳定性和连续性。

3. 协调性

应保证质量管理体系文件与其他管理性文件的协调统一，保证质量管理体系文件之间的协调一致。

4. 高增值性

质量管理体系文件不是质量管理体系现状的简单写实，质量管理体系文件随着质量管理体系的不断改进而完善。

5. 继承性

在编制质量管理体系文件时，要继承以往有效的经验和做法。

6. 可操作性

应发动各部门有实践经验的人员，集思广益，共同参与，确保文件的可操作性，切忌照搬照抄，闭门造车。

7. 唯一性

对一个组织来说，质量管理体系只有一个，因此质量管理体系文件也应该是唯一的，要杜绝不同版本并存的现象。

8. 见证性

体系文件可作为本组织质量管理体系有效运行并得到保持的客观证据（适用性证据和有效性证据），向顾客、第三方证实本组织质量管理体系的运行情况。

9. 适宜性

文件的编制和形式应考虑企业的产品特点、规模、管理经验等。文件的详略程度应与人员的素质、技能和培训等因素相适宜。

（五）准备

文件编制前应完成质量管理体系结构设计（内容有质量方针、质量目标的制定，ISO9001 条款的确定，企业现状的诊断，质量责任分配及资源配备等），同时应进行下列准备：

（1）指定文件编写的主管机构（一般为 ISO9001 推进小组），指导和协调文件编写工作。

（2）收集整理企业现有文件。

（3）对编写人员进行培训，使之明白编写的要求、方法、原则和注意事项。

（4）编写指导性文件。

为了使质量管理体系文件统一协调，达到规范化和标准化要求，应编制指导性文件，就文件的要求、内容、体例和格式等作出规定。

二、ISO9001 质量管理手册的编写

（一）质量手册的定义

质量手册：规定组织质量管理体系的文件。

注：为了适应组织的规模和复杂程度，质量手册在其详略程度和编排格式方面可以不同。

（二）质量手册的内容

质量手册是阐明组织的质量方针并描述其质量管理体系的文件，质量手册包含：

（1）质量管理体系的范围：

① 质量手册的内容要覆盖 ISO9001 的要求，如有删减，则应明确说明并陈述理由。删减仅限于 ISO9001 第 7 章的要求，删减不能影响组织提供满足顾客和适用法律法规要求的产品的能力和责任。

② 质量手册应就覆盖的产品范围作出说明。

③ 质量手册应就覆盖的部门作出说明。如后勤部门、会计部门可以不在质量管理体系的范围内。

（2）文件化的程序或引用程序文件。

（3）对质量管理体系中各过程之间的相互作用进行描述。

(三) 质量手册的作用

（1）传达组织的方针、程序和要求。
（2）为质量体系的有效运行提供纲领性和权威性的原则。
（3）提供改进控制的方法，促进改进活动。
（4）提供审核质量体系的文件依据。
（5）环境改变时，保证质量管理体系及其要求的连续性。
（6）按质量管理体系要求和相应方法培训人员。
（7）对外介绍质量体系，证明其符合 ISO9001，突出组织的良好形象。
（8）在合同情况下，证明其质量管理体系符合要求。

(四) 手册的结构

1．质量手册的总体结构

一般情况下，质量手册的总体结构如下：

（1）封面。
（2）手册发布令。
（3）目录。
（4）手册说明（适用领域、手册控制等）。
（5）手册版序控制。
（6）术语与定义（如需要）。
（7）企业概况。
（8）质量方针和质量目标。
（9）组织结构与职责。
（10）过程的描述（ISO9001 各条款的描述）。
（11）支持性资料附录（如需要）。

2．质量手册各章节的结构

（1）基本结构　质量手册大部分条款的结构基本一致，应包括：总则（包含目的、范围）；职责；控制要求和相关文件。
（2）特殊结构　少部分条款采用直接说明或采用表格表达。

(五) 质量手册编写的基本要求

基本要求：准确与完整；体现客观要求；内容符合实际；基于实践，高于实践和文字要规范化。

三、ISO9001 程序文件的编写

(一) 程序文件定义

程序：为进行某项活动或过程所规定的途径。

如果把进行某项活动或过程所规定的途径形成了文件，这些文件就称之为程序文件。程序文件使质量手册原则性要求进一步展开和落实。编制程序文件必须以质量手册为依据。

（二）程序文件的编写时参考的结构与内容

程序文件如表 5-6 所示。

表 5-6　　　　　　　　　　程序文件的结构和内容

序号	结构	内容
1	封面	（1）组织的名称、标志 （2）文件的编号、文件名 （3）编号、审核、批准人及日期 （4）发布、实施日期 （5）版号/修改状态 （6）受控状态 （7）分发编号等
2	刊头	（1）组织标志、名称 （2）文件编号、名称 （3）版号/修改状态 （4）受控状态 （5）页码等
3	目的	说明该程序控制的活动、控制目的
4	范围	（1）程序所涉及的有关部门和活动 （2）程序所涉及的有关人员和产品
5	术语	有关的术语、编写符号的定义或含义
6	职责	（1）实施该程序的主管部门/人员的职责 （2）实施该程序的相关部门/人员的职责
7	工作程序	（1）按活动的逻辑顺序写出该项活动的各个细节 （2）规定应做的事情（what） （3）规定每一活动的实施者（who） （4）规定活动的时间（when） （5）说明在何处实施（where） （6）规定具体实施办法（how） （7）所采用的材料、设备、引用的文件等 （8）如何进行控制 （9）应保留的记录 （10）例外特殊情况的处理方法等
8	相关/支持性文件	列出与本程序有关的相关文件/支持性文件，这些文件可以是程序性文件、作业指导书、管理规定等
9	质量记录	给出有关质量记录名称并附上相应的空白表格

（三）ISO9001：2000 标准可以编制程序文件的目录

ISO9001：2000 标准可以编制程序文件的目录如表 5-7 所示。

表5-7　ISO9001：2000标准可以编制程序文件的目录

序号	ISO9001条款号	文　件　名
1	5.6	管理评审控制程序
2	5.4.2+7.1	质量计划控制程序
3	7.2	产品要求的确定及合同/订单评审控制程序
4	7.3	设计和开发控制程序
5	4.2.3	文件控制程序
6	7.4	供应商评审程序
7	7.4	采购控制程序
8	7.5.4	顾客财产管理程序
9	7.5.3	产品的标识和可追溯性控制程序
10	7.5.1	生产计划控制程序
11	7.5.1+7.5.2+8.2.3	生产过程控制程序
12	6.4	工作环境管理程序
13	6.1+6.3+7.5.1	设施、设备管理程序
14	6.3+7.5.1	工艺装备管理程序
15	8.2.4	进货检验和试验控制程序
16	8.2.4+8.2.3	过程及最终检验和试验控制程序
17	7.6	监视和测量装置控制程序
18	7.5.3	检验和试验状态控制程序
19	8.3	不合格品的控制程序
20	8.5.2+8.5.3	纠正和预防措施控制程序
21	7.5.1f+7.5.5	产品防护和交付控制程序
22	4.2.4	质量记录控制程序
23	8.2.2	内部质量管理体系审核程序
24	6.2	人力资源管理程序
25	7.2.3+7.5.1f)+8.3	与顾客的沟通及服务控制程序
26	8.3	顾客退货处理程序
27	5.4.1+8.1	质量目标管理和统计技术应用控制程序
28	5.5.3	信息交流控制程序
29	8.2.1	顾客满意度评价程序
30	8.4	数据分析和应用控制程序
31	8.5.1	持续改进控制程序

四、其他质量文件

食品企业在依照ISO9001：2000标准建立质量管理体系时需要编制其他的质量文件，这些文件包括作业指导书、规范、指南、图样、报告、表格等。这些文件的格式尚无统一格式，编写内容和编写格式因企业实际的不同而有所变化，企业可以结合自己的实际由熟悉企业情况的员工进行编写。值得一提的是其他质量文件对企业的质量管理工作起到了日常管理的作用，企业在编写时对可操作性一定要给予充分的重视。

思 考 题

1. 2000版ISO9000族的核心标准是什么？
2. 简述ISO9001与ISO9004的关系。
3. 实施ISO9001认证对食品企业有哪些作用？
4. 简述质量管理八项原则。
5. 以顾客为中心的管理原则是什么？
6. 过程的含义是什么？
7. ISO9001：2000对质量目标要求有哪些内容？
8. 质量手册的概念及内容是什么？
9. 什么程序文件？其内容及作用是什么？
10. 内部审核与管理评审有哪些的区别及联系？
11. 简述质量管理体系要求与产品要求的区别。
12. 持续改进的相关条款有哪些？

习题（ISO9001：2000质量管理体系内审员测试题）

一、选择题（每题中只有一个正确答案）（每题2分，共40分）

1. ISO9004：2000版标准是（ ）
   A. QMS标准　　B. 基础和术语　　C. 业绩改进指南　　D. QMS指南
2. 根据GB/T19001：2000标准要求，组织在建立质量体系时可结合本组织的实际情况可对标准第（ ）章内容进行删减。
   A. 第5章　　B. 第7章　　C. 第8章　　D. B+C
3. 持续改进指（ ）
   A. 日常的改进活动　　　　　　B. 对质量方针的改进
   C. 重大的改进活动　　　　　　D. A+B+C
4. 内部审核是审核质量管理体系的（ ）
   A. 有效性、适宜性　　　　　　B. 符合性、充分性
   C. 符合性、有效性　　　　　　D. 符合性、适宜性
5. 审核记录的作用（ ）
   A. 记录不合格　　　　　　　　B. 记录客观证据
   C. 记录重点内容　　　　　　　D. 以上都是
6. 系统地识别和管理组织所应用的过程，特别是这些过程之间的相互作用，称为（ ）
   A. 管理的系统方法　　　　　　B. 过程方法
   C. 基于事实的决策方法　　　　D. 以上都不是
7. 对特殊过程的确认可采用下列哪种方法（ ）
   A. 模拟　　B. 试验　　C. 顾客参与评审　　D. 以上全部
8. 质量手册可不包括下列内容（ ）
   A. 质量方针和目标　　　　　　B. 删减的细节与合理性
   C. 形成文件的程序或引用　　　D. B+D
9. 过程的监视和测量是监视和测量（ ）
   A. 设备能力　　　　　　　　　B. 过程人员的技能

C. 特定的方法和程序　　　　　　D. 过程实现所策划的结果的能力

10. ISO9001：2000 标准规定了质量管理体系要求可以通过满足（　　）而达到顾客满意

A. 顾客需求　　　　　　　　　　B. 相关方要求

C. 适用的法规要求　　　　　　　D. A＋C

二、判断题（每题 2 分，共 40 分）

1. 质量管理体系向组织及顾客提供了能持续提交符合要求产品的信任。（　　）
2. 对员工不仅要培训，还应评价每次培训的有效性。（　　）
3. 设计和开发评审是对设计输出是否满足设计输入要求能力的评审。（　　）
4. 质量计划指对产品实现过程进行策划后形成的文件。（　　）
5. 质量手册应具体说明覆盖生产产品范围及生产地点，其中产品范围应详细说明哪些是申请认证覆盖产品，哪些不是。（　　）
6. 新购进的监视和测量装置，由生产厂家的合格证，即可用于监视和测量活动。（　　）
7. 对产品要求的评审应在投标后立即进行，要予以落实。（　　）
8. 过程的监视和测量主要是对产品实现过程的监视和测量，使其满足策划的结果。（　　）
9. 内审发现不合格项，内审员可以与受审核方一起制定纠正措施。（　　）
10. PDCA 的方法可适用于所有的过程。（　　）

三、简答题（每题 8 分，共 40 分）

1. 审核是为获得审核证据并对其进行客观的评价，以确定满足审核准则的程度所进行的系统的、独立的并形成文件的过程。请解释"系统的""独立的"及"形成文件"的含义。
2. ISO9001：2000 标准对质量方针和质量目标制定有何要求？
3. 简述数据收集和分析的目的和范围？
4. 简述质量管理体系中使用的文件类型。
5. 如何策划管理评审的输入信息？

四、情景题（每题 10 分，共 20 分）

1. 审核组在审核公司总经理和管理者代表时，请总经理介绍一下一年来在持续改进方面做了哪些工作，总经理想了一下说："上次内审我们出具 3 份不合格报告，这些不合格报告我们已经在规定的时间内解决，内审员对解决效果也进行了验证，这些事实也反映了我们在持续改进方面有了进步。"其他方面就没有了。对照 ISO9001：2000 有无不合格？为什么？不符合标准的哪一条款？

2. 某合资化妆品厂，其配方由外资方母公司提供，精细成分由外资方代理进口，基体成分在国内市场采购，该厂在国内配制与灌装，该厂在申请认证时提供的质量手册中删去了 ISO9001：2000 的 7.3 条款内容，请判断删减是否合理。

实 训 项 目

实训一　ISO9001 质量管理手册的编写

实训目的：

1. 通过对 ISO9001 质量管理手册的编写，让学生掌握质量管理手册的内容和编写方法。

2. 通过实训，能让学生在实际生产中学会运用质量管理手册。

实训原理：质量管理手册是食品企业开展质量管理活动的基础，是食品企业应长期遵循的文件。组织的质量管理手册是根据 ISO9001：2000 标准及有关法律法规和其他要求编制的。在食品企业中实施 ISO9001：2000 标准对改善我国食品质量状况、增强顾客满意具有广泛而深远的意义。

实训步骤：

1．根据班级学生多少进行分组。

2．根据本章讲述的质量管理手册的知识，通过网络查找资料，每组按照自己的兴趣选择一种食品，以生产该种食品的企业为例编制一份质量管理手册。

3．每组选出一名代表向全班同学汇报本组编写的质量管理手册，其他组同学可以提问质疑。

4．教师点评各组质量管理手册的编写质量。

实训效果考核：

组别	标题和要素描述的合理性（20分）	交流时的逻辑性（20分）	回答质疑的准确性（10分）	质量管理编写（50分）

实训二　记录控制程序的编写

实训目的：通过本实训使学生能够切实理解记录控制程序在保证食品安全中的重要性，学会根据具体的情况编制具有可操作性的记录控制程序。

实训原理：记录程序是食品企业食品安全管理体系有效运行的基础，其是否具有可操作性至关重要。

实训步骤：

1．根据班级学生数量进行分组。

2．根据本章讲述的记录控制程序，通过网络查找资料，每组按照自己的兴趣选择一种食品，以生产该种食品的企业为例编制一份记录控制程序。

3．每组选出一名代表向全班同学汇报本组编写的记录控制程序，其他组同学可以提问质疑。

4．教师点评各组记录控制程序的编写质量。

实训效果考核：

学生姓名	涵盖内容的全面性（30分）	记录控制程序的可操作性（30分）	与相应标准法规的吻合度（20分）	回答质疑的准确性（20分）

第六章　ISO14001 环境管理体系在食品企业的建立

知识目标：
1. 了解环境管理体系认证对食品企业的作用。
2. 理解 ISO14001 质量管理体系文件包括的内容。
3. 掌握食品企业建立环境管理体系的方法、步骤。
4. 理解 ISO14001：2004 标准条款。

技能目标：
1. 学生能够培养爱好环境，节约能源的意识。
2. 学生能够为某一食品企业建立有效的环境管理体系。

第一节　ISO14001 环境管理体系认证对食品企业的作用

进入 21 世纪，实现可持续发展正引领着社会各领域、各层面的深刻变革和广泛的行动，特别是在工商业界，以实施可持续发展和保护环境的行为为自身应有的责任义务，进行着改变原有生产和末端治理的实践。ISO14000 系列标准正是为响应全球环境与可持续发展战略而颁布的国际标准。它通过建立企业环境管理体系和进行环境审核提高企业在公众中的形象以得到商品经营支持，从加强环境管理入手，建立污染预防的新概念，通过企业的"自我决策、自我控制、自我管理"的自愿方式，达到保护环境，节约能源，改善环境质量，促进社会的可持续发展的目的。环境管理系列标准的建立和运行有助于企业增强实力。它能使企业在内部节能降耗，通过改善环境行为提高生产效益；在外部树立良好的公众形象，促进产品的销售。

一、ISO14001 环境管理系列标准简介

ISO14000 系列标准是国际标准化组织（简称 ISO）制定的旨在规范各类组织的环境行为，促进组织节约资源、能源，减少和预防污染，提高环境管理水平，改善环境质量，促进经济持续健康发展的系列综合管理型国际标准，我国已将其发布的五个标准等同转化为国家标准，它们是：

GB/T24001——ISO14001　环境管理体系　规范及使用指南
GB/T24004——ISO14004　环境管理体系　原则、体系和支持技术通用指南
GB/T24010——ISO14010　环境审核指南　通用原则
GB/T24011——ISO14011　环境审核指南　审核程序　环境管理体系审核
GB/T24012——ISO14012　环境审核指南　环境审核员资格要求

其中 ISO14001 是 ISO14000 系列中最重要也是最关键的一个标准。它不仅是对环境管理体系（EMS）进行审核的依据而且是制定 ISO14000 系列其他标准的依据，ISO14001 奠定了 ISO14000 系列的基础。

（一）ISO14001 主要特点

1. 强调污染预防、持续改进

标准从始至终强调的是预防为主的原则。其强调全过程的管理，重在污染源头的削减和全过程污染控制，体现了当前国际环境保护领域的发展趋势。

2. 强调法律、法规的符合性

标准以遵守有关环境的法律法规为最低要求。标准要求组织一改往日被动守法的局面，由被动守法变为主动找法、守法。

3. 强调系统化管理

系统化管理就是最优的组合、最优化的结果。最优化的组合不代表最先进的技术组合。应根据自身实际，充分考虑人员素质、技术水平，经济能力，经济发展等方面因素。在解决环境问题过程当中应使这些方面能够协调一致，实现最优化的组合。

4. 强调相关方的观点

标准要求组织应重视相关方的观点，同时也应影响相关方，带动相关方。

5. 强调文件化

系统化的管理需要将制度、要求文件化，以使人们"有法可依"、"有章可寻"。因此要求环境管理体系文件化，将要做的事情写下来，当然应该是一个简洁而又是操作性很强的文件化体系，而非繁杂空洞的体系。

（二）环境管理体系的运行模式

环境管理体系的运行模式如图 6-1 所示。

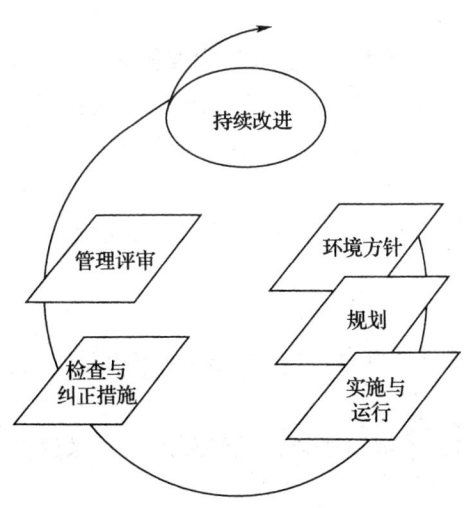

图 6-1 环境管理体系的运行模式

二、环境管理体系的建立对企业的作用

（一）节能降耗，降低成本

ISO14001 标准要求对企业生产全过程进行有效控制，体现清洁生产的思想，从最初的设计与开发到最终的产品及服务都考虑减少污染的产生、排放和对环境的影响，能源、资源和原材料的节约，废物的回收利用等环境因素。通过设计目标、指标、管理方案以及运行控制对重要环境因素进行控制，有效地减少污染、节约资源和能源，有效地利用原材料和回收利用废旧物资，减少或完全避免污染物超标排放费的交纳和行政性罚款，节省支出，降低成本，获得显著的经济效益。

（二）提高企业的管理水平

ISO14001 是关于环境管理方面的一个体系标准，它是融合世界上许多发达国家在环境管理方面的经验于一身而形成的一套完整的、科学的、操作性强的体系标准，作为一个有效的手段和方法，该标准在企业原有管理机制的基础上建立一个系统的管理机制，这个新的管理机制不但提高环境管理水平，而且促进企业整体管理水平的提高，完善组织的管理体系，增添无限生机和活力。

（三）塑造良好的企业形象

通过 ISO14001 环境管理体系认证，以此向外界展示其实力和对环境保护的态度。树立良好的环境行为公众形象，改善与相关部门、周边群众的关系，增加组织的凝聚力，同时满足顾客环保要求，提高企业形象，降低环境风险。

（四）在国际贸易中冲破绿色壁垒

市场压力首先来自于国际市场的竞争，目前国际贸易中对环保标准包括对 ISO14001 证书的要求越来越多，获取认证证书，就等于取得一张国际贸易的"绿色通行证"，可以获取国际贸易准入，避免非关税贸易壁垒，创造长远发展的条件，在市场竞争中占有优势。

（五）避免非关税贸易壁垒，创造长远发展的条件，在市场竞争中占有优势

我国目前已考虑对通过 ISO14001 标准认证的企业在环保贷款、环保产品认证、评选先进单位或创一流企业等方面给予优惠鼓励政策，企业通过获取认证证书，不但顺应国内外在环保方面越来越高的要求，不受国内外在环保方面的制约，而且增加了企业获得优惠信贷和保险政策的机会，有效地促进企业环境与经济的协调与持续发展。

第二节　ISO14001 环境管理体系的术语和定义

ISO14001：2004 给出了常用术语，正确理解这些术语及其定义，是正确理解该标准的基础。

1. 审核员 auditor

有能力实施审核的人员。

2. 持续改进 continual improvement

不断对环境管理体系进行强化的过程,目的是根据组织的环境方针,实现对整体环境绩效的改进。

注:该过程不必同时发生于活动的所有方面。

理解要点

(1) 持续改进是 GB/T 24001—ISO14001 的灵魂。持续改进可以从两方面去考虑:即环境管理体系自身不断完善的过程和环境问题不断减少的过程。

(2) 但需注意的是改进的过程"不必发生在活动的所有方面",但是持续改进往往体现于环境绩效的某一或某几个方面。

3. 纠正措施 corrective action

为消除已发现的不符合的原因所采取的措施。

4. 文件 document

信息及其承载媒体。

注:媒体可以是纸张、计算机磁盘、光盘或其他电子媒体、照片或标准样品,或它们的组合。

5. 环境 environment

组织运行活动的外部存在,包括空气、水、土地、自然资源、植物、动物、人,以及它们之间的相互关系。

注:在这一意义上,外部存在从组织内部延伸到全球系统。

理解要点

(1) 在此定义中,作为主体的是组织及其运行活动,所强调的运行即指一个组织的具体活动或操作,从这意义上讲环境可以理解为一个组织的活动或操作的外部存在。

(2) 外部存在是多种介质的组合,如水、空气、土地、自然资源、动植物等。

(3) 外部存在还包括受体,即当介质改变时会受到影响的群体,如植物、动物、人。受体往往是被保护的对象,植物、动物自我保护能力有限,需人类的特别保护才能得以生存。

(4) 自然资源是环境的特殊组成部分,是人类生存和发展不可缺少的,如水、石油、煤炭、天然气、各种矿物等。

(5) 环境并不是以上几方面的零散集合,而是一个有机整体,包括以上所有物质与形态的组合,即相互关系。它们共存于环境中,相互影响、相互依赖、相互制约,并保持着一定的动态平衡。

6. 环境因素 environmental aspect

一个组织的活动、产品或服务中能与环境发生相互作用的要素。

注:重要环境因素是指具有或能够产生重大环境影响的环境因素。

理解要点

(1) 环境因素是组织活动、产品或服务中具有的某种特性,这种特性能与环境发生作用,其结果就是造成了环境的变化。如汽车行驶中尾气的排放,造成了空气污染,那么汽车的使用是活动,尾气的排放是环境因素,空气污染进一步影响人体的健康是环境影响。

(2) 可以简单地认为:环境因素和环境影响之间的关系是因果关系,环境因素的重要性与其可能造成的环境影响的严重程度是一致的。能产生重大环境影响的环境因素叫做重大环境因素。

7. 环境影响 environmental impact

全部或部分地由组织的环境因素给环境造成的任何有害或有益的变化。

理解要点

（1）环境影响强调一种"变化"：如环境的组成要素或相互关系发生了改变，即具有环境影响。如河流水质的改变、空气成分变化等，这些变化可能是有害的，也可能是有益的。

（2）环境影响的根源在于"组织的活动、产品或服务"；活动可包括组织的生产、管理、经营等多种类型，是人类有目的、有组织的行为。

8. 环境管理体系 environmental management systems

组织管理体系的一部分，用来制定和实施其环境方针，并管理其环境因素。

注1：管理体系是用来建立方针和目标，进而实现这些目标的一系列相互关联的要素集合。

注2：管理体系包括组织结构、策划活动、职责、惯例、程序、过程和资源。

理解要点

（1）环境管理体系是全面管理体系一个组成部分，它对组织其他管理如生产管理、质量管理能够起到促进作用。因此它需要溶入组织的整个管理当中。

（2）环境管理体系是由环境方针、策划、实施与运行、检查与纠正措施和管理评审这5个一级要素和若干二级要素组成。

（3）环境管理体系实施与运作的所有过程将围绕环境方针展开，包括制定、实施、实现、评审和保持环境方针等若干过程。

9. 环境目标 environmental objective

组织依据其环境方针规定的自己所要实现的总体环境目标。

理解要点

环境目标是依据环境方针制定的，将环境方针具体化和量化。

10. 环境绩效 environmental performance

组织对其环境因素进行管理所取得的可测量结果。

注：在环境管理体系条件下，可对照组织的环境方针、环境目标、环境指标及其他环境绩效要求对结果进行测量。

理解要点

绩效即为成绩和效果。该定义强调行为的结果，而非行为本身。绩效应是可测量的。

11. 环境方针 environmental policy

由最高管理者就组织的环境绩效正式表述的总体意图和方向。

注：环境方针为采取措施，以及建立环境目标和环境指标提供了一个框架。

理解要点

环境方针是一个组织基于自身现状的环境管理的总体的指导方向，是组织开展环境管理工作的指导思想和行为准则。

12. 环境指标 environmental target

由环境目标产生，或为实现环境目标所需规定并满足的具体的绩效要求，它们可适用于整个组织或其局部。

理解要点

环境指标是依据环境目标制定的,应尽可能量化,使其具有可测量性。

13. 相关方 interested party

关注组织的环境绩效或受其环境绩效影响的个人或团体。

理解要点

相关方可以是团体,也可以是个人。他们可分为两类:

(1) 受到组织环境绩效影响的相关方。如与该组织相邻的组织或个人、邻厂、周围的居民、下风向的企业等;组织的经营生产活动相关的股东、供应方、客户、员工等。这类相关方往往会提出各种要求或建议来改善组织的环境绩效。这些要求或建议应纳入组织的环境管理体系,应予以特别重视。

(2) 关注组织环境绩效的相关方。这类可能包括:银行、政府部门(如规划部门、环境部门等),环境保护组织等。

14. 内部审核 internal audit

客观地获取审核证据并予以评价,以判定组织对其设定的环境管理体系审核准则满足程度的系统的、独立的、形成文件的过程。

注:在许多情况下,尤其是对于小型组织,独立性可通过与所审核活动无责任关系来体现。

理解要点

(1) 本定义中的证据通常称审核证据,它是指关于事实的可验证的信息、记录和陈述。

(2) 内部审核是一个系统化、获取证据的评价过程,这一评价过程应满足客观性、系统性和文件化的要求。审核对象是组织以 ISO14001 为依据建立的环境管理体系。

(3) 审核准则通常包括:ISO14001 标准、适用的法律、法规以及组织的环境管理体系文件等。

(4) 审核过程应是系统化的,审核应覆盖环境管理体系的 17 个要素,重点围绕组织的重要环境因素的管理和控制状况,审核时应有计划和有步骤地进行,得到系统的控制,满足审核过程的客观性要求。审核过程应文件化,并有文件程序的支持。

(5) 审核完成后应形成报告,并呈报给管理者。

15. 不符合 non – conformity

未满足要求。

注:此术语在 GB/T19000—2000 中为"不合格(不符合)"。

16. 组织 organization

具有自身职能和行政管理的公司、集团公司、商行、企事业单位、政府机构、社团或其结合体,或上述单位中具有自身职能和行政管理的一部分,无论其是否具有法人资格、公营或私营。

注:对于拥有一个以上运行单位的组织,可以把一个运行单位视为一个组织。

理解要点

组织的形式可能是公司、集体公司、商行、企业、政府机构、事业单位,也可能是这些单位的部分或结合体。组织必须有其自身职能和行政管理权限。对于结构形式较为复杂的组织,可以按其运行单位分为多个组织,每个运行单位应具有独立的职能和行政管理权限。如总公司与分公司、总厂与分厂、大学与分校等。

17. 预防措施 preventive action

消除潜在不符合原因所采取的措施。

18. 污染预防 prevention of pollution

为了降低有害的环境影响而采用（或综合采用）过程、惯例、技术、材料、产品、服务或能源以避免、减少或控制任何类型的污染物或废物的产生、排放或废弃。

注：污染预防可包括源削减或消除，过程、产品或服务的更改，资源的有效利用，材料或能源替代，再利用、回收、再循环、再生和处理。

理解要点

污染预防是建立和保持环境管理体系的主导思想。其具体做法可分三个层次，即：

（1）源头控制 从产品设计、工艺的设计、原材料的选择开始，充分考虑避免环境问题的产生。

（2）过程控制 当产品和工艺设计无法避免环境问题出现时，则应在生产的过程中，加以控制，如优化工艺结构，强化过程管理，从而减少资源的消耗及污染物的排放。

（3）末端治理 目前的工艺生产技术很难实现污染物的零排放。对于最终产生的污染物，则应采取有效的治理手段加以处理，从而减少其对环境造成的不利影响。

19. 程序 procedure

为进行某项活动或过程所规定的途径。

注：程序可以形成文件，也可以不形成文件。

20. 记录 record

阐明所取得的结果或提供所从事活动的证据的文件。

第三节 ISO14001 标准条款的理解

ISO14001：2004 "规范"部分的第 4 章是对 EMS 框架的具体要求。无论是组织建立的 EMS，还是认证审核机构对 EMS 进行符合性审核，都必须以这些要求为依据，必须符合这些要求。因此，正确理解并把握这些要求的精神实质，无论对于 EMS 的建立还是审核都是至关重要的。

4.1 总要求

组织应根据本标准的要求建立、实施、保持和持续改进环境管理体系，确定如何实现这些要求，并形成文件。

组织应界定环境管理体系的范围，并形成文件。

理解要点

该条款是对组织建立环境管理体系一个总体性的要求。同时要求环境管理体系要形成文件，并要明确体系覆盖的范围。

4.2 环境方针

最高管理者应确定本组织的环境方针，并在界定的环境管理体系范围内，确保其：

a) 适合于组织活动、产品和服务的性质、规模和环境影响；
b) 包括对持续改进和污染预防的承诺；
c) 包括对遵守与其环境因素有关的适用法律法规要求和其他要求的承诺；
d) 提供建立和评审环境目标和指标的框架；
e) 形成文件，付诸实施，并予以保持；
f) 传达到所有为组织或代表组织工作的人员；
g) 可为公众所获取。

理解要点

(1) 环境方针的内容中必须包括"两个承诺和一个框架"。两个承诺是承诺遵守法律及其他要求，承诺持续改进和污染预防；一个框架就是要为环境目标和指标的制定和评审提供框架。

(2) 环境方针为组织制定目标、指标提出了框架要求。

(3) 环境方针在制定时应注重：① 适合于组织的特点；② 形成文件，传达到全体员工；③ 具有公开性。

4.3 策划

4.3.1 环境因素

组织应建立、实施并保持一个或多个程序，用来：

a) 识别其环境管理体系覆盖范围内的活动、产品和服务中能够控制或能够施加影响的环境因素，此时应考虑到已纳入计划的或新的开发、新的或修改的活动、产品和服务等因素；

b) 确定对环境具有、或可能具有重大影响的因素（即重要环境因素）。

组织应将这些信息形成文件并及时更新。

组织应确保在建立、实施和保持环境管理体系时，对重要环境因素加以考虑。

理解要点

(1) 组织应建立并保持程序，用来：① 识别出环境因素；② 从 a) 中评价出重要环境因素；③ 及时更新环境因素的信息。

(2) 环境因素的识别与评价是建立环境管理体系的基础，环境管理体系的管理重点是对重要的环境因素的管理。

(3) 重要环境因素是具有或可能具有重大环境影响的因素，因而必须比较环境影响，确定因素的重要性。

(4) 为了确保评价的准确性，在识别环境因素时应考虑包括：3 种状态（正常、异常和紧急）、3 种时态（过去、现在和将来）。

4.3.2 法律与其他要求

组织应建立、实施并保持一个或多个程序，用来：

a) 识别适用于其活动、产品和服务中环境因素的法律法规和其他应遵守的要求，并建立获取这些要求的渠道；

b) 确定这些要求如何应用于组织的环境因素。

组织应确保在建立、实施和保持环境管理体系时，对这些适用的法律法规和其他要求加以考虑。

理解要点

（1）组织应建立并保持程序，程序中应规定如何确定与它活动、产品或服务环境因素相适用的法律，以及它所遵守的其他要求，并建立获取这些法律和要求的渠道。

（2）这里所说的法律与其他要求是指与组织环境因素相关的法律和其他要求。法律、法规包括国家和地方政府以及相关部门为进行行业、企业或地方管理而制定的，是国家环境保护要求的转化形式。

（3）组织应有畅通的渠道能及时获取这些新的法律和其他要求，保证组织持续地符合有关要求。组织应通过这些渠道及时掌握信息。

4.3.3 目标、指标和方案

组织应对其内部有关职能和层次，建立、实施并保持形成文件的环境目标和指标。

如可行，目标和指标应可测量。目标和指标应符合环境方针，包括对污染预防、持续改进和遵守适用的法律法规和其他要求的承诺。

组织在建立和评审环境目标和指标时，应考虑法律法规和其他要求，以及自身的重要环境因素。此外，还应考虑可选的技术方案，财务、运行和经营要求，以及相关方的观点。

组织应制定、实施并保持一个或多个用于实现其目标和指标的方案，其中应包括：

a) 规定组织内各有关职能和层次实现目标和指标的职责；
b) 实现目标和指标的方法和时间表。

理解要点

（1）组织的环境目标是依据环境方针制定的具体环境目的，是环境方针的具体体现。要实现这些目标，组织需要确定环境控制指标。

（2）目标、指标是根据其环境方针，考虑组织的规模、经济技术等实际情况制定的，并且要体现出环境因素识别与评价重大环境因素的连续性。另外标准要求目标、指标是有层次的，是一个逐渐细化、分解的过程。目标要符合国家环境规划的要求，环境技术政策的要求，指标的制定要体现先进性、可操作性、可调整性和量化的要求。

（3）组织应制定一个或多个环境管理方案。

（4）环境管理方案通常应包括：各级管理部门的职责的要求；详细的行动计划、时间表及方法；方案形成过程的评审和方案执行中的控制；项目的文件记录方法。

（5）为满足实现目标、指标，方案也应随着客观环境的变化而有所调整，如工艺的改变，生产条件变化等。

4.4 实施与运行

4.4.1 资源、作用、职责和权限

管理者应确保为环境管理体系的建立、实施、保持和改进提供必要的资源。资源包括人力资源和专项技能、组织的基础设施以及技术和财力资源。

为便于环境管理工作的有效开展，应对作用、职责和权限做出明确规定，形成文件，并予以传达。

组织的最高管理者应任命专门的管理者代表，无论他（们）是否还负有其他方面的责任，应明确规定其作用、职责和权限，以便：

a）确保按照本标准的要求建立、实施和保持环境管理体系；

b）向最高管理者报告环境管理体系的运行表现（绩效情况）以供评审，并提出改进建议。

理解要点

条款要求管理者应为完成环境管理体系配备必要的资源。对组织各层次的职责、作用和权限明确规定，并形成文件传达。

4.4.2 培训、意识与能力

组织应确保所有为它或代表它从事组织所确定的可能具有重大环境影响的工作的人员都具备相应的能力。该能力基于必要的教育、培训或经历。组织应保存相关的记录。

组织应确定与其环境因素和环境管理体系有关的培训需求并提供培训，或采取其他措施来满足这些需求，应保存相关的记录。

组织应建立、实施并保持一个或多个程序，使为它或代表它工作的人员都意识到：

a）符合环境方针与程序和符合环境管理体系要求的重要性；

b）他们工作中的重要环境因素和实际的或潜在的环境影响，以及个人工作的改进所能带来的环境效益；

c）他们在实现环境管理体系要求符合性方面的作用与职责；

d）偏离规定的运行程序的潜在后果。

理解要点

（1）该条款首先要求组织应确定培训的需求，确保相关的人员都经过培训。应制定相应的程序，规定培训工作如何展开。培训应满足组织人员有关意识与能力的要求，并达到预定的培训效果。例如，某公司将危险化学品意外泄漏作为重要环境因素，那么与危险化学品有关的岗位就包括采购、仓库管理、运输部门、使用部门、废弃化学品管理等。这些人员都应得到培训。

（2）具有较高的环境意识是这一条款的要求之一。

（3）对与重要环境因素相关的岗位，仅有相应的意识的要求是不够的，必须具备相应的能力。

4.4.3 信息交流

组织应建立、实施并保持一个或多个程序，用于有关其环境因素和环境管理体系的：

a）组织内部各层次和职能间的信息交流；

b）与外部相关方联络的接收、形成文件和回应。

组织应决定是否就其重要环境因素与外界进行信息交流，并将决定形成文件。如决定进行外部交流，则应规定交流的方式并予以实施。

理解要点

（1）条款要求组织对与环境因素和环境管理体系有关信息进行程序化管理，保证内部与外部信息能够畅通有效地交流，涉及重要环境因素的外部信息还应做到有序的、文件化的接收、处理与答复。

（2）信息交流包括内部信息交流和外部交流。信息交流是双向的，无论是内部还是外部交流应有相应的程序，并有相应的记录反映出交流的内容，并可了解对有关问题的处理结果。

4.4.4 文件

环境管理体系文件应包括：

a) 环境方针、目标和指标；

b) 对环境管理体系覆盖范围的描述；

c) 对环境管理体系主要要素及其相互作用的描述，以及相关文件的查询途径；

d) 本标准要求的文件，包括记录；

e) 组织为确保对涉及重要环境因素的过程进行有效策划、运行和控制所需的文件和记录。

理解要点

（1）条款要求以文件的形式描述组织的环境管理体系，并提供相关文件的查询途径，一般应形成一套环境管理文件系统，全面支持现有的环境管理体系，为组织的内部管理和外部审核提供依据。

（2）组织在编写环境管理体系文件时，可参考组织原有的管理体系文件，如ISO9001体系文件，可包括手册、程序及作业指导书、表格记录及其他文件多个层次和类型。

4.4.5 文件控制

应对本标准和环境管理体系所要求的文件进行控制。记录是一种特殊的文件，应根据4.5.4的要求进行控制。

组织应建立、实施并保持一个或多个程序，以规定：

a) 在文件发布前进行审批，确保其充分性和适宜性；

b) 必要时对文件进行评审和修订，并重新审批；

c) 确保对文件的更改和现行修订状态做出标识；

d) 确保在使用处能得到适用文件的有关版本；

e) 确保文件字迹清楚，易于识别；

f) 确保对策划和运行环境管理体系所需的外来文件做出标识，并对其发放予以控制；

g) 防止对过期文件的非预期使用。如需将其保留，要做出适当的标识。

理解要点

（1）文件控制是指对文件的批准、发放、使用、更改、报废、回收等的管理工作，组织应制定文件化的程序，并依此进行文件管理。

（2）文件控制的目的是要组织运作有法可依，不出现由于缺乏规定而造成的环境影响。

4.4.6 运行控制

组织应根据其方针、目标和指标，识别和策划与所确定的重要环境因素有关的运行，以确保其通过下列方式在规定的条件下进行：

a）应建立、实施并保持一个或多个形成文件的程序，以控制因缺乏程序文件而导致偏离环境方针、目标和指标的情况；

b）在程序中规定运行准则；

c）对于组织使用的产品和服务中所确定的重要环境因素，应建立、实施并保持程序，并将适用的程序和要求通报供方及合同方。

理解要点

（1）组织要根据其环境方针和目标、指标，确认哪些运行、活动与重要环境因素有关，并对这些活动进行程序化管理，确定操作规程、作业指导书等。程序化管理的目的在于确保这些重要环境因素得到有效的控制，减少环境影响。

（2）运行控制是环境管理体系中最具实际的工作要素之一，它直接体现了组织环境管理要求，控制对象是与重要环境因素相关的管理与生产活动，可包括产品设计开发、采购、贮运、生产与维护、废物处理等。

4.4.7 应急准备与响应

组织应建立、实施并保持一个或多个程序，用于识别可能对环境造成影响的潜在的紧急情况和事故，并规定响应措施。

组织应对实际发生的紧急情况和事故做出响应，并预防或减少随之产生的有害环境影响。

组织应定期评审其应急准备和响应程序，必要时对其进行修订，特别是当事故或紧急情况发生后。

可行时，组织还应定期试验上述程序。

理解要点

标准要求对可能的事故和紧急情况进行程序化管理，程序中应确定组织存在哪些可能的事故或紧急情况，并规定如何预防事故的发生，并在事故发生时做出响应，减少环境影响。这类程序应定期检验、评审和修订。

4.5 检查

4.5.1 监测和测量

组织应建立、实施并保持一个或多个程序，对可能具有重大环境影响的运行的关键特性进行例行监测和测量。程序中应规定将监测环境绩效、适用的运行控制、目标和指标符合情况的信息形成文件。

组织应确保所使用的监测和测量设备经过校准和检验，并予以妥善维护，且应保存相关的记录。

理解要点

（1）这一条款要求用文件化的程序来规定组织的环境监测活动，监测的内容应包括组织的环境绩效，与重要环境因素有关的运行控制，组织的目标、指标的更改情况。组织用于监测的设备应用程序来规定其校准和维护办法，校准与维护工作应有记录。标准条款特别强调应定期评审组织法律、法规的符合性，评审工作应程序化并严格执行。

监测的对象是可能具有重大环境影响的运行与活动的关键性。

（2）监测的结果应予以记录下来。监测所使用设备仪器应得到检定和校准，监测所使用的方法应符合国家有关监测方法的规定。仪器校准的频率与方法应在程序中予以规定。

4.5.2 合规性评价

4.5.2.1 为了履行遵守法律法规要求的承诺,组织应建立、实施并保持一个或多个程序,以定期评价对适用法律法规的遵守情况。组织应保存对上述定期评价结果的记录。

4.5.2.2 组织应评价对其他要求的遵守情况。这可以和4.5.2.1中所要求的评价一起进行,也可以另外制定程序,分别进行评价。组织应保存上述定期评价结果的记录。

理解要点

组织对于其对法律法规的遵守情况要定期进行评价,评价的结果应予以记录。

4.5.3 不符合、纠正措施和预防措施

组织应建立、实施并保持一个或多个程序,用来处理实际或潜在的不符合,采取纠正措施和预防措施。程序中应规定以下方面的要求:

a) 识别和纠正不符合,并采取措施减少所造成的环境影响;
b) 对不符合进行调查,确定其产生原因,并采取措施以避免再度发生;
c) 评价采取预防措施的需求;实施所制定的适当措施,以避免不符合的发生;
d) 记录采取纠正措施和预防措施的结果;
e) 评审所采取的纠正措施和预防措施的有效性。

所采取的措施应与问题和环境影响的严重程度相符。

组织应确保对环境管理体系文件进行必要的更改。

理解要点

(1) 组织应建立并保持用来处理不符合现象的程序,程序应规定如何调查处理发生的不符合现象,采取纠正和预防措施,减少产生的环境影响并防止问题的再次发生。对发生的不符合现象和相应采取的措施均应记录。

(2) 凡违背了环境管理体系要求的行为、管理活动等均称为不符合,包括违反日常操作规定,监测结果不符合法规要求,内审中的问题,管理评审中的问题等。

(3) 组织应详实记录发生过的问题以及事后的处理结果。

4.5.4 记录控制

组织应根据需要,建立并保持必要的记录,用来证实对环境管理体系和本标准的要求的符合,以及所实现的结果。

组织应建立、实施并保持一个或多个程序,用于记录的标识、存放、保护、检索、留存和处置。

环境记录应字迹清楚,标识明确,并具有可追溯性。

理解要点

(1) 组织应对环境记录实施程序化管理,记录的管理包括记录的标识、保存、处置等。环境记录应具有可追溯性,清晰可辨,记录的管理应便于查阅、避免损坏、变质和丢失。

(2) 环境记录是环境管理体系运行的证据。重点管理的记录应为实施与运行管理体系所需的记录及环境目标和指标实现程度的记录。环境记录包括有关法律与其他要求的信息;投诉记

录；培训记录；内部信息交流记录；产品信息；检查、维护与校准记录；有关的供方与承包方信息；事故报告；应急准备与响应信息；重要环境因素信息；审核结果；管理评审等。

4.5.5 内部审核

组织应确保按照计划的间隔对环境管理体系进行内部审核。目的是：

a) 判定环境管理体系：

　1) 是否符合组织对环境管理工作的预定安排和本标准的要求；

　2) 是否得到了恰当的实施和保持。

b) 向管理者报告审核结果。

组织应策划、制定、实施和保持一个或多个审核方案，此时，应考虑到相关运行的环境重要性和以往审核的结果。

应建立、实施和保持一个或多个审核程序，用来规定：

——策划和实施审核及报告审核结果、保存相关记录的职责和要求；

——审核准则、范围、频次和方法。

审核员的选择和审核的实施均应确保审核过程的客观性和公正性。

理解要点

内部审核是组织的自我检查与评判，内部审核应覆盖ISO14001环境管理体系标准中的所有要求，覆盖组织的所有重要环境因素，内部审核应包括组织内所有的部门，部门所涉及的关键要素。

4.6 管理评审

最高管理者应按计划的时间间隔，对组织的环境管理体系进行评审，以确保其持续适宜性、充分性和有效性。评审应包括评价改进的机会和对环境管理体系进行修改的需求，包括环境方针、环境目标和指标的修改需求。应保存管理评审记录。

管理评审的输入应包括：

a) 内部审核和合规性评价的结果；

b) 来自外部相关方的交流信息，包括抱怨；

c) 组织的环境绩效；

d) 目标和指标的实现程度；

e) 纠正和预防措施的状况；

f) 以前管理评审的后续措施；

g) 客观环境的变化，包括与组织环境因素有关的法律法规和其他要求的发展变化；

h) 改进建议。

管理评审的输出应包括为实现持续改进的承诺而作出的，与环境方针、目标、指标以及其他环境管理体系要素的修改有关的决策和行动。

理解要点

(1) 组织的最高管理者应进行管理评审，管理评审的内容是环境管理体系的运行情况，包括方针、目标、指标和其他体系要素的适宜性等，管理评审应对体系的适用性、充分性和有效性做出判断。管理评审前应收集到足够的必要信息,如内审的结果,外部要求的变化等。

(2) 管理评审的输入要充分,输出要有判断,有措施。

(3) 管理评审的结果与建议都应在评审后予以落实,加以实施。评审过程应形成记录。

第四节　如何在食品企业建立 ISO14001 环境管理体系

一、环境管理体系概述

环境管理体系是依照 ISO14001 建立一种环境方面的管理体系。组织建立环境管理体系的步骤:

(1) 体系建立的准备阶段。

(2) 初始环境评审。

(3) 体系策划与设计。

(4) 环境管理体系文件的编制。

(5) 体系试运行。

(6) 内部审核。

(7) 管理评审。

二、建立环境管理体系的准备阶段

在着手建立体系之前,一定要做好以下几方面准备工作:

1. 最高管理者的决策与支持

建立 EMS 是企业的一项重大决策,为此企业要投入人力、物力、财力资源。因此,必须得到最高管理者(层)的明确承诺和支持。领导统一思想,提高认识,将建立环境管理体系列入日程,作为重点工作。

2. 建立完善的组织结构

(1) 最高管理者任命管理者代表,明确其职责和权限,保证此项工作的领导作用。

(2) 根据企业的不同规模和情况,企业组建一个推进环境管理体系建立和维护的工作小组。明确各个部门的职责,形成一个完整的组织机构,保证该工作的顺利开展。

3. 人员培训

对企业有关人员进行培训,包括环境意识、标准,对内审员进行与建立体系有关的,如初始环境评审和文件编写方法和要求等多方面的培训,使企业人员了解并有能力从事环境管理体系的建立实施与维护工作。

三、初始环境评审

(一) 什么是初始环境评审

初始环境评审是建立环境管理体系的基础,可以说是"规划阶段"的准备性程序，对尚无环境管理体系而需要建立的企业显得尤为必须。通过汇总企业的环境管理和企业实际情况，发现目前薄弱环节和问题所在，分析其有关的环境因素和差距，为确立改进计划奠定基础。尽管初始环境评审并不是 ISO14001 的规定要求，但它是建立和实施环境管理的一项基础性工作。

组织现有的管理体系往往与 ISO14001 的要求并不一致，甚至相差甚远，需要以初始评审作为起点对其环境管理体系进行修正、调整与完善。

一般组织在建立环境管理体系之前应当做初始评审，体系建成后的运行、保持及复审中则不必做初始评审。

（二）初始环境评审的任务

（1）识别和判断组织的环境因素和重大环境影响。

（2）识别和获取适于组织的法律、法规及其他要求，判断其对有关法律、法规遵循情况。

（3）通过调查研究，总结环境管理的经验和教训，发现存在的问题（含潜在问题）及组织的环境风险和经营机遇，了解和掌握组织在同行业中的环境表现和地位。

（4）为组织制定环境方针、目标和管理方案等提供最基本的信息。

（三）初始环境评审的内容

（1）法律、法规和其他要求的符合情况。

（2）重要环境因素的确定（重点关注产生或可能产生重大环境影响的环境因素和部门）。

（3）对所有现行环境管理活动及程序的审查（评审其有效性及存在的不足）。

（4）以往发生的违规事件，相关方要求，取得竞争优势的机遇，有利/不利环境的职能和活动。

（四）初始环境评审的一般步骤

1. 准备工作

（1）建立初始环境评审小组（包括人员及必要的培训）

① 初始环境评审是一项专业性很强的调查研究活动。小组的成员不仅应具备一定的专业知识和管理经验，而且人员构成要考虑到能够充分满足评审工作的需要。

② 评审小组成员要进行必要的培训，使全组成员对初始评审的目的、范围、评审要求、评审方法、表格的填写以及相关的法规和标准的要求等都有较一致的理解。

（2）编制评审计划或评审大纲及各种调查表

① 评审计划是指导评审小组完成评审任务的指导性文件，不仅要求计划内容要详细、具体，而且要经过企业领导审批。编制评审计划时，可从以下几方面考虑：评审时间；评审范围；详细规定对每一部门、岗位评审的重点内容、访问对象和评审方法；评审组内部分工。

② 调查、分析用表的设计：下面介绍几种表格的式样，环境因素及评价登记表如表6-1所示，环境因素登记表如表6-2所示，供设计时参考。

表6-1　　　　　　　　　　　　环境因素及评价登记表

序号	环境因素	活动、产品、服务	环境因素	环境类别						使用量或排放量	法规规定值	内部规定值	有无控制装置	法规符合性	重要度评价	
				水	气	声	土壤	废物	资源	其他						得分	重要度

表6-2　　　　　　　　　　　　环境因素登记表

序号	工艺过程或作业地点	环境因素	环境因子或物质/成分名称	环境影响						
				水体	大气	土壤	噪声	废物	资源	其他

(3) 收集有关信息、资料（法规、记录、报告、规章制度等）

收集资料和信息应力求齐全、系统，但也不是什么资料都要收集，必须根据初始评审的任务和大纲的要求，有目的、有重点地收集。现场评审时，发现有价值的资料也要收集。

2. 现场调查，收集客观证据

信息收集代替不了现场调查。在实际运作中，现场调查可与调查表同时使用，也可交叉进行。通常用调查表收集汇总全面的信息，现场调查则侧重关键环节。这就可以保证既全面覆盖又突出重点。

现场调查的方法包括现场采访、面谈、实地测量与检查、基准参照、问卷调查。

3. 分析、评价

(1) 汇总与组织的活动、产品或服务相关的法规条文，分析组织遵守法规的情况。

(2) 分析环境因素识别、环境因素登记、重要环境因素判定并确定优先顺序。

(3) 其他方面的分析、评价，如规章制度、管理经验等。

4. 编写初始环境评审报告。

初始环境评审报告的主要内容：

(1) 概述部分：组织概况；初始评审的目的；初始评审的范围；评审时间（起止时间）和参加评审的人员及分工情况。

(2) 评审工作的全过程概述：评审的实施经过（概述）和程序或计划的执行情况。

(3) 组织的环境状况（评价性概述）。

(4) 存在的问题：已有或潜在的重大环境因素及其影响和法律、法规的遵守情况。

(5) 急需解决的优先项问题。

(6) 关于建立和完善环境管理体系的建议；对领导承诺和制定环境方针的建议；对制定环境目标、指标的建议及其他建议。

(7) 结论。

(8) 附件：环境法律、法规及其他要求清单；环境因素清单及重要环境因素清单；环境因素登记表及其他资料、信息。

四、体系策划与设计

体系的策划与设计阶段有两大任务，一是领导承诺基础上制定环境方针，二是为了保证方针的实现进行策划。

1. 环境方针

环境方针为组织确定了一个总的指导方向和行动准则。它为组织确立全部环境职责和行为要求设立了总体目标。制定环境方针是引导企业开展环境管理，建立 EMS 的纲领。建立 EMS 的直接目的就是保证环境方针的实现。

2. 策划

方针制定后，接着要做的工作就是如何保证方针的实施进行策划，使方针中的承诺得以落实。

策划的具体内容，就是依据环境方针和初始环境评审的结果进一步拟定环境目标和指标以及为保证目标、指标的实现而必须实施的环境管理方案。

五、环境管理体系文件的编制

同 ISO9001 一样，ISO14001 环境管理体系也要求文件化，可分为手册、程序文件、作业指导书等层次。企业应根据 ISO14001 标准的要求，结合自身的特点和基础编制出一套适合的体系文件，满足体系有效运行的要求。

编写体系文件时要切记"写你要做的、做你所写的、记你所做的。"也就是说，审核规范要求的要写到，文件写到的要做到，做到的要有证据而且要有效。在进行文件编写时，应按照审核规范条款的要求编写，审核规范要求的在体系文件中要体现出来，同时要密切结合企业活动、产品和服务的特点，要与企业原有的管理制度、管理程序协调，避免相互矛盾。

六、体系试运行

体系文件编写完成后，环境管理体系就进入试运行阶段。体系试运行就是体系的磨合期，试运行的目的是要在实践中体验体系的适宜性、充分性和有效性，通过实施管理手册、程序文件和作业文件，充分发挥体系本身的各项功能，及时发现问题，找出问题的根源，采取纠正措施和预防措施，纠正各种不符合，达到体系持续改进的目的。

试运行阶段，企业第一件要做的工作就是体系文件的培训，要按照培训程序的要求对全体员工实施培训。通过培训，要使企业高层管理人员掌握环境管理体系文件的原理、原则、功能及控制方法；中层管理人员掌握手册、程序文件等体系文件的工作内容；一般员工掌握各自岗位的操作程序、标准和规定。

按照程序规定，企业要对体系文件的适用性和执行情况，环境目标、指标和管理方案的完成情况，职责的履行情况，环境测量是否按规定执行，重要环境因素的控制情况，法律、法规及其他要求符合性等进行检查。如果发现有不符合，应及时分析产生的原因并采取有效的纠正措施。各岗位不仅应了解和掌握应急处理方法，更重要的是知道发现问题或事故的报告途径，必要时，按文件规定进行应急程序的试验和演习。

体系的运行涉及企业众多部门，各项活动难免地会发生偏离审核规范的现象，针对这些问题，企业要利用信息管理系统对异常信息反馈和处理，对体系运行进行动态管理，及时对出现的问题加以协调、改进，完善并保证体系持续有效运行。

七、内部审核

为判定 EMS 是否符合对环境管理工作的预定安排和规范要求，是否已被适当地实施和保持，组织应建立定期开展 EMS 审核的方案和程序。

审核方案（包括时间表）的制定，要依据所涉及活动的环境重要性和以前审核的结果。

审核程序应具全面性，内容一般包括审核范围、频次和方法，以及实施审核和报告结果的职责与要求。

八、管理评审

管理评审是由最高管理者按照一定的时间间隔，依据内审的结果、方针、目标的实现程度以及针对企业客观环境的不断变化对体系的整体状态做出全面地评价，目的是确保体系的持续适用性、充分性和有效性，并提出新的要求，以实现体系的持续改进。

第五节　ISO14001 环境管理体系文件的编写

ISO14001：2004 标准 4.1 条款——环境管理体系总要求中规定："组织应根据本标准的要求建立环境管理体系，形成文件、实施、保持和持续改进环境管理体系，并确定它将如何实现这些要求。组织应确定环境管理体系覆盖的范围并形成文件"。企业只有根据自身的实际情况并结合 ISO14001：2004 标准的要求，编制出相应层次的体系文件，才能将看似抽象的标准条文转化为有形的管理体系才具有操作性。

编写环境管理体系文件的作用是达到沟通意图、统一行动的效果。

1. 环境管理体系文件的内容

ISO14001：2004 标准 4.4.4 条款——"文件"要求中规定：环境管理体系文件应包括以下内容：

（1）环境方针、目标和指标。

（2）对环境管理体系覆盖范围的描述。

（3）对环境管理体系主要要素及其相互作用的描述，相关文件的查寻途径。

（4）本标准要求的文件包括记录。

（5）组织为确保对涉及重要环境因素的过程进行有效策划、运行和控制所需的文件，包括记录。

2. 文件的结构

体系文件的建立没有固定的格式，但文件内容应足够详尽，以充分描述环境管理体系的核心要素，以及它们之间相互作用的情况。同时，还应能指示出获取关于环境管理体系中具体运行部分的更详细信息的途径。可将环境文件纳入组织实施的其他体系的文件。文件的编制要根据企业的经营宗旨或环境宗旨制订环境方针，制订目标、指标、环境管理方案，在环境方针的框架下建立体系文件，该体系大体可以分为四个层次的文件：

第一层次：环境管理手册（不强求编制专门手册，可以和程序文件合在一起）。该文件是纲领性的文件，对体系的建立起指导作用，确定组织机构与职责；

第二层次：程序文件。程序文件至少应包含标准所明示的"应建立并保持的程序"，此外企业应根据实际的情况识别环境管理体系运行所需的程序并形成文件。该类文件是对某个管理过程的规范性文件，文件的多少根据企业的规模及实际的运营状况制定；

第三层次：各类作业指导书或各类操作规范，这些文件是细化到每个工序的指导性文件，具有指导标准作业的作用；

第四层次：各类记录应易于检索，实现可追溯性的要求，通常的做法是建立"记录一览表"在一览表中规定文件的编号、版本和保存期限。体系运行所涉及的记录均应纳入控制并与以上四个层次的文件相对应。

3．文件的要求

（1）根据 ISO14001：2004 标准，作为环境管理体系文件要求：

① 制定运行过程所需的程序和作业文件，必要时予以更新。

② 可采用任何媒体形式，但应实用和易于理解。

③ 所有文件都应注明日期（修订日期），易于识别和管理，并在规定期限内予以保存。

（2）根据环境管理体系文件的性质和特征，所建立的环境管理体系文件，还应符合如下要求：

① 系统性：所谓系统性，是指体系文件的各层次（含纵向与横向）间、文件与文件之间所具有的层次清楚、接口明确、结构合理、协调有序的一种有机联系之性质。

② 权威性：所谓权威性，是指体系文件具有能够成为指导组织一切活动的行为规范和实施审核的依据的一种性质。

③ 见证性：所谓见证性，是指体系文件具有能够作为实施审核和持续改进的证据的一种性质。

④ 适宜性：所谓适宜性，是指体系文件具有充分反映组织及其活动的特点、规模、技术经济水平、人员素质和环境因素及其识别等有关方面的一种性质。

⑤ 符合性：所谓符合性，是指体系文件具有符合 ISO14001 标准 4.4.4 和 ISO14004 标准 4.3.3.2 条款要求的一种性质。

⑥ 操作性：所谓操作性，是指体系文件具有方便组织与相关方实施和监督环境管理体系的一种性质管理体系的一种性质。

总之，环境管理体系文件应力求清晰、精确，不造成误解。

4．环境管理体系文件编制的难点和重点

（1）环境因素/重要环境因素的相关控制文件：环境因素识别和控制作为体系建立和运行的重点关注对象，同时也就成为文件编制的难点。环境因素的识别要完整，在编制文件和制作记录时要注意明确相关的控制方法，并与整个体系保持一致。比如：噪声在措施中规定以管理方案控制，就必须有相应的管理方案与之对应；环境因素控制方法必须有效并与体系的关注点相一致，又如粉尘，对应的控制方法要关注与对厂界外环境的影响而不仅是操作人员佩戴口罩。

（2）法律法规的合规性评价：ISO9000 标准中并未明确对此提出要求，这项要求是 ISO14000 有别于 ISO9000 的部分。合规性评价的规定和记录表格要明确细化到法规的具体部分，并须明确评价的频次和时机。

（3）运行控制：运行控制是整个环境管理体系的重点，要注意与体系文件（手册、程序、三级文件）的一致和企业的适用性，这部分的编制要在满足法律法规要求的基础上，充分结合企业的实际，否则体系不易于操作，流于形式。运行控制的程序文件编制的同时要设计适宜的记录表格，以便操作。

（4）环境岗位职责：通常企业会认为仅有某个部门与环境相关，而在职责的设置上不够完整，疏漏相关的职能部门，比如人事、办公室等，实际运作中这些部门负责了环境方面的培训和环境法规或文件的传递。

（5）任何一个管理体系包括环境管理体系文件的编制均要前后一致，便于操作，最重要的是适用于企业的实际情况，并根据企业内、外部环境的变化及时进行调整并运行。

思 考 题

1. ISO14000 系列标准有哪些种类的标准组成？
2. ISO14001 标准的特点有哪些？
3. 绘制环境管理体系运行模式图？
4. 企业建立环境管理体系有哪些意义？
5. 什么是环境、环境因素、环境管理体系、环境管理体系审核？
6. 环境目标、环境指标、环境管理方案之间的关系？
7. 环境管理方案包括哪些内容？
8. 什么是初始环境评审？
9. 初始环境评审有哪些内容？
10. ISO14001 环境管理体系程序文件包括哪几方面的内容？
11. ISO14001 环境管理体系程序文件的层次结构指的是什么？

习题（ISO14001 环境管理内审员测试题）

一、判断题（每题1分，共25分）

下列各题中，你认为正确的在（　　）中划"√"，错误的划"×"。

1. 环境因素就是环境问题。（　　）
2. 环境方针必须由最高管理者制定。（　　）
3. 环境目标和指标必须量化。（　　）
4. 环境管理体系培训可以不做记录，只要能达到相应能力即可。（　　）
5. 环境方针是组织全部环境表现原则与宗旨的描述。（　　）
6. 环境管理体系的信息交流除组织内部各部门和各层次之间的交流外，还包括与外部各相关方的信息交流。（　　）
7. 监视和测量专指对各类污染物排放按照国家有关法律法规和标准进行的例行监测。（　　）
8. ISO14004 标准是第三方认证依据的准则之一。（　　）
9. ISO14001 的实施与应用遵循自愿原则，并不增加或改变组织的法律责任。（　　）
10. 全球变暖是因为人类排放了大量的 SO_2。（　　）
11. 环境因素与环境影响是一一对应的因果关系。（　　）
12. 是因为人类向大气排放了大量的 CO_2、NO_2 导致了酸雨的形成。（　　）
13. 组织制定环境目标时，必须考虑重要环境因素对环境的影响。（　　）
14. 确定重要环境因素时，必须考虑到它的环境影响。（　　）

15. 对环境有影响的组织，不能取得 ISO14001 认证。( )
16. 内审员不能对环境管理体系的不符合提整改建议。( )
17. 审核员在审核现场没有找到所要的文件，不符合 4.4.5 要素。( )
18. 某单位的应急准备和响应程序没有进行试验，不符合 ISO14001 标准的要求。( )
19. 内审是由管理者代表组织实施的，所以内审员可以不对其进行审核。( )
20. 1211 灭火器内的主要成分是对大气臭氧层有破坏作用的哈龙物质。( )
21. 建立的环境目标和指标应符合环境方针，并包括污染预防和持续改进的内容。( )
22. ISO14001 标准是 ISO14000 系列环境管理标准中唯一的体系认证标准。( )
23. 国家或地方政府机关不是组织的相关方。( )
24. 内审计划中应包括审核组成员名单。( )
25. 定期对遵守法律法规情况做自我评价是组织必须做的事。( )

二、**选择题**（每题中只有一个正确答案）（每题 2 分，共 16 分）

1. 制定环境管理方案是为了（ ）
   A 最大限度地减少污染的发生　　　B 解决相关方提出的问题
   C 改善违反环境法律法规的事项　　D 有效地完成环境目标和指标
2. 环境方针必须包括（ ）
   A 污染预防的承诺　　　　　　　　B 持续改进的承诺
   C 遵守有关法律法规和其他要求的承诺　D 上述都是
3. ISO14001EMS 审核采用的方法不包括（ ）
   A 现场监测　　　　　　　　　　　B 面谈
   C 查阅文件和记录　　　　　　　　D 现场观察
4. 识别环境因素时，应考虑（ ）
   A 正常、异常和紧急情况三种状态　B 过去、现在和将来三种时态
   C 必须把相关方的环境因素全识别出来　D A 和 B
5. 环境管理体系内审则包括（ ）
   A ISO14001 标准　　　　　　　　　B ISO14004 标准
   C 组织的环境管理体系文件　　　　D A 和 C
6. 全球性环境问题包括（ ）
   A 气候变暖　　　　　　　　　　　B 臭氧层破坏
   C 大气污染　　　　　　　　　　　D 以上全是
7. 审核证据来自（ ）
   A 面谈　　　　　　　　　　　　　B 记录的检查
   C 对现场活动的观察　　　　　　　D 以上全是
8. ISO 标准中 4.5.1 条款要求中包括（ ）
   A 对有重大环境影响的关键特性的例行监视和测量
   B 对所有与环境影响有关运行活动的监视和测量
   C 对环境目标和指标符合情况的检测
   D 以上全是

三、**问答题**（共 59 分）

1. 简述环境管理体系内审的程序。(8 分)
2. 请解释 4.3.1 要素有哪些要求？(8 分)

3. 请列出建立环境管理体系的主要步骤。(8分)
4. ISO14001 标准中 4.2 主要要求是什么?(6分)
5. 识别环境因素应考虑哪些方面?(8分)
6. 请解释 4.5.1 要素有哪些要求?(8分)
7. 请分别编制审核"燃煤锅炉房"、"污水处理站"、"你工作的部门"的检查表。(6分)
8. 请解释单独成立 4.5.2 条款有何重要意义?(7分)

实 训 项 目

实训一　ISO14001 环境管理手册的编写

实训目的： 通过环境手册的编写，使学生能够系统地掌握环境手册的编制方法和技巧。

实训原理： 环境管理手册是环境管理体系中一份重要的文件，通过对标准之环境手册编制要求的理解，再结合某个企业的环境管理理念和生产实践中对环境的控制，编制符合标准要求和企业实际的环境管理手册；这种理论结合实际的环境管理手册的创立办法，目前在国际上受到了普遍的认可和广泛的使用。

实训步骤：

1. 复习 ISO14001 环境管理体系标准中对环境手册的要求。

2. 带领学生到企业实地考察，体验组织对环境控制所采取的方法，从而进一步了解企业的环境管理理念，为下一步的环境管理手册的编制策划及实施做准备。

3. 将学生分组，在课堂上让学生扮演"企业领导、部门负责人及其他负有相应责任的员工"，学生经历了对企业的实地考察，能很快地进入角色，表演"企业领导及员工"进行环境管理手册编写策划的情景。

4. 表演策划结束后，组织其他学生讨论环境管理手册的策划步骤是怎样的?（以参与表演的学生为主，尽可能地让更多的学生参与)，按照策划的步骤和编制内容，把"本企业"的环境管理手册按照既定的时间节点编制出来。

内容可以包含：

（1）环境管理手册的作用：明确组织各部门及全体员工的职责及其相互关系，向组织员工和相关方展示本组织环境管理的总框架……

（2）环境管理手册的内容：环境方针、环境因素、目标、指标和环境管理方案，实施与运行直至环境评审等，与环境管理、执行、审核或评审有关的机构的人员的职责、权限及相互关系……

（3）环境管理手册的结构与格式……

5. 教师对学生的表演和他们编制的环境管理手册进行点评，必要时邀请企业的环境管理人员参加。

实训效果考核：

学生姓名	标准理解的准确性（30分）	对企业环境管理的理解的到位程度（20分）	标准要求和企业实际结合的准确性（30分）	其他（20分）

实训二　ISO14001程序文件的编写

实训目的：通过实训程序文件的编写，使学生能够系统地掌握环境管理程序的编制方法和技巧。

实训原理：所谓程序，是指为进行某些活动所规定的途径；所谓环境管理体系程序文件，是指为完成体系要求的环境活动所规定的方法。先对ISO14001标准之环境管理体系中程序文件要求的理解，再结合某个企业的环境管理方法和生产实际中对环境的控制，编制符合标准要求和企业实际情况的环境管理控制程序文件；用此方法建立环境管理程序文件，已被广泛采用。

实训步骤：

1. 复习ISO14001环境管理体系标准中对环境管理控制程序的要求。

2. 带领学生到企业实地考察，体验组织对环境控制所采取的控制程序，从而进一步了解企业的环境管理控制方法，为下一步的环境管理控制程序编制的策划及实施做准备。

3. 将学生分组，在课堂上让学生扮演"企业领导、部门负责人及其他负有相应责任的员工"，学生经历了对企业的实地考察，能很快地进入角色，表演"企业领导及员工"进行与自己相关的环境管理程序编写策划。

4. 表演策划结束后，组织其他学生讨论环境管理控制程序的策划步骤是怎样的？（参与表演的学生可以变换角色，担当不同的"部门负责人"），按照策划的步骤和编制内容，把"本企业"的环境管理控制程序按照既定的时间节点编制出来。

（1）每个环境管理控制程序的内容可以包含：① 活动的目的和范围；② 采用的材料、设备、文件；③ 对活动进行的控制与记录；④ 做什么、为何做、何时做、哪里做、谁来做、怎么做。

（2）编制的方法步骤：① 清理和综合分析组织原有规章制度、管理及其运行情况；② 制订程序文件明细表；③ 分工负责进行编写；④ 组长汇总和总编。

程序文件通常根据本企业的实际情况而编写，没有固定的格式。

5. 教师对学生的表演和他们编制的环境管理控制程序进行点评，必要时邀请企业的环境管理人员参加。

实训效果考核：

学生姓名	标准理解的准确性（30分）	对企业环境管理的理解的到位程度（20分）	标准要求和企业实际结合的准确性（30分）	其他（20分）

实训三　环境因素识别

实训目的： 通过环境因素分析，使学生能够掌握系统地识别某个部门的环境因素的方法和技巧。

实训原理： 环境因素识别是环境管理体系建立的基础工作，只有充分的识别出环境因素，才能够为环境因素控制措施打下良好的基础。

实训步骤：

1. 根据班级学生多少进行分组。

2. 根据本章讲述的环境因素识别的方法，每组按照自己的兴趣选择食品企业的某一个部门进行环境因素识别，将识别的结果填入环境因素及评价登记表（见本章表6-1）中。

3. 每组选出一名代表向全班体系汇报本组进行的环境因素识别情况，其他组同学可以提问质疑。

4. 教师点评各组环境因素识别的充分性和合理性。

实训效果考核：

学生姓名	标准中环境因素理解的准确性（30分）	对企业某部门环境因素识别的充分性和合理性（20分）	标准要求和企业实际结合的准确性（30分）	其他（20分）

第七章 食品企业 QS、ISO22000、ISO9001、ISO14001 整合管理体系的建立与认证

知识目标：
1. 理解整合管理体系的产生及发展过程。
2. 了解整合体系的概念，加深标准/准则主要内容的理解。
3. 掌握整合体系的框架及标准/准则间的对应关系。

技能目标：
1. 学生能够掌握整合管理体系的特点并理解其作用、意义。
2. 学生能够掌握整合管理体系建立的原则、技巧和方法。
3. 学生能够通过案例编制整合管理体系文件。

第一节 整合管理体系认证对食品企业的应用意义和作用

一、整合管理体系产生的背景

毒大米、地沟油、疯牛病、禽流感、苏丹红、雀巢奶粉碘超标、致癌保鲜膜、瘦肉精中毒以及土壤污染、水体污染等环境恶化……随着产品质量问题、环境问题及食品安全问题屡屡见诸新闻媒体，人类赖以生存的基本——食物成了危险的根源。食品质量、环境质量和食品安全问题已经成为人们关注的热点和焦点，同时也引起了中国政府的高度重视。

在食品安全问题日益尖锐的中国，尽快建立、完善、加强食品行业的监督体系已成当务之急。国务院为此专门召开了专题会议，2007 年 7 月 26 日国务院发布"关于加强食品等产品安全监督管理的特别规定"，2007 年 10 月 31 日国务院讨论通过了《中华人民共和国食品安全法（草案）》，国家政府相关职能部门共同开展了"全国产品质量和食品安全专项治理行动"，并任命国务院副总理吴仪为食品专项领导小组组长，主抓全国食品安全问题。国家质检总局、卫生部、农业部以及代表第三方的认证机构，分别从各自职能角度开展了相应的工作：国家质检总局加大了食品质量安全市场准入（QS）和出口食品生产企业卫生注册登记管理工作；卫生部全力推行食品卫生监督量化分级管理；农业部大力推行绿色食品认证工作；认证机构积极推行 ISO22000、ISO9001、ISO14001 等标准认证工作，这些举措，从根本上促进企业尽快建立有效的质量、环境和食品安全管理体系。

最近几年中，管理体系化的思想已渐渐被企业界广泛的接受，随着 ISO9001 标准、ISO14001 标准和 ISO22000 标准的颁布，标准迅速在世界各国得到广泛认

可和推行，企业在ISO9001标准、ISO14001标准和ISO22000标准实施的同时，也逐渐认识并考虑到质量管理体系、环境管理体系与食品安全管理体系的整合建立问题。

目前，在发达国家，企业界和认证机构对整合管理体系的反响已趋于热烈。在国内，越来越多的组织也面临着两个或更多管理体系整合的问题，从实施整合管理体系角度考虑，既可以大大减少组织的管理成本，也可提高组织管理体系的运行效率。

二、整合管理体系的特点

1. 适用于同时进行多项管理活动

一个整合管理体系可同时作用于质量管理、环境管理、食品安全管理等诸多方面。

2. 综合的管理策划过程

可对质量管理体系、环境管理体系、食品安全管理体系进行总体策划，统筹安排，从而免除了由于单一体系分别策划所带来重复或遗漏从而产生体系管理的缺陷。

3. 综合的方针和目标

在策划组织的质量、环境、食品安全的方针和目标/指标时，可根据组织的发展方向、企业宗旨、技术和财务能力以及风险可承受能力，综合考虑，分步实施，从而保证组织总体目标的实现。

4. 综合的质量、环境和食品安全的风险评价

在识别产品质量实现过程、环境因素、食品安全危害的前提下，可根据组织的财务能力和技术水平以及风险承受能力，综合进行风险评价。

5. 综合的管理手册

在同一管理手册中描述质量、环境、食品安全三个方面的要求。

6. 共用的体系程序和作业文件

对三个体系共性的要素，可以编制共用的程序文件和作业文件，这样可以大大减少文件的重复编制并提高实施效率。

7. 使用具有综合能力和素质的复合型人才

整合管理体系要求组织的员工和内审员同时具备三个标准对人力资源的要求，具有相应的综合管理能力。

8. 统一协调的运行与监测

组织在实施整合管理体系时，可统一协调三个方面的运行要求，一同实施必要的监视和测量活动。

9. 具有综合的管理体系评价

组织进行内审、管理评审时，同时对质量、环境、食品安全管理体系进行综合评价，从而提高对管理体系的运行评价效率。

10. 综合考虑体系的持续改进

组织在策划和实施体系改进时，可以综合考虑三个方面的改进需求，来确定改进的优先顺序，以期获得组织的最佳业绩和达到组织的优先目标。

三、整合管理体系的目的和意义

整合管理体系主要是由于经济发展全球化带来的竞争日益加剧，企业为增强市场竞争力的需要而产生的。整合管理体系的目的在于提高企业的管理水平和增强市场竞争力，从而赢得企业更大的发展。

具体而言，整合管理体系的意义在于：

1. 建立整合管理体系是提高企业管理水平的需要

全球经济整合，特别是我国加入 WTO 以后，企业需要通过认证的体系越来越多，各种体系之间的接口，各要素之间的协调，随着时间的动态变化，会越来越复杂，矛盾会越来越多，解决会越来越困难。一个企业的管理功能和效率发挥的好坏，不能只靠某一个或几个体系的有效性，而是靠企业管理体系整体有效性的发挥。因此，整合管理体系的出现，完全是企业自我发展、自我完善的需要。

2. 建立整合管理体系是提高企业效益的重要途径

用一套体系文件进行统一控制，使所有的活动和过程都达到规范化、制度化、标准化，将大大提高企业的管理效率。通过整合审核，一次审核获得多张认证证书，企业可以用较少的投入，较少的时间，达到多个目标，从而达到提高组织效益的目的。

3. 建立整合管理体系是增强企业市场竞争力的重要手段

全球经济一体化，企业面临严酷的国际国内市场竞争，其竞争是多方面的，需要多种认证，只有涵盖多种认证的整合管理体系，才能满足企业的产品和服务符合各种市场需求，才能取得参与多元化市场竞争的通行证。

因此，整合管理体系的建立和认证对食品企业具有重要的应用意义和作用。

第二节　如何在食品企业建立整合管理体系

对企业而言，如何能够将这几方面进行整合，从而建立一个整合的管理体系要求，简洁、高效地完成 ISO22000、ISO9001、ISO14001 认证以及 QS 食品安全市场准入、出口食品生产企业卫生注册登记等的要求，掌握了各类标准（准则）的特点和异同处，我们就可以从容面对。

ISO9001、ISO14001、ISO22000 标准之间有很强的兼容性。组织可以很容易地在现有质量管理体系（QMS）、环境管理体系（EMS）的基础上，引入食品安全管理体系（FSMS），并使三者有机结合起来，在组织内建立由 QMS、EMS 和 FSMS

共同组成的"整合管理体系"。

随着 GB/T19001—2000（idt ISO9001：2000）、GB/T24001—2004（idt ISO14001：2004）和 GB/T22000—2006（idt ISO22000：2005）的颁布，特别是 GB/T19001 质量管理体系、GB/T24001 环境管理体系和 GB/T 22000—2006 食品安全管理体系认证的深入发展，愈来愈多的组织开始关注将质量管理体系（QMS）和环境管理体系（EMS）以及食品安全管理体系（FSMS）结合起来，建立整合的管理体系，由认证机构对整合管理体系实施结合审核，即通过一个审核组的一次现场审核，同时颁发 GB/T19001—2000［idt ISO9001：2000（QMS）］、GB/T24001— 2004［idt ISO14001：2004（EMS）］、GB/T22000—2006［idt ISO22000：2005（FSMS）］等多张认证证书，从而大大减少组织的管理成本，提高组织管理体系的运行效率。

以下章节主要介绍目前比较普遍推行的 GB/T19001 与 GB/T24001 及 GB/T22000 进行整合的整合管理体系。

一、整合管理体系概念

（一）整合管理体系的定义

在同一个组织内，将两个或两个以上管理体系根据需要有机地结合形成一个统一的管理体系，其内容包括其整合标准所规定的全部要求，这样的管理体系称为"整合管理体系"。

通常，将质量管理体系（简称 QMS）、环境管理体系（简称 EMS）、食品安全管理体系（简称 FSMS）三个标准中的两个或三个标准的管理体系整合形成的整合管理体系称之为二合一管理体系或三合一管理体系。

（二）整合管理体系的特点

（1）一个组织的管理体系的诸多部分可以合成一个整体，是使用共有要素的一个管理体系。

（2）质量管理体系、环境管理体系和食品安全管理体系分别是组织的管理体系的一部分，质量目标、环境目标/指标和食品安全目标分别是组织管理总目标中的一部分，它们与其他管理目标如财务目标、人才发展目标等目标相辅相成，共同构成组织的管理总体目标。

（3）整合管理体系的重要意义主要是有利于组织的管理体系策划、资源配置、确定互补的目标并评价组织的整体有效性。

（4）对整合管理体系进行结合审核，这可以大大减少组织的管理成本，提高组织管理体系的运行效率。

（三）整合管理体系建立的可行性

（1）ISO9001、ISO14001、ISO22000 标准都共同遵循戴明模式（PDCA 循环原理）。

（2）标准间内容具有兼容性。

(3) 顾客的需求。

二、各类标准（准则）简介

（一）食品质量安全市场准入制度（QS）

我国自2001年开始建立实施食品质量安全市场准入制度，以食品生产许可证、强制检验、市场准入（QS）标志为主要内容。到目前为止，制度所规定的28大类525种食品全部纳入市场准入管理中。根据国家相关要求，现在已经开始对食品添加剂、食品包装用品等实行市场准入准度审查。按照我国法律法规，生产、加工食品的企业需要通过制度所规定的生产必需具备条件的审查，其中包括生产条件、生产工艺、质量保障体系、产品执行的标准、企业的检测能力，以及从业人员的安全卫生要求等。符合国家有关法律法规和标准规定条件的生产企业，由质检部门发给生产许可证，同时要在产品上加贴QS标志。

（二）出口食品生产企业卫生注册登记

国家质量监督检验检疫总局2002年公布了新的《出口食品生产企业卫生注册登记管理规定》和《出口食品生产企业卫生要求》，对出口食品生产企业注册登记做出新的规定，规定要求：凡在中华人民共和国境内生产、加工、储存出口食品的企业，必须取得卫生注册证书或者卫生登记证书后，方可生产、加工、储存出口食品。

国家认监委根据出口食品的风险程度，公布和调整《实施出口食品卫生注册、登记的产品目录》，对《注册目录》内食品的生产企业，实施卫生注册管理；对《注册目录》以外食品的生产企业实施卫生登记管理。申请卫生注册的出口食品生产企业，应当按照《出口食品生产企业卫生要求》建立卫生质量体系。

按照《出口食品生产卫生注册登记管理规定》，实施注册产品包括20个种类：包括蔗糖、甜菜糖。另外，卫生注册产品中的罐头类、水产品、肉及肉制品、速冻蔬菜、果蔬汁、含肉或水产品的速冻食品等6类出口食品生产企业需建立并评审HACCP体系，对列入《卫生注册需评审HACCP体系的产品目录》的出口食品生产企业还应包括HACCP体系文件（含HACCP计划和危害分析工作单等）。

（三）食品卫生监督量化分级管理

目前，国家除了加强了对食品生产、加工和流通、消费环节的监管，即加强食品生产许可证审查和监管外；在流通、消费环节积极开展食品污染物现场快速检测，强化食品生产、经营企业的食品卫生安全监管的同时，正全力推行食品卫生监督量化分级管理。

实施食品卫生监督量化分级管理制度的目标是建立符合市场经济发展新形势要求的食品卫生监督管理模式，通过对企业进行风险分析和信誉分级，形成激励机制，最大限度地调动企业积极性，促进企业加大硬件设施投入，加强自身管理能力建设。首先要求在餐饮业中完成实施此项工作，2006年底前在所有食品生产经营单位中实施食品卫生监督量化分级管理制度。通过标识量化分级的信息，引导食品生产经营单位增加软硬件投入和卫生条件改造，引导消费者合理选购和消费。

卫生监督量化分级管理是对食品生产经营单位的所有生产经营过程都进行软件和硬件量化评分，根据评测结果，确定食品生产经营单位的食品卫生信誉度，信誉度从高到低分为 A、B、C、D 四级。

A 级是指生产经营单位卫生条件良好，并能保持稳定的良好状态，发生食品污染、食物中毒等的风险性较低；

B 级是指生产经营单位卫生条件良好，并能基本维持卫生水平，发生食品污染、食物中毒等的风险性为中度；

C 级是指生产经营单位卫生条件一般，并能基本维持卫生水平，发生食品污染、食物中毒等的风险性为高度；

D 级不具备生产经营的必要条件，发生食品污染、食物中毒等的风险性为高度，不能从事食品生产经营。

2006 年底，这一制度已被推广到所有食品生产经营单位。

（四）GB/T19001—2000（idtISO9001：2000）标准简介

由国际标准化组织第 176 技术委员会（ISO/TC176）负责制定的 ISO9001：2000 规定了对质量管理体系的要求内容，涵盖了第三方或组织自身检验其质量管理体系是否符合要求、是否有效运行的共通性要素。ISO9001：2000《质量管理体系 要求》由 4~8 章组成。章节要素分布在五个方面：即管理职责、资源管理、产品实现、测量分析和改进、实现质量管理体系的持续改进。

（五）GB/T14001—2004 标准简介

由国际标准化组织第 207 技术委员会（ISO/TC207）负责制定的 ISO14000 系列环境管理体系标准，包括环境管理体系、环境审核、环境标志、生命周期分析等国际环境管理标准，该系列标准共分 7 个系列，共预留 100 个标准号，其编号为 ISO14001—14100。

其中 ISO14001：2004 是 ISO 于 2004 年 11 月 15 日正式颁布的，可以作为环境管理体系认证审核依据的标准，我国等同采用为 GB/T24001—2004《环境管理体系 要求及使用指南》国家标准。该标准是对环境管理体系的规范性要求，它规定了对环境管理体系的要求内容，涵盖了第三方或组织自身检验其环境管理体系是否符合要求、是否有效运行的共通性要素。它适用于任何类型和规模的组织，并适用于各种地理、文化和社会环境，即该标准适用于希望采用它的所有组织以及它们的集合体或其中的一部分。

（六）GB/T22000—2006 标准简介

食品安全管理体系是组织全部管理体系的一个组成部分，它以有效实施组织食品安全方针为目的。要求把组织食品安全管理中的策划、组织、实施、监控、测量等活动集中、归纳、分解和转化为相应的文件化的目标、程序和作业文件。通过周而复始地持续改进活动，使体系功能不断加强。它要求组织在实施食品安全管理体系时始终保持持续改进意识，对体系进行不断修正和完善，最终实现预防和控制食品安全危害的目标。

GB/T22000—2006《食品安全管理体系　食品链中各类组织的要求》的框架由4~8章组成。章节要素分布在五个方面：即管理职责、资源管理、安全产品的策划和实现、测量分析和改进、实现食品安全管理体系的持续改进。

三、ISO22000 食品安全管理体系与 ISO9001 质量管理体系、ISO14001 环境管理体系的关系

ISO22000 食品安全管理体系与 ISO9001、ISO14001 体系都是一种预防性的保证体系，要真正实施 ISO22000 标准和 ISO9001、ISO14001 标准，除了企业要有提高管理水平、提高产品竞争力的主动性外，还有赖于市场环境的逐步规范，真正做到优质优价，促使企业产生认证的外部推动力。

GB/T19001—2000，GB/T24001—1996 和 GB/T22000—2006 三个标准的共同点：

1. 三个体系标准的基本原理是一致的

（1）系统论、过程控制论是三个管理体系共同的理论基础。

（2）尽管三个体系的适用范围和目的对象不同，但他们都是通过过程模式，管理与控制体系的全过程，控制模式是相同的。

（3）三个体系都强调预防为主，发挥预防功能是它们的共同特点。

（4）在对要素管理方面，从注重技术解决发展到技术解决与管理职责解决并重。

（5）三个体系都适用 PDCA 循环。

（6）三个标准都鼓励与其他管理体系相融合，国际标准化组织（ISO）在制定 ISO9000 标准、ISO14000 标准和 ISO22000 标准时考虑到标准的兼容性。

2. 三个体系有相同或相似的要素

（1）三个体系都要求建立文件化的体系并对文件进行控制。

（2）三个体系都要求明确管理职责和权限。

（3）三个体系都要求在相关的职能和层次上建立目标和指标，并通过具体的方案加以实施。

（4）三个标准都强调要遵守相关的法律和法规要求。

（5）三个标准都强调持续的体系改进。

（6）三个标准都要求对不符合进行控制。

（7）三个标准都非常重视建立纠正/预防措施。

（8）三个标准都强调培训的重要性，不断提高员工的意识和能力。

（9）三个标准都要求对记录进行控制。

（10）三个标准都要求在管理层中指定一名管理者代表/食品安全小组组长。

3. 三个体系的结构基本相同

QMS、EMS、FSMS在结构构成的原则上是相互一致的,在构成的要素上大多数是相同的或相似的,在体系结构上是可以相互兼容的。这些就是三个体系有机结合的基本条件。

四、整合管理体系的结构分析

(1)存在于同一组织内的任一管理体系,它们之间突出的区别体现在管理层上,尽管我们可以把质量方针、环境方针和食品安全方针合成一个组织管理方针,但是这三方面的内容都应包括在内,互相是不能替代的。

(2)所有的管理体系的基础都是组织的操作层,也就是说,任何管理体系的运作和控制没有操作层就不能实现,它们在操作层面上要融合在一起。

(3)将管理手册、程序文件、操作文件(工作标准、作业指导书等)三级文件结构运用在一起,我们可以建立质量管理体系、环境管理体系、食品安全管理体系结合的管理体系的基本结构和文件体系。

(4)三合一整合管理体系的文件构成如下:

① 整合管理体系管理手册(当然,EMS、FSMS标准未要求一定建立手册)。

② 整合管理体系程序文件:

a. QMS、EMS、FSMS共有的通用程序文件(程序文件);

b. QMS+EMS的共用程序文件;

c. QMS+FSMS的共用程序文件(工作标准);

d. EMS+FSMS的共用程序文件(作业指导书);

e. QMS的程序文件;

f. EMS的程序文件;

g. FSMS的程序文件。

③三级文件(工作标准、作业指导书、记录等)。

(5)整合管理体系中各管理体系有机结合不是指多种管理体系的简单相加,而是按照系统化原则形成相互统一、相互协调、相互补充、相互兼容的有机整体,才能发挥整合的整体效益和效率。这种有机结合的原则在进行整合管理体系策划和编写体系文件时应得到充分考虑。

五、整合管理体系的整合技巧

GB/T19001、GB/T24001、GB/T22000三个管理体系的文件化框架可以有两种组合方式:

1. 完全整合型管理体系

完全整合型管理体系的特点:统一的QMS、EMS和FSMS完全融合在一本管理手册,三个体系共有的程序和三个体系分别专有的质量、环境和食品安全程序,将三个体系要求融合在一起的操作文件(三级文件),在三级文件中应将三个体系的要求融合起来提出具体要求。

共有的程序文件可能包括文件控制程序、记录控制程序、监视和测量装置控制程序、培训管理程序、管理评审程序、内部审核程序、不符合、纠正与预防措施控制程序、信息沟通控制程序等。

完全整合型管理体系适合于新建立管理体系的企业，可以一步到位，提高效率。

2. 调整型管理体系

调整型管理体系的特点：对三个体系中共有的程序进行了整合；但在方针和管理手册上仍然是分离的；分离的质量管理、环境管理、食品安全管理程序文件；在操作层面上，将三个体系的要求融合在一起，纳入操作文件（三级文件），对操作人员同时提出三个体系的具体要求。

调整型管理体系是对完全整合型管理体系与完全分离型管理体系的一种协调，它是目前已经分别按照 GB/T 19001、GB/T 24001、GB/T 22000 标准建立并分别获得不同认证机构认证的一种半整合型管理体系，它的好处在于，对已经存在的分离型管理体系向完全整合的整合体系，改进的过程是渐进的，先将三个体系共有的、能够整合的部分进行整合，然后在适当时机再进行全面整合。

六、完全整合型整合管理体系的建立

整合管理体系建立的基本原则如下：

（1）管理对象相同，管理性要求基本一致的内容可进行整合。如文件控制、记录、内部审核、管理评审等，三个体系的控制对象、标准要求基本一致，按此原则，都可以整合。

（2）整合后的管理性要求应覆盖三个标准要求的内容，就高不就低，以三个标准中最高要求为准。如 GB/T 24001 标准和 GB/T 22000 标准对管理体系文件没有明确要求编制管理手册，而 GB/T 19001 则明确要求编制质量管理手册，按本条原则就要求编制满足三个标准要求的综合管理手册。其他如"法律法规及其他要求"、"设备管理"等，三个标准要求均有差别，按最高要求编制控制文件。

（3）整合后的管理体系文件应具有可操作性。当在同一级别的文件中不能完全描述其全部具体要求时，应考虑引用下一层次文件进行描述的方式，使之条理清楚，可操作性强。

（4）整合应有利于减少文件数量，便于文件使用；有利于同一协调体系的策划、运行与监视测量，实现资源共享；有利于提高管理效率，降低管理成本。

相对于三个分离型的管理体系而言，减少文件数量是整合管理体系的优点之一，这个优点应充分体现在体系文件的策划与编制过程之中。统一协调体系的策划、运行和监视与测量，实现资源共享，提高管理效率，也是整合管理体系的重要特点之一。在进行整合管理体系策划时，要从机构设置、定编定岗、资源配置、职能分配、运行控制、监视测量等方面统筹规划、精心组织、有机整合。

七、建立整合管理体系的基本分析方法

(一) 运用"5W1H"的思路分析确定整合的内容

5W1H 即 Who（谁来做），When（何时做），Where（何地做），How（如何做），What（做什么），Why（为何做）。在进行整合管理体系的建立和整合时，可以按照 5W1H 对三个标准中具有对应关系的活动要求进行分析。当 5W1H 中的一个相同、两个相同、三个相同、全部相同时，即可进行整合。

（1）如果 Who（谁来做）相同，表明组织有复合型人才，三个标准要求同一方面的事都可由同一人来做的，即可整合"谁来做"。如三个体系标准都要求设立"管理者代表/食品安全小组组长"负责体系的建立、实施和保持，整合后的整合管理体系，可以只设立一个管理者代表/食品安全小组组长，统一负责三个体系整合的整合管理体系的建立、实施和保持。当然，对整合管理体系的管理者代表/食品安全小组组长要求要具有三个体系的综合管理能力，他（她）应是一个复合型人才。

（2）如果 Who（谁来做）相同，What（做什么）也相同，原来几个不同部门做相同的事，就可以合并由一个部门来做。如体系文件控制原来可能分别由品管部、环监部和安监部来做，现在整合后的整合管理体系可能就由一个部门来管理就可以了。

（3）如果 What（做什么）相同，而 How（如何做）不同，则可通过引用下一层次的文件加以详细描述。如系统集成公司对外包合同及承包方的控制，软件外包与工程外包的控制方式和方法不一样，就可以在程序文件的下一层次文件——三级文件中分别加以描述。

（4）如果 Who（谁来做）相同，What（做什么）也相同，How（如何做）还相同，如"培训、意识和能力"均通过确定能力要求，对人员的能力进行评定，提供培训或其他措施，进行有效性评价，保持适当记录等程序来控制，就可进行完全整合。

（5）如果 Who（谁来做）相同，When（何时做），Were（何地做）也相同，而 What（做什么）和 How（如何做）不同，可将文件进行整合，这样可以一次培训到位，也方便使用。如操作人员使用的操作文件（作业指导书、工艺文件、操作规范等），可以在同一份作业指导书中同时规定质量、环境和食品安全方面"做什么、如何做"的要求，而不必分别单独编写各自的质量、环境、食品安全方面的要求。

(二) 运用过程方法

运用过程方法是 GB/T19001、GB/T24001、GB/T22000 三个标准共同遵循的基本原则，也是我们建立和整合管理体系的基本方法。我们建立和整合的管理体系，既包含有管理过程，也包括产品的实现和提供过程。一个组织的管理过程中涉及质量管理、环境管理和食品安全管理的过程有：文件控制、记录控制、管理评审、内部审核、纠正与预防措施、培训意识和能力等。这些过程涉及三个标准的管理性要求基本相同，可以实现整合。

产品实现和提供过程几乎都涉及质量、环境和食品安全的要求，应对每一个过程所涉及的人、机、料、法、环中的质量、环境和食品安全三个方面的要求加以整合。结合组织的实际，在相应的体系文件中统一作出规定，在体系运行中按整合的要求来实施。

运用过程方法首先是要识别过程，包括过程的输入、输出以及控制该过程的方法和流程（途径）。其次，要按照PDCA的方法，在作业文件中既要规定作业方法、程序、要求，同时也要规定如何检查和出现问题时如何解决和改进，只有这样，环境和食品安全要求才能落到实处。

八、整合管理体系运行和持续改进

（一）整合管理体系的运行

建立整合管理体系的目的是为了体系的有效实施和运行，通过实施运行发现体系的缺陷及薄弱环节，加以改进，在新的条件下进行新的实施和运行，发现问题再加以改进。这样实施运行——问题改进——再实施运行——再问题改进，周而复始，循环往复，体系在运行中不断改进，推动企业的质量管理、环境管理和食品安全绩效不断向更高境界发展。

在实施运行中一般应注意以下几个问题：

（1）培训　按体系要求程序分层次分阶段进行全员培训，培训的深入程度取决于员工的素质和组织产品活动过程的复杂程度，培训越深入，体系的实施运行就越顺利，可以说，培训效果的成功与否，直接影响日后体系是否正常运行。

培训要将体系文件与实际操作结合起来进行，特别是增加的有关环境和食品安全方面的内容，除了操作技能方面的培训外，员工的质量意识、环境意识和健康安全意识的增强对整个体系的有效实施和运行起到决定性的影响。

（2）资源配备　三个体系同时运行，需要投入一定的、相适应的必要资源才能保证体系的正常运行。比如，虽然GB/T 24001没有强制性要求组织的环境绩效要达到多高程度，但是要求组织通过体系运行，不断改进自身的环境绩效，满足相关方和社会的要求，这就需要组织投入相应的资金、人员和设备来不断改进其环境绩效。对食品安全方面，更是员工所关心的，比如，相关作业人员（如炊事员、食品生产人员等）的健康检查，都要投入一定的资金和资源，体系才能有效运行。

（3）内审员培训　三合一体系运行需要培训三合一的复合型内审员。这是整合体系运行的需要，在体系运行过程中，这些内审员将起到桥梁和指导作用。

（4）运行中要做好各种运行记录　记录是证实体系是否有效运行的客观证据，同时也是实施体系改进的依据。尽管做各种记录是一件很厌烦的事情。但如果体系需要获得认证，一般情况需要提供至少3个月的体系有效运行的客观证据。

（5）作好内审和管理评审　内审和管理评审是检验体系运行的充分性、符合性、有效性的评价机制，是管理体系的重要组成部分。体系运行中，我们要充分运用这个机制，自我发现问题，自我解决问题，自我完善，自我提高。

（6）管理部门强有力的管理和指挥能力　整合体系从管理范围、复杂程度、知识结构、实施要求等多方面对管理部门和管理人员提出了很高的要求，对管理人员的知识、能力、资格、权威、领导艺术、信息利用等都提出了挑战。一个高度整合的综合管理体系，如果管理部门资源不足、能力不强、权威性不高、信息系统不畅，不仅不能提高管理的效率，反而会出现管理混乱、效率降低。

（二）整合管理体系的持续改进

持续改进是管理体系永恒的生命力，没有持续改进机制的管理体系是没有生命力的。持续改进要求组织不断寻求对管理体系过程进行改进的机会，以实现组织的管理体系所设定的目标。改进措施可以是日常渐进的改进活动，也可以是重大的改进活动。

一般从五个方面进行持续改进：

（1）定期或适时评审和调整组织管理方针　包括质量、环境、健康安全在内的组织管理方针代表了组织的经营方向和宗旨，它要依据外界环境的变化而进行调整。定期或适时对组织的方针进行评审并做调整，使体系的运行始终朝着组织所期望的方向发展，为实现组织的战略目标提供体系保障。

（2）定期或适时评审和调整组织管理目标　目标是在某个阶段实现组织管理方针的具体表现，没有目标的管理方针只能是一句空话。目标具有阶段性，不可能一个目标贯穿整个组织的生命周期。对目标的实现程度应进行定期的考核、测量和评价，在评价的基础上提出下一阶段的新的目标，这样周而复始，体系运行就会不断改进，达到组织期望的目标。

（3）按要求进行内部管理体系审核　根据体系规定的周期或适当时机对体系运行进行充分性、符合性审核，能系统有效地发现体系运行中的缺陷和薄弱环节，通过对发现问题的原因分析、采取纠正和预防措施，并对纠正预防措施的实施效果进行有效性验证，这种体系运行、问题诊断、解决问题、改进体系的PDCA过程方法在内审中的运用，可以有效地推动体系持续改进。

（4）数据分析　任何改进都是建立在对体系运行的客观分析基础上的，进行客观分析的基础是体系运行的客观数据（或记录），因此，数据分析对体系的改进具有决定性影响。

（5）管理评审　管理评审是推动管理体系持续改进的最有效方式，通过组织的最高管理者亲自主持，对体系运行中的问题进行分析和评审，特别是针对组织外部环境的变化，提出组织的应对策略和改进方案并组织实施，保持体系的持续适应性。

事实上，仔细分析我们会发现，体系中存在三级监控机制，它对我们自我发现问题、自我解决问题、自我完善、自我改进起到很好的机制作用。一级监控是通过体系运行中的日常监视和测量来实现的，通常使用的程序有不合格品控制、纠正和预防措施这两个程序，通常由管理部门组织责任部门或责任人员来实施；二级监控就是内部体系审核，在规定的周期内，由管理者代表负责组织实施，对体系运行定期进行系统的、全面的正式评审，评价体系运行结果与体系标准以及相关法律法规的符合性、充分性和有效性，找出体系运行中的不足和薄弱环节加以改进；第三级监控就是管理评审，由组织的最高管理者亲自主持，从体系的组织结构、资源配置、方针目标以及外部环境等全方位来审视现行管理体系的符合性、有效性和适应性，做出改进体系的最高决策，直接推动管理体系向更高更好的方向前进。

九、建立完全整合型管理体系应考虑的几个问题

（1）最高管理者、管理者代表/食品安全小组组长、产品、过程、范围、内审员资格尽量一致；

（2）体系文件要以适宜、方便、有效为主，不强求合编。

（3）尽可能培养有复合型资格的内审员，有利于解决接口问题，提高体系有效性，提高工作效率。

（4）整合型体系的建立要从顾客需求、企业与社会需要考虑，其人、财、物投入要与期望的回报相适应。

（5）整合型体系的建立要与现代各种管理方法相容，力争相辅相成，全面发展。

（6）各体系建立的时间不能一刀切，要根据企业需要量力而行。

第三节　整合管理体系文件的编写

一、完全整合型管理体系的框架结构

整合型管理体系的框架结构如图7－1所示。

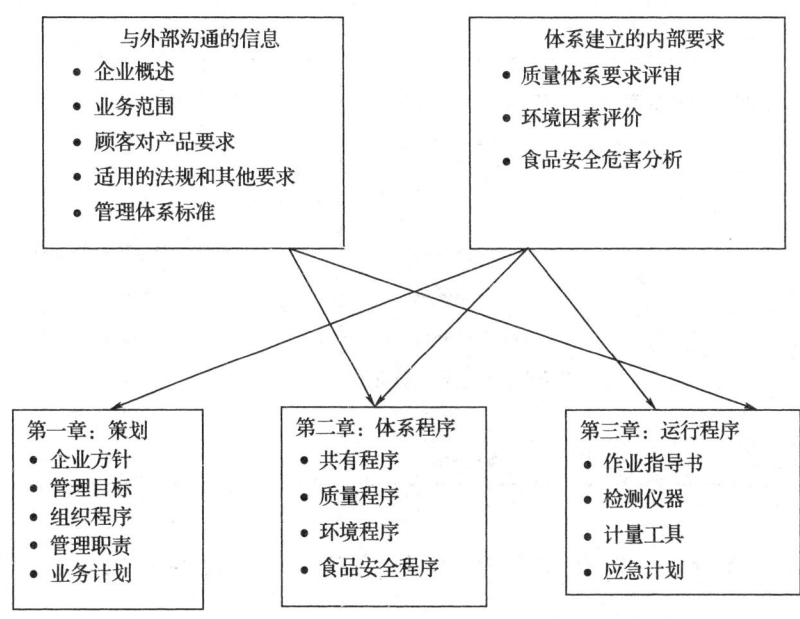

图 7-1 整合型管理体系的框架结构

二、QMS、EMS、FSMS 整合管理体系文件层次

整合管理体系文件层次如图 7-2 所示。

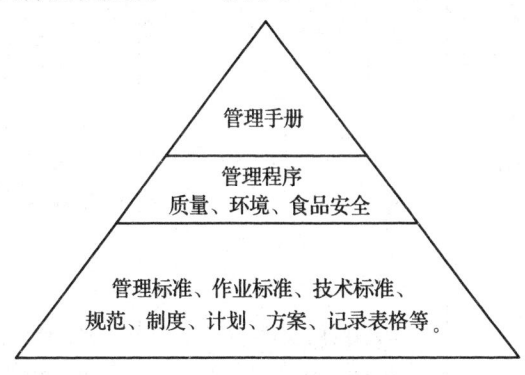

图 7-2 整合管理体系文件层次

各标准规定形成文件的程序清单如表 7-1。

表 7-1　　　　　　　　各标准规定形成文件的程序清单

标准名称	ISO9001 标准的程序	ISO14001 要求的程序	ISO22000 要求的程序
1	文件控制	环境因素	文件控制
2	记录控制	法律与其他要求	记录控制
3	内部审核	培训、意识与能力	操作性前提方案（也可以是指导书或计划）
4	不合格品控制	信息交流	处置受不合格影响的产品

续表

标准名称	ISO9001 标准的程序	ISO14001 要求的程序	ISO22000 要求的程序
5	纠正措施	文件控制	纠正
6	预防措施	运行控制	纠正措施
7		应急准备与响应	潜在不安全产品的处置
8		监视和测量	撤回
9		合规性评价	内部审核
10		不符合、纠正与预防措施	
11		记录控制	
		内部审核	

三、GB/T19001—2000、GB/T24001—2004、GB/T22000—2006 对照表

各标准条款对照表如表 7-2。

表 7-2　　　　　　　　　各标准条款对照表

GB/T19001—2000	GB/T24001—2004	GB/T22000—2006
引言	引言	引言
0.1　总则		
0.2　过程方法		
0.3　与 GB/T19004 的关系		
0.4　与其他管理体系的相容性		
1　范围	1　范围	1　范围
1.1　总则		
1.2　应用		
2　引用标准	2　规范性引用文件	2　规范性引用文件
3　术语和定义	3　术语和定义	3　术语和定义
4　质量管理体系	4　环境管理体系要求	4　食品安全管理体系
4.1　总要求	4.1　总要求	4.1　总要求
4.2　文件要求	4.4.4　文件	4.2　文件要求
4.2.1　总则		4.2.1　总则
4.2.2　质量手册		
4.2.3　文件控制	4.4.5　文件控制	4.2.2　文件控制
	4.3.2　法律法规和其他要求	7.7　预备信息的更新、规定前提方案和 HACCP 计划文件的更新
4.2.4　记录控制		4.2.3　记录控制

续表

GB/T19001—2000	GB/T24001—2004	GB/T22000—2006
	4.5.4 记录控制	
5 管理职责		5 管理职责
5.1 管理承诺		5.1 管理承诺
5.2 以顾客为关注焦点		
5.3 质量方针	4.2 环境方针	5.2 食品安全方针
5.4.1 质量目标	4.3.3 目标、指标和方案	5.2 食品安全方针
5.4.2 质量管理体系策划	4.3 策划	5.3 食品安全管理体系策划
		8.5.2 食品安全管理体系的更新
5.5.1 职责、权限	4.4.1 资源、作用、职责和权限	5.4 职责和权限
5.5.2 管理者代表		5.5 食品安全小组组长
		5.6.1 外部沟通
5.5.3 内部沟通	4.4.3 信息交流	5.6.2 内部沟通
5.6 管理评审	4.6 管理评审	5.8 管理评审
6.1 资源提供	4.4.1 资源、作用、职责和权限	6.1 资源提供
6.2 人力资源		6.2 人力资源
6.2.1 总则		6.2.1 总则
6.2.2 能力、意识和培训	4.4.2 能力、培训和意识	6.2.2 能力、意识和培训
6.3 基础设施	4.4.1 资源、作用、职责和权限	6.3 基础设施
		7.2 前提方案
6.4 工作环境		6.4 工作环境
		7.2 前提方案
7.1 产品实现的策划	4.4.6 运行控制	7.1 安全产品的策划和实现总则
7.2 与顾客有关的过程		
7.2.1 与产品有关的要求的确定		7.3.4 预期用途
		7.3.5 流程图、过程步骤和控制措施
		5.6.1 外部沟通
7.2.2 与产品有关的要求的评审		5.6.1 外部沟通

211

续表

GB/T19001—2000	GB/T24001—2004	GB/T22000—2006
7.2.3 顾客沟通	4.4.3 信息交流	
7.3 设计和开发	4.4.6 运行控制	7.3 实施危害分析的预备步骤
7.3.1 设计和开发的策划		7.4 危害分析
7.3.2 设计和开发的输入		7.5 操作性前提方案的建立
7.3.3 设计和开发的输出		7.6 HACCP计划的建立
7.3.4 设计和开发评审		8.4.2 单项验证结果的评价
7.3.5 设计和开发的验证		8.5.2 食品安全管理体系的更新
7.3.6 设计和开发的确认		7.8 验证策划
7.3.7 设计和开发更改的控制		8.2 控制措施组合的确认
		5.6.2 内部沟通
7.4 采购	4.4.6 运行控制	
7.4.1 采购过程		
7.4.2 采购信息		7.3.3 产品特性
7.4.3 采购产品的验证		7.2.3 OPRP/8.3 监视和测量
7.5 产品和服务提供		
7.5.1 生产和服务提供的控制	4.4.6 运行控制	7.2 前提方案/7.5OPRP
		7.6.1 HACCP计划/7.6.4
	4.4.6 运行控制	7.6.4 /8.2 控制措施组合的确认
7.5.2 生产和服务提供过程的确认		
		7.9 可追溯性系统
7.5.3 标识和可追溯性		
7.5.4 顾客财产		7.2 前提方案
7.5.5 产品防护		
7.6 监视和测量装置的控制	4.5.1 监测和测量	8.3 监视和测量的控制
8 测量分析和改进	4.5 检查	8 食品安全管理体系的确认、验证和改进
8.1 总则	4.5.1 监测和测量	8.1 总则
8.2 监视和测量		8.4 食品安全管理体系的验证
8.2.1 顾客满意		
8.2.2 内部审核	4.5.5 内部审核	8.4.1 内部审核
8.2.3 过程的监视和测量	4.5.1 监测和测量	7.6.4 关键控制点的监视系统
	4.5.2 合规性评价	8.4.2 单项验证结果的评价
8.2.4 产品的监视和测量		8.3 监视和测量的控制

续表

GB/T19001—2000	GB/T24001—2004	GB/T22000—2006
8.3　不合格品控制	4.5.3　不符合、纠正措施和预防措施	7.6.5　监视结果超出关键限值时采取的措施
		7.10　不符合控制
8.4　数据分析	4.5.1　监测和测量	8.2　控制措施组合的确认
		8.4.3　验证活动结果的分析
8.5　改进		8.5　改进
8.5.1　持续改进		8.5.1　持续改进
8.5.2　纠正措施	4.5.3　不符合、纠正措施和预防措施	7.10.1　纠正/7.10.2 纠正措施
8.5.3　预防措施	4.5.3　不符合、纠正措施和预防措施	5.7　应急准备和响应
		7.2　前提方案
	4.4.7　应急准备和响应	5.7　应急准备和响应

通过对照表，我们可以看到三个标准条款（要素）之间的对应关系。食品质量安全市场准入制度（QS）／出口食品生产企业卫生注册登记制度中所要求的卫生质量方针和目标，组织机构及其职责，从业人员的安全卫生要求，环境卫生的要求，车间及设施卫生的要求，原料、辅料卫生的要求，生产工艺、生产、加工卫生的要求，包装、储存、运输卫生的要求，有毒有害物品的控制，产品执行的标准，企业的检测能力，保证卫生质量体系有效运行的要求等能够融入标准的相应条款/要素之中。

四、整合管理体系建立的示例

附录Ⅵ给出一个按 GB/T19001—2000、GB/T24001—1996、GB/T22000—2006 标准及食品质量安全市场准入制度（QS）建立的整合质量、环境和食品安全管理手册和程序文件目录框架，仅供参考。

需要说明的是：任何组织的管理体系，包括体系文件，均应该结合组织自己的实际情况，所提供产品和服务的复杂性、组织规模、人员素质、管理理念、企业文化等的不同而不同，不可能千篇一律，照抄照搬某种固定模式。

思 考 题

1. 整合管理体系产生的背景是什么？
2. 整合管理体系的特点有哪些方面？
3. 建立整合管理体系的目的和意义在于哪些方面？
4. 什么是整合型管理体系？

5. GB/T190001、GB/T24001、GB/T22000 及食品质量安全市场准入制度（QS）、出口食品生产企业卫生注册登记的重点内容是什么？三个标准间的共同点是什么？

6. 简述 GB/T19001、GB/T24001、GB/T22000 管理体系的文件化框架的组合方式。

7. 整合管理体系建立的基本原则是什么？

8. 简述建立整合管理体系的基本分析方法。

9. 建立完全整合型管理体系应考虑哪几个问题？

10. 整合管理体系实施运行中应注意哪些问题？

实 训 项 目

食品企业 QS、ISO22000、ISO9001、ISO14001 整合管理手册的编写

实训目的：

1. 通过对食品企业 QS、ISO22000、ISO9001、ISO14001 整合管理手册的编写，让学生掌握整合管理手册的内容和编写方法。

2. 通过实训，能让学生在实际生产中学会运用整合管理手册。

实训原理： 整合管理手册是食品企业体系管理活动的基础，是食品企业适应市场经济发展的必然产物。组织的整合管理手册的编制根据 QS、ISO22000、ISO9001、ISO14001 标准及有关法律法规和其他要求而进行。

实训步骤：

1. 根据班级学生多少进行分组。

2. 根据本章讲述的整合管理手册的知识，通过网络查找资料，每组按照自己的兴趣选择一种食品，以生产该种食品的企业为例编制一份整合管理手册。

3. 每组选出一名代表向全班汇报本组编写的整合管理手册，其他组同学可以提问质疑。

4. 教师点评各组整合管理手册的编写质量。

实训效果考核：

组别	标题和要素描述的合理性（20分）	交流时的逻辑性（20分）	回答质疑的准确性（10分）	整合管理手册编写（50分）

第八章 食品企业管理体系的内部审核

知识目标： 理解食品企业管理体系内部审核的重要意义和实施的程序。
技能目标： 学生能够编写内审计划、内审检查表、内审报告等。

当组织建立了食品安全、质量和环境管理体系，并按标准要求运行时，则必须同时建立定期的审核制度，以确定体系是否符合标准的要求，并且有效地运行。

第一节 食品企业管理体系内部审核的重要意义

食品企业在建立 ISO9001、ISO14001、ISO22000 管理体系时，或通过 ISO9001、ISO14001、ISO22000 管理体系认证后，为了评价管理体系的符合性和有效性，要对管理体系进行内部审核，内部审核流程如图 8-1 所示。

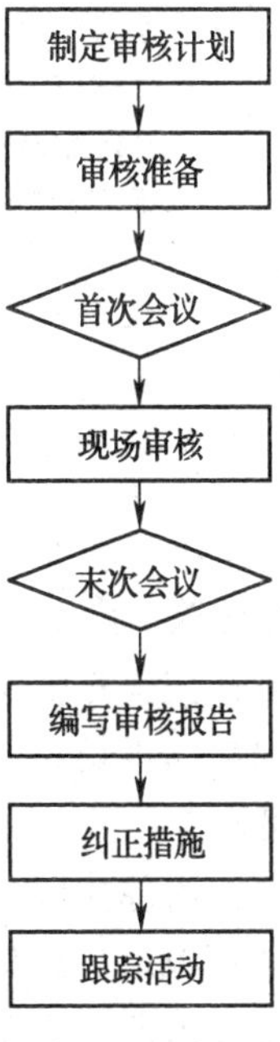

一、食品企业管理体系的内部审核

审核是为了获得审核证据并对其进行客观的评价，以确定满足审核准则的程度所进行的系统的、独立的并形成文件的过程。

食品企业管理体系审核分为如下两种：

（1）内部食品企业管理体系审核，也称第一方审核，是组织的自我审核，由组织自己或以组织的名义进行，用于管理评审和其他内部目的。

（2）外部食品企业管理体系审核，包括第二方和第三方审核。第二方审核是组织的相关方对组织进行的审核，如顾客对组织的审核；第三方审核一般是指核机构等第三方机构对组织进行的审核。两者的区别见表 8-1。

图 8-1 内部审核流程图

表 8-1 内、外部食品企业管理体系审核的区别

项目	内部食品企业管理体系审核	外部食品企业管理体系审核
目的	审核食品企业管理体系的符合性、有效性，采取纠正措施，使体系正常运行和持续改进	第二方：选择合适的合作伙伴；证实合作方持续满足规定要求；促进合作方改进食品管理体系 第三方：导致认证，注册

续表

项目	内部食品企业管理体系审核	外部食品企业管理体系审核
审核方	第一方	第二方；第三方
依据	ISO22000 标准、ISO9001 标准、ISO14001 标准 企业食品安全管理体系文件 适用于组织的有关的食品安全法规及其他要求	第二方：合同，企业食品安全管理体系文件；适用于受审核方的食品安全法规及其他要求 第三方：ISO22000 标准；ISO9001 标准；ISO14001 标准；企业食品管理体系文件；适用于受审核方的食品安全法规及其他要求
审核方案	集中/滚动式审核	集中式审核
审核员	有资格的内审员，也可聘外部审核员	第二方：自己或外聘审核员 第三方：国家注册审核员
文件审查	根据需要安排	必须进行
审核报告	提交不符合报告和采取纠正措施建议	只提不符合报告
纠正措施	重视纠正措施。对纠正措施计划不作具体咨询，但可提方向性意见供参考。对纠正措施完成情况不仅要跟踪验证，还要分析研究其有效性	对纠正不能作咨询，对纠正措施计划的实施要跟踪验证
监督检查	无此内容	认证或认可后，每年至少进行 1 次监督检查

二、内部审核的特点

由企业内部组织进行的企业自身的管理体系的审核活动，称内部核审，又称第一方审核。内审的特点：

（1）内审是企业为检查自身的管理体系是否得到有效实施而进行的审核。

（2）内审是为了向管理机构表明申请审核的可行性，并向客户表明本企业产品的可靠性。

（3）内部核审的根本目的在于改进。

（4）内审是组织内部一项有效的管理活动。

（5）内审主要动力来自管理者，必须得到管理者的全面支持。

（6）内审操作比外审灵活，但内容要求更加全面、细致和深入。

三、内部审核的目的

（1）食品企业的管理体系建立后，进行初次内部审核的目的：确定管理体系的有效性，完善管理体系。

（2）为迎接外部审核（即第二方或第三方）做好自查工作，认真查找体系运行中的不符合项，及时加以纠正和预防，不断改进和完善管理体系。

（3）内部审核是管理层的一种管理手段。

（4）内部审核是维持、完善、改进管理体系的需要。

第二节 食品企业管理体系内部审核的实施

食品企业管理体系的内部审核通常从审核方案的策划开始,然后进行内部审核前的准备,召开首次会议,进行现场审核、末次会议,提交审核报告,对不符合项提出纠正措施并跟踪。

一、审核方案的策划

依据食品企业管理体系内部审核控制程序文件和管理体系现状,组织要进行内部审核方案的策划,策划时要考虑拟审核的活动和区域的食品安全状况、重要性,以及以往审核的结果。审核方案的内容包括审核准则、审核范围、审核频次、审核方法、审核时间、资源需求等。

审核方案的安排应确保审核人员不审核自己的工作。一般一年策划一次审核方案,即"年度内部管理体系审核方案"。审核方案一般由管理者代表(食品安全小组组长)编制,由总经理批准后实施。

1. 审核方式 通常分为部门审核和要素审核两种。

(1) 按部门审核的方式 按部门审核的方式就是在某一部门针对其涉及的管理体系中各要素的要求进行审核。该方式审核时间较为集中,所以审核效率高,对受审核方正常的生产经营活动影响小,但缺点是审核内容比较分散,要素的覆盖可能不够全面。

(2) 按要素审核的方式 按要素审核就是以要素为线索进行审核,即针对同一要素的不同环节到各个部门进行审核,以便作出对该要素的审核结论。这种方式的优点是目标集中,判断清晰,能较好地把握体系中各个要素的运行状况;缺点是审核效率低,对受审核方正常的生产经营活动影响较大,审核一个要素往往要涉及许多部门,因而各个部门要接受多次审核才能完成任务。

对比以上两种审核方式,为了提高审核效率,管理体系的内部审核通常采用部门审核的方式,而在追踪某一要素实施情况时,就采用要素审核的方式。

2. 审核日程计划

年度审核计划是审核方案表现形式,是针对特定时间段所策划,并具有特定目的的一组(一次或多次)审核。审核日程计划有两种形式:

(1) 集中式年度审核日程计划 集中式年度审核日程计划的特点:审核在计划的某段限定的时间内进行。适用于中、小型企业、无专职机构及人员的情况。

集中式年度审核日程计划适用于第一、第二、第三方审核。

【案例 8-1:集中式年度审核日程计划】

2007 年度内部食品安全管理体系审核方案

编号:NS2007

1. 审核目的

① 第一次审核的目的：审核食品安全管理体系与ISO22000标准的符合性，体系运行的有效性，评价是否具备正式申请认证的条件。

② 第二次审核的目的：检查食品安全管理体系是否正常运行，评价食品安全管理体系的有效性和符合性。

2. 审核范围

食品安全管理手册覆盖的所有部门和生产现场。

3. 审核准则

（1）ISO22000标准。

（2）食品安全管理手册、程序文件及其他相关文件。

（3）组织适用的食品安全法律法规及其他要求。

4. 审核日程安排

月份 部门	1	2	3	4	5	6	7	8	9	10	11	12
总经理					★						★	
行政部					★						★	
食品研发部					★						★	
品管部					★						★	
生产部					★						★	
采购部					★						★	
仓库					★						★	
人力资源部					★						★	
营销部					★						★	

注：1. 具体的审核时间在每一次的审核实施计划中确定。

2. 计划：★；审核已进行：■；纠正措施已制定：◇；纠正措施已验证：◆。

编制日期：　　　　审核日期：　　　　批准日期：

（2）滚动式年度审核日程计划　滚动式年度审核日程计划特点：审核持续时间较长；审核和审核后的纠正行动及其跟踪措施陆续展开；在一个审核周期内应保证所有要素及相关部门得到审核；重要的要素和部门的审核频次要安排多次；适用于大、中型企业，设有专门内部审核机构或专职人员的情况。

滚动式年度审核日程计划只适用于内审，不适用于第二、第三方审核。

【案例8-2：滚动式年度审核日程计划】

2006年度内部食品安全管理体系审核方案

编号：NS2006

1. 审核目的

检查食品安全管理体系是否正常运行，评价食品安全管理体系的有效性和符合性。

2. 审核范围

食品安全管理手册覆盖的所有部门和生产现场。

3. 审核准则

（1）ISO22000 标准。

（2）食品安全管理手册、程序文件及其他相关文件。

（3）组织适用的食品安全法律法规及其他要求。

4. 审核日程安排

部门＼月份	1	2	3	4	5	6	7	8	9	10	11	12
总经理		★				★				★		
行政部	★						★					
食品研发部			★						★			
品管部		★						★				
生产部				★							★	
采购部							★					★
仓库					★				★			
人力资源部				★								★
营销部					★					★		

注：① 具体的审核时间在每一次的审核实施计划中确定。

② 图例说明：计划：★；审核已进行：■；纠正措施已制定：◇；纠正措施已验证：◆。

编制日期：＿＿＿＿＿＿＿ 审核日期：＿＿＿＿＿＿＿ 批准日期：＿＿＿＿＿＿＿

二、审 核 准 备

在进行内部审核之前，需要做好审核人员、文件资料和其他资源的准备工作。

（一）组成审核组

在进行内部审核前，从接受过内审员培训并获得内审员资格的人员中选拔内审员。根据部门规模和内部审核天数决定审核组成员人数，并从中任命审核组长组成审核组。

1. 对审核组的要求

审核组通常由审核组长及审核员组成。审核组的组建应保持其具备实施审核的全面经验与技术。组建审核组时，应考虑以下几点要求：

（1）对审核组成员应有一定的资格要求，应满足所规定的教育与工作经历，个人素质与能力，职业戒律等要求，并经过正规培训和在岗培训。

（2）审核组成员应熟悉组织的产品、活动与服务。

（3）审核员与被审部门无直接责任关系。

2. 对审核员的职责要求

（1）听从审核组长的指示，支持审核组长的工作。

（2）在确定的审核范围内按计划有效、高效、客观地进行工作。
（3）收集和分析与受审核的管理体系有关的，并足以对其下结论的审核证据。
（4）按照审核组长的指示编写检查表，将观察结果整理成书面资料。
（5）验证由审核结果而提出的纠正措施的有效性。
（6）收存、保管和呈送与审核有关的文件。
（7）协助审核报告书的编写。
（8）保守审核文件的机密。
（9）谨慎处理特殊的信息。
（10）遵守职业道德，保持客观公正。

3．对审核组长的职责要求
（1）审核组长全面负责审核各阶段的工作。
（2）协助选择审核组的成员，检查组成审核组的人员与受审方有无利害关系。
（3）制定审核计划，起草工作文件，给审核组成员布置工作。
（4）代表审核组与受审核方领导接触。
（5）及时向受审核方报告关键性的不符合情况，通报已确定的不符合的审核发现。
（6）报告审核过程中遇到的重大障碍。
（7）审核组长有权对审核工作的开展和审核观察结果做出最后的决定。
（8）清晰、明确报告审核结果，不无故拖延。
（9）追踪验证纠正措施的实施情况。

（二）文件收集与审查
内部审核是本组织在已经建立文件化的管理体系下，并且该管理体系在正常运行的情况下进行的，所以内审时，对文件的审查，重点是审查与受审部门有关的程序文件、作业指导书等。文件审查时，应同时检查受审部门与其他部门的接口，在文件中是否明确，内容是否协调。

（三）编制审核实施计划
审核实施计划是安排审核日程、审核人员分工等内容的文件。这个计划不同于年度审核方案，是每次审核的具体计划，由审核组长编写，管理者代表批准。审核实施计划时应包括的内容，见案例8-3。

【案例8-3：内审计划】

2007年第一次内部ISO22000管理体系审核实施计划

编号：
1．审核目的
对本公司现有食品安全管理体系做全面审核，通过审核了解本公司食品安全管理体系是否有效运行，是否符合ISO22000标准。
2．审核范围
ISO22000所要求的相关活动及各有关职能部门，包括总经理、食品安全小组组长/副总经理、食品开发部、品管部、生产部、物控部、营销部、人事行政部、财务部、维修组。

3. 审核准则

（1）ISO22000 标准。

（2）食品安全手册、程序文件及其他相关文件。

（3）组织适用的食品安全法规及其他要求。

4. 审核组成员

审核组长：陈××

审核员：张××、林××（第一组，A）；黄××、杨××（第二组，B）；蔡××、王××（第三组，C）。

5. 审核时间

2007 年 11 月 11～12 日

6. 审核报告发布日期及范围

审核报告将于 2007 年 11 月 15 日发布，发放范围为公司正、副总经理、各部门经理/主管、管理者代表及审核组各成员。

7. 审核日程安排

日期/时间		审核小组	受审部门	主要活动与涉及的标准条款
11月11日	8：30～9：00	A、B、C	所有部门	首次会议
	9：00～11：30	A	物控部	7.5, 7.9
		B		
		C	生产部	（略）
	11：30～14：00			午餐、中午休息
	14：00～17：00	A	营销部	（略）
		C	食品开发部	（略）
	17：00～17：30	A、B、C		审核组内部会议、一天工作小结（开不符合项报告）
11月12日	8：30～11：30	A	总经理	（略）
		B	维修组	（略）
		C	品管部	（略）
	11：30～14：00			午餐、中午休息
	14：00～16：00	A	食品安全小组组长	（略）
		B	行政人事部	（略）
	16：00～16：30	A、B、C		审核组内部会议、整理审核结果（开不符合项报告）
	16：30～17：30	A、B、C	所有部门	末次会议

编制日期：　　　　　审核日期：　　　　　批准日期：

（四）编写检查表

编写检查表的目的是使审核正规化，保持审核目标的清晰，作为审核的记录。所以在编写检查表时，应该依据 ISO14001 标准要素、或是 ISO9001 标准要素、或是 ISO22000 标准要素、或是 HACCP 标准要素来编制检查表，或是依据组织部门编制检查表。

（五）通知受审部门

审核组长在审核前 3~5 天与受审部门领导接触，协商确定审核的具体时间、受审部门陪同人员以及审核中双方关心的其他问题等，以使审核工作顺利进行。商妥后即发出书面审核通知。

三、首次会议

在现场审核开始前，要召开首次会议，会议由审核组长主持。首次会议是内审组与受审核方进行审核过程安排方面的信息交流。

1. 召开首次会议的目的

（1）审核组成员与受审方的有关人员见面。
（2）阐明审核的目的和范围，确认审核计划。
（3）简要介绍审核的方法和程序。
（4）建立审核组与受审方的正式联系。
（5）落实审核组需要的资源和设施。
（6）确认审核组和受审核方领导之间末次会议和中间数次会议的日期和时间。
（7）澄清审核实施计划中不明确的内容（如限制的区域和人员、保密申明等）。

2. 首次会议要求

（1）首次会议应准时、简短、明了。
（2）首次会议时间以不超过半小时为宜。
（3）应获得受审部门的理解与支持。
（4）与会人员都要签名。

3. 参加首次会议的人员

（1）审核组全体成员。
（2）高层管理者（必要时）。
（3）管理者代表。
（4）受审核部门领导及主要工作人员。
（5）陪同人员。
（6）来自其他部门的观察员（应征得受审核方的同意）。

4. 首次会议内容和程序

（1）会议开始　由审核组长主持首次会议。参加会议的人员在签到单上签到。

审核组长宣布会议开始。

(2) 人员介绍 由审核组长介绍审核员组成及分工。各受审部门分别介绍将要参加陪同工作的人员。（注：内审中，大家比较熟悉时可不必多加介绍。）

(3) 阐明审核的目的和范围 由审核组长阐明审核目的、审核准则以及审核将涉及的部门，并得到确认。

(4) 说明审核的原则、方法和程序 着重说明审核是按部门或过程进行的，审核是抽样的过程，强调说明相互配合的重要性，客观公正的原则。提出不符合的报告形式（需受审部门确认，并提出纠正措施）。

(5) 落实后勤安排 诸如作息时间、办公地点、就餐等的安排。

(6) 其他事宜 确定审核过程中各次会议的时间、地点、出席人员等；明确审核实施计划中不明确的问题；保密原则的声明；安全措施；说明需要限制的区域及有关人员；审核时间的再确认。

四、现 场 审 核

现场审核是内部审核重要的过程，是通过收集审核证据，并与审核准则进行对照，以此来评价体系的符合性和有效性，得出审核发现和审核结果的过程。

（一）审核证据（audit evidence）的收集

审核证据定义：与审核准则有关的并且能够证实的记录、事实陈述或其他信息。审核证据可以是定性的或定量的。

1. 审核证据的获得

审核证据可以通过在审核范围内所进行的面谈，查阅文件和记录（包括数据的汇总、分析、图表和业绩指标等），对现场的观察，对实际活动和结果的验证，测量与试验结果、来自其他方面的报告（如顾客反馈、外部报告），职能部门之间的接口信息等渠道获得。

2. 审核证据的形式

审核证据通常以存在的客观事实、被访问人员的口述、现存文件记录等形式存在。

审核准则（audit criteria）定义：用作依据的一组方针、程序或要求。如：ISO9001—2000 标准、ISO14001—2004 标准、ISO22000—2005 标准、质量手册、程序文件、工作指导书、质量计划、企业内部编制的与体系有关的管理性文件、技术文件、合同、国家有关的法律、法规等。

（二）审核的控制

在内部审核过程中，为了使审核能顺利地进行，要注意以下的控制：

(1) 审核实施计划的控制 首先要依照计划和检查表进行审核；如确实因为某些原因需要修改计划时，需要与受审核方商量；在可能出现严重不符合时，经审核组长同意，可超出审核范围审查。

(2) 审核进度的控制　审核的进度应按照规定的时间完成。如果出现不能按预定时间完成的情况，审核组长应及时做出调整。

(3) 审核气氛的控制　审核气氛对审核的顺利进行十分重要，当审核中出现的紧张气氛时必须做适当的调节；对于草率行事，应及时纠正。

(4) 审核客观性的控制　审核组长应每天对审核组成员发现的审核证据进行审查，凡是不确实或不够明确的，不应作为审核证据予以记录。

(5) 审核范围的控制　在内审时，常会发现扩大审核范围的情况，如果要改变审核范围时，应征得审核组长同意，并与受审核方沟通后才能进行。

(6) 审核纪律的控制　审核组长应关注审核员的工作，及时纠正违反审核纪律的现象和不利于审核正常进行的言行。

(7) 审核结论的控制　在作出审核结论以前，审核组长应组织全组进行讨论。审核结论必须公正、客观和适宜，应避免错误或不恰当的结论。

(三) 审核中的注意事项

在内部审核中，首先要相信样本；随机抽样时，样本的选择要有代表性；要依靠检查表，调整检查表时要小心；要把重点放在显著危害及其所在的现场；要注意关键岗位和体系运行的主要问题；要注意收集体系运行有效性的证据。

在内部审核中，不仅要关注体系的符合性，还应关注体系的有效性，以便持续改进，不断地改善食品安全绩效。

在内部审核中，常常从问题的各种表现形式去寻找问题，对发现的不符合项，要追溯到必要的深度，要与被审方负责人共同确认事实。注意有效地控制审核时间，始终保持客观、公正和有礼貌。

(四) 审核发现

审核发现的定义：将收集到的审核证据对照审核准则进行评价的结果。审核发现能表明是否符合审核准则，也能指出改进的机会。审核发现是编写审核报告的基础。

1. 审核发现的提出

审核发现是根据审核准则，对所收集的审核证据进行评价而形成的。审核发现常以审核员或审核小组的名义提出。

2. 审核发现的评审

审核发现的评审是在审核的适当阶段或现场审核结束时进行。由审核组对审核发现进行评审，审核组长在听取审核组意见，仔细核对审核证据的基础上，确定哪些项目作为不符合项。

3. 审核发现的内容

审核发现的内容包括符合项和不符合项。

(五) 现场审核记录

审核员在审核过程中，应认真记录审核的进行情况。

1. 审核记录的作用

现场审核的记录是便于以后需要时查阅；便于核实审核证据时查阅；便于同事进行调查时参阅；便于有连续性线索的继续审核。

2. 审核记录的要求

审核记录应清楚、全面、易懂、便于查阅；记录应准确，例如什么文件、陈述人职位和工作岗位等；记录的格式由内审员自定。

（六）每日审核组内部会议

每天审核结束前，审核组内部要召开会议，交流一天审核中的情况，整理审核结果，完成当天的不符合报告，审核组长总结一天的工作情况，必要时对下一审核日的工作及人员进行调整。

（七）不符合报告

1. 确定不符合项的原则

不符合项的确定，应严格遵守依据审核证据的原则。凡依据不足的，不能判为不符合；有意见分歧的不符合项，可通过协商和重新审核来决定。

2. 不符合项的形成

不符合项由以下任何一种情况所形成：体系文件规定不符合标准的（即该说的没说到）；现状不符合体系文件规定的（即说到的没做到）；效果不符合体系文件规定的要求（即做到的没有效果）。

3. 不符合的类型

按严重程度分为严重不符合、一般不符合、观察项三类。不符合类型的判定，对审核结论有决定性影响。

（1）严重不符合　出现下列情况之一，原则上可构成严重不符合项：当体系出现系统性失效时，如某个要素、某个关键过程在多个部门重复出现失效现象，又如在多个部门或多个活动现场均发现有不同版本的文件同时使用时，这说明整个系统文件管理失控；当体系运行区域性失效（可能由多个轻微不符合组成）时，如某一部门或场所的全面失效现象；当造成严重的食品安全危害，潜在的食品安全危害后果严重时；当组织违反法律、法规或其他要求的食品安全行为较严重时；当一般不符合项没有按期纠正时；当目标未实现，且没有通过评审采取必要的措施时。

（2）轻微不符合　出现下列情况之一，原则上可构成轻微不符合项：对满足食品安全管理体系要素或体系文件的要求而言，是个别的、偶然的、孤立的、性质轻微的不符合时；对所审核范围的体系而言，是个次要的问题时。

（3）观察项　出现下列情况之一，判为观察项：虽未构成不符合，但有变成不符合的趋势或可以做得更好，或是证据暂时不足时；需向受审方提出，引起注意时。观察项不纳入任何审核报告发给受审方，但是审核组保留观察项记录。

4. 不符合报告的内容

不符合报告的内容包括：受审核方名称、受审核方的部门或人员；审核员、陪同人员；日期；对不符合事实描述的内容要具体，如事情发生的地点、时间、当事人、涉及的文件号、记录号等；文字要简明扼要；不符合结论（违反文件的章节号或条文，或者违反ISO9001—2000标准、ISO14001—2004标准、ISO22000—2005标准的要素等的要求）；不符合类型（严重不符合、一般不符合或观察项）；受审核方的确认；不符合原因分析；拟采取的纠正措施及完成的日期；纠正措施完成情况及验证。

（八）审核组总结会议

在现场审核结束，末次会议召开前，审核组要召开一次总结会议，对审核发现作一次汇总分析，以便在末次会议上对审核结果发表结论性意见。会议时间大约1h，会议的目的是确定所有不符合报告。

审核组总结会议，首先由审核员汇报自己所审核区域的工作总结，然后对审核结果进行汇总分析。对于滚动式年度审核日程计划来说，汇总分析是针对某一个部门的或某个要素的。在年度计划完成后，应进行一次全年的总分析，并且写出一份全面的审核报告。对于集中式年度审核日程计划来说，汇总分析是针对整个体系的，应就此对整个体系的运行情况进行判断。如体系对于标准的符合程度、实施的有效程度等。

五、末 次 会 议

在现场审核结束后，要召开末次会议，会议由审核组长主持，时间不超过1h。

1. 末次会议的目的

（1）向审核方领导介绍审核方发现的情况，以使他们能够清楚地理解审核结论。

（2）宣布审核结论。

（3）提出后续工作要求（纠正措施、跟踪、监督）。

（4）宣布结束现场审核。

2. 末次会议内容和程序

（1）参加会议的人员在签到单上签到。

（2）致谢。审核组长宣布开会，并以审核组名义感谢受审方的配合与支持。

（3）重申审核的目的和范围。

（4）说明抽样的局限性。

（5）对不符合报告的说明。包括说明不符合报告的数量和分布；宣读不符合报告（选择重要部门）；提交书面不符合报告。

（6）提出纠正措施要求。包括受审核方对纠正措施计划的答复时间；完成纠正措施的期限；验证的要求。

（7）宣读审核结论。审核结论是审核组考虑了审核目标和所有审核发现后得出的最终审核结果。由审核组长宣读根据审核发现所得出的审核结论，并且说明发布审核报告的时间、方式及后续工作的要求。

（8）受审核方领导讲话。首先受审核方领导要对此次的内审工作表示感谢。其次受审核方领导要对审核结论和纠正措施做出简单的表态，并对改进做出承诺。

（9）末次会议结束。审核组长再次表示感谢，并宣布末次会议结束。

末次会议参加人员包括受审核方领导、受审核方部门负责人、代表、陪同人员、管理者代表、最高管理者（必要时）、审核组全体人员等；末次会议应做好记录并保存，记录包括与会人员签到表；使受审核方了解审核结论。

六、审核报告

审核组在审核结束后，要向受审核组织的最高管理者提交审核报告。审核报告见案例 8-4。

审核结论是在审核组系统分析和研究了所有的审核发现后，对食品安全管理体系或环境管理体系总体运行情况做出的综合性评价。所以审核结论应包括如下内容：

（1）管理体系的符合性　管理体系是否符合审核准则（如：ISO9001 标准、ISO14001 标准、ISO22000 标准、管理手册、程序文件及其他相关文件、组织适用的食品安全法律法规、环境法规及其他要求等）。

（2）管理体系的有效性　体系的方针是否得到贯彻；体系的目标是否得到落实；体系中的主要过程、关键活动、CCP 是否得到有效的控制；整体食品安全绩效及持续改进情况等。

（3）内部审核结论　常常需要指出采取纠正、预防或改进的措施。

【案例 8-4：内审审核报告】

实施日期
2007 年 12 月 18 日至 2007 年 12 月 25 日

审核目的：
1. 检查本单位质量管理体系是否符合 ISO9001：2000 标准以及本系统质量手册和程序文件的要求。
2. 检查单位质量管理体系是否得到有效实施和保持。

审核准则
1. ISO9001：2000 标准；
2. 本系统的管理手册、程序文件、作业指导书；
3. 适用的法律法规

审核范围
1. 审核文件的符合性；
2. 检查体系运行的有效性；
3. 检查体系文件的贯彻情况；
4. 检查质量记录的填写情况；
5. 检查不合格项的纠正情况

续表

审核组成员	
陈××、张××、彭××、林××、温××、庄××	
审核描述	
本次内审是依据ISO9001：2000标准建立要求进行，经过前两年的内审，工作人员已经较有经验，能针对性地发现问题，此次内部审核也是较为全面的一次。 审核组对各部门进行了为期8天的审核。 本次审核得到了各部门的重视和支持，使审核工作得以顺利的进行，按计划完成了预定的审核任务。 审核中共发出建议不符合项报告16项，未出现严重不合格项。 以下是审核中发现的16项不符合项的改进建议：略	
审核结论：	
内部的体系运行情况良好。质量体系文件适宜；现行体系适合于实现方针和目标；目标对合同变化适宜，质量体系符合法律法规、标准规范等的变化要求。 对内审发现的不符合项报告，各责任部门要分析原因，制定相应的纠正措施，认真整改，促使管理体系正常有效的运行。企业已按照ISO9001标准建立的质量管理体系，在审核范围内基本符合审核准则，并得到较为有效的实施	
发送部门：保卫科、基建办、通用科、设备科、校产办、学生宿舍管理中心	
编制：陈×× 审核：张×× 审批：林×× 2007-12-26	

七、纠正措施的实施跟踪

审核组在现场审核中发现不合格项时，除要求受审部门负责人确认不合格事实外，还要求他们调查分析造成不合格的原因，并且提出纠正措施的建议，其中包括完成纠正措施的期限。

1. 纠正措施的提出

受审部门负责人提出的纠正措施的建议首先要经过审核组的认可，经过审核员认可的纠正措施还要经过管理者代表的批准，经批准后，纠正措施建议变成正式的纠正措施计划。

2. 纠正措施计划的实施

内部管理审核中对纠正措施计划的实施期限规定视各单位情况而定，一般为15天。

纠正措施实施如发生问题不能按期完成，须由受审部门向管理者代表说明原因，请求延期，管理者代表批准后，应通知管理部门修改纠正措施计划。若在实施中发生困难，一个部门难以解决，应向管理者代表提出，请最高领导解决。若在实施中，几个有关部门之间对实施问题有争执，难以解决也应提请管理者代表协调或仲裁。应保存纠正措施实施中的有关记录。

3. 纠正措施的跟踪和验证

纠正措施的跟踪是审核的继续，即对受审核方的纠正措施进行评审。审核组应对纠正措施实施情况进行跟踪。当纠正措施完成后，审核员应对纠正措施完成情况进行验证。

验证内容包括：计划是否按规定日期完成；计划中的各项措施是否都已完成；完成后的效果如何，是否还有类似不合格项发生；实施情况是否有记录可查，记录是否按规定编号保存；如果引起了程序的修改，则是否通知了管理部门，按文件控制规定办理了修改批准和发放手续，并加以记录，该程序是否已坚持执行。

纠正措施的跟踪、验证方式、记录分为书面和现场。书面跟踪是以书面文件的形式提供给审核员作为已进行了纠正和预防措施的证据。现场跟踪是审核员到现场进行跟踪验证。

如果某些效果要更长时间才能体现，可保留问题待下一次例行审查时再检查。

审核员验证并认为纠正措施计划已完成后，在不合格报告验证一栏中签名，这一不合格项就得到了纠正，内部审核工作至此全部完成。

第三节　管理体系内审员

一、食品企业管理体系内部审核员

当食品企业建立了自己的食品企业管理体系，为了确定食品企业管理体系是否符合策划的安排、组织所建立的管理体系是否符合管理体系的要求和标准的要求；管理体系是否得到有效实施和更新；或者为了获得第三方认证注册的资格时，各企业一定在其内部制定相应的食品企业管理体系内部审核控制程序，并开展经常性的内部审核工作，不断自我完善食品企业自身的管理体系，改进产品质量。而从事这类工作的人员就称为内部管理体系审核员（简称内审员）。

内审员所从事的主要工作是对本单位的管理体系进行审核，即所谓第一方审核，内审员也常常担任对供方的管理体系进行第二方审核。食品企业应当有一定数量的内审员，以满足例行的和特殊的内部管理体系审核的任务以及派往本组织的供方去做第二方审核工作的需要。

所有内审员需经国家认监委认可的培训机构的培训，考核合格获得内审员资格证书即可从事所学体系的内审员工作。

具备内审员资质后，内审员在组织内部处于非常优越的职位，他们可以全面的接触组织内部管理体系的各方面，并在其中起到相当关键的作用。内审员是管理者的培养对象，并且常常是组织最高管理者得力的左右手，通常是组织内部最具发展前途的职位。

二、食品企业管理体系内部审核员的作用

（1）内审员在食品企业管理体系的运行过程中就起到监督作用，及时发现问题并加以解决。

（2）在内部审核时，内审员对食品企业管理体系的保持和改进起参谋作用，

他可以在审核中针对发现的不符合项帮助受审部门分析原因，提出改进措施和建议。

（3）内审员在内部审核中与各部门的职工群众有着广泛的交流和接触，在食品企业管理方面起沟通领导与群众之间的渠道和纽带作用。

（4）在第二、三方审核中，起内外接口的作用。内审员在第三方审核中往往担任联络员、陪同人员等，不仅可以提供情况，而且可以把外审员的意见传递给组织领导，得以迅速改进。

（5）由于内审员一般在企业的各部门都有自己的本职工作，在食品企业管理体系的有效实施方面起着宣传解释、带头作用。

三、食品企业管理体系内部审核员的条件

按照食品企业管理体系标准的要求组织每年都要进行一定频次的内部审核，内部审核由经过严格培训，经权威机构评估审核，确认其资格的内审员来执行审核任务。内审员的注册不是强制性的，企业可以自己任命内审员。

（一）内审员一般应具备的条件

（1）教育程度　具有中专或高中以上学历，具有能够清楚、流利地表达自己思想和意见的口头和书面表达能力。

（2）培训　需接受有内审员培训资格的机构的培训，并取得培训合格证书，以确保有能力从事和主持审核工作。

（3）工作经历　四年以上工作经验，最好有一年食品质量、安全管理和企业管理的经验。

（4）个人素质　思路开阔，成熟，很强的分析、判断和应变能力，看问题客观公正、坚持原则等。

（5）基本能力　了解食品安全管理体系标准，了解审核程序，方法和技巧；熟悉组织情况、管理体系文件；掌握基本的食品安全法律法规知识等。

（6）专业能力　对与组织经营活动有关的食品安全专业知识有一定的了解，了解组织生产过程中存在的食品安全危害，有食品安全危害分析、HACCP 计划编制的知识。

（二）内审员的个人素质

（1）具有开放式的思维，愿意考虑不同的想法和观点。

（2）善于交往，具有较强的与人交往的能力和技巧。

（3）善于运用视觉、嗅觉和听觉等感觉器官来检查判断。

（4）对外界的直觉反应能力强。

（5）执着，坚持不懈，不受外界干扰地追求目标。

（6）有决定能力，基于逻辑推理和分析技能做出决定。

（7）自信，在与其他人开展有效交往时，坚持自身独立性的能力。

（8）正直，真实、真诚、诚实、慎重。

（9）具有较强的合作能力和团队精神。
（10）具有较强的编写和保存记录、报告、策划、预算以及人事管理能力。
（11）心态良好，细心坦诚。
（12）感情稳定、冷静、顽强、坚韧、工作稳重。
（13）忠实可靠、积极、乐于助人。
（14）有良好的外在形象。

(三) 内审员应克服的不良习惯

（1）吹毛求疵，突出细小的缺点并喜欢深入无关紧要的细节。
（2）千方百计寻找问题，非要找出问题不可。
（3）傲慢。试图证明自己胜过其他审核员。
（4）躲避生产车间，呆在办公室里审核。
（5）回避争论、冲突。
（6）批评所得信息，在说明审核情况时议论当事人，过多发表个人意见。
（7）不能为达到审核目的而向对方发出指示、命令。
（8）工作计划改动过多。

四、内部审核员的审核工作方法和审核技巧

(一) 内部审核员的审核工作方法

1. 面谈

面谈是现场审核中较为常用的方法。面谈时要注意，不仅仅拘泥于环境管理体系、食品安全管理体系或者质量管理体系，有时可以用其他话题引起对方兴趣；以激励的方式交谈，让对方明白你已注意到对方的工作和作用；对于交谈所得到的信息，特别是涉及数据的一些信息，还应该通过其他渠道获取支持信息予以核实，例如通过查阅记录、现场观察来核实面谈所得到的信息，以保证审核的客观性。

2. 查阅文件与记录

食品企业管理体系是一个文件化的体系，查阅文件和记录是现场审核中必须采用的方法，通过文件和记录可以了解体系的要求，可以追溯体系的发展及运行状况，审核中需查阅的主要记录包括：法律及法规的获取与识别记录、培训记录、信息交流记录、文件控制记录、运行记录、监测与测量记录、不符合及其纠正措施记录、内审记录以及管理评审报告等。

查阅文件和记录是审核过程经常发现问题的环节，比如：写一套、做一套；数据（证据）不足；追溯性差；标识失效；文件过时；文件接口的不协调等，所以要十分重视。由于组织的同一类记录往往很多，不可能一一核查。审核员要善于从中选取代表性的样本进行审核。

3. 现场观察

审核员通过自己的眼睛看到的应是最真实的，所以审核员应当具备敏锐的观

察力,现场观察方法可用于判断组织在实际工作中是否遵守了程序文件和作业指导书的要求,这也要求审核员事先熟悉文件对现场的各项主要要求。当发现不符合时,则迅速记录,并且不要过多评论,避免引起对方反感。

(二) 内部审核员的审核技巧

1. 要善于提问

审核员提问做到自然、合理,切忌生搬硬套,提问时要求对方回答具体化。

对现场不同层次和岗位的被访者所提的问题应有所不同,如与管理者交谈时应针对食品安全方针、承诺和相关责任,对操作岗位上的员工,则应谈具体的工艺和操作中有关的食品安全问题。

提问时应尽量提开放式的问题,即避免对方能用"是"、"不是"回答的封闭性问题。提问可以遵循"5W1H"(即:What 什么? When 时间? Where 哪里? Who 谁? Why 为何? How 怎样?)的原则,也可以用"出示、解释、记录、多少、程度、达标率"等关键词为引导,采用易于理解的语言,充分利用审核准备过程中制定的各种检查表,与对方进行公开式的讨论,启发对方的思考和兴趣。

2. 要善于倾听

要记住,信息是通过看、问、听获得的,不能从讲话中获得。

审核员要注意认真听取被访者的回答,并作出适当的反应。首先必须对回答表现出兴趣,保持眼神接触,用适当的口头认可的话语,"是的"、"我明白了"来表明自己的理解,谈话时要注意观察对方的表情,在符合体系要求时要表扬对方,在受审核方对提问产生误解或答非所问时,审核员应礼貌地加以引导。

3. 要善于观察

审核员要仔细观察现场设备、产品和标记,查看有关记录。

4. 要做好记录

审核员应确保审核证据的可追溯性,为此必须详细地进行记录,如采用笔录、录音、照相等方式,所做的记录包括时间、地点、人物、事实描述、凭证材料、涉及的文件、各种标识。这些信息均应字迹清楚、准确具体,易于再查。只有所获取的记录准确、完整,才能为审核结果作出合理的判断。

5. 要善于联想和追溯

审核员必须善于比较,追踪从不同来源获取的对同一问题的信息,从差别中判断体系运行状况,必须善于追踪记录与文件,记录与现状的符合情况,并作出结论。审核员必须善于追踪食品安全管理体系某一组成部分的来龙去脉,发现问题,获取审核证据。

6. 要善于创造一个良好的审核气氛

审核员应平等、和气待人;注意听人讲话,认真做记录;不时用点头、注视、附和等方式表示对谈话感兴趣。索要查看文件、找人谈话应征求对方领导同意,发现了不符要对方领导签字时,应耐心说明理由。不要采用争吵的方式等。

思 考 题

1. 什么是内部审核？内部审核有什么特点？其目的是什么？
2. 编写审核方案时应考虑哪些因素？
3. 编写审核报告时应考虑哪些因素？
4. 首次会议和末次会议的目的与程序是怎样的？
5. 现场审核要注意哪些事项？
6. 一名合格的内部审核员应具备哪些条件？
7. 作为内审员在实施内部审核时，应注意哪些审核技巧？

实 训 项 目

实训一　内部审核首次会议的训练

实训目的：通过实训教学，使高职学生能够熟练地掌握内部审核首次会议的程序和内容。

实训原理：内部审核的首次会议是进行现场审核之前的一次重要的会议，是内审组与受审核方建立联系，对审核过程的安排进行信息交流。会议的目的是阐明审核的目的和范围，确认审核计划。

让学生模拟"首次会议"的完整情景，通过学生自己的表演和讨论，掌握内审首次会议的程序和内容，使学生学会主持内审的首次会议。

实训步骤：

1. 复习首次会议的有关内容、注意事项等。
2. 指导学生编写首次会议的程序。
3. 将学生分组，在课堂上让学生扮演"首次会议"中不同的角色，表现"首次会议"的完整情景。
4. 表演结束后，组织其他学生讨论首次会议的程序是怎样的？如何控制时间？如何清晰地表达？如何与受审方沟通确定审核的范围、末次会议的时间等。
5. 教师对学生的表演和讨论进行点评。

实训效果考核：

学生姓名	表达的准确性（30分）	交流时的逻辑性（30分）	回答的准确性（20分）	其他（20分）

实训二 现场审核

实训目的：通过实训教学，使高职学生能够熟练地掌握内部审核中现场审核的内容和技巧。

实训原理：现场审核是内部审核成败的关键。

让学生模拟"现场审核"的情景，通过学生自己的表演和讨论，掌握现场审核的程序和内容，使学生会能够掌握现场审核的节奏。

实训步骤：

1. 复习现场审核的有关内容、注意事项等。
2. 指导学生选择标准中某一条款编制检查表。
3. 将学生分组，在课堂上让学生扮演"现场审核"中不同的角色，按编制检查表进行现场审核的表演。
4. 表演结束后，组织其他学生讨论现场审核的程序是怎样的？如何控制时间？如何清晰地表达？
5. 教师对学生的表演和讨论进行点评。

实训效果考核：

学生姓名	分析的准确性 （30 分）	交流时的逻辑性 （30 分）	回答质疑的准确性 （20 分）	其他 （20 分）

实训三 内部审核末次会议的训练

实训目的：通过实训教学，使高职学生能够熟练地掌握内部审核末次会议的程序和内容。

实训原理：内部审核的末次会议是内部审核结束之前，内审组向受审方宣布审核结论，并对不符合项提出纠正措施等的一次重要的会议。

通过学生自己模拟"末次会议"的情景，使学生掌握内审末次会议的程序和内容。

实训步骤：

1. 复习末次会议的有关内容、注意事项等。
2. 指导学生编写末次会议的程序。
3. 将学生分组，在课堂上让学生扮演"末次会议"中不同的角色，表现"末次会议"的情景。

4. 表演结束后，组织其他学生讨论末次会议的程序是怎样的？如何控制时间？如何清晰地表达审核结论？如何使受审方接受不符合报告，并提出纠正措施？

5. 教师对学生的表演和讨论进行点评。

实训效果考核：

学生姓名	表达的准确性 （30分）	交流时的逻辑性 （30分）	回答的准确性 （20分）	其他 （20分）

实训四　内审计划的编写

实训目的： 通过实训教学，使高职学生能够熟练地编写内审计划。

实训原理： 内审计划就是安排审核日程和审核人员分工等内容的文件。根据内审的目的、范围等要求编写内审计划。

实训步骤：

1. 复习内审计划的要求。
2. 指导学生按照下表填写内审计划。

2007年第一次内部ISO22000管理体系审核实施计划

编号：
一、审核目的
二、审核范围
三、审核准则
四、审核组成员 审核组长： 审核员：
五、审核时间
六、审核报告发布日期及范围
七、审核日程安排
编制日期：　　　审核日期：　　　批准日期：

3. 将学生分组，在课堂上让学生对自己编写的内审计划进行交流，交流过程中，其他学生可以质疑。

4. 教师对学生编写的内审计划进行点评。

实训效果考核：

学生姓名	分析的准确性 (30分)	交流时的逻辑性 (30分)	回答质疑的准确性 (20分)	其他 (20分)

实训五　内审检查表的编写

实训目的： 通过实训教学，使高职学生能够熟练地编写内审检查表。

实训原理： 根据 ISO9001 标准、ISO14001 标准、ISO22000 标准的要素要求，编写内审检查表。

实训步骤：

1. 复习 ISO9001 标准、ISO14001 标准、ISO22000 标准的要素。
2. 指导学生编写内审检查表。
3. 将学生分组，在课堂上让学生对自己编写的内审检查表进行交流、讨论，在交流、讨论过程中，其他学生可以质疑。
4. 教师对学生编写的内审检查表和讨论进行点评。

实训效果考核：

学生姓名	分析的准确性 (30分)	交流时的逻辑性 (30分)	回答质疑的准确性 (20分)	其他 (20分)

实训六　内审报告的编写

实训目的： 通过实训教学，使高职学生能够熟练地编写内审报告。

实训原理： 根据内审报告的内容和要求，将现场审核的审核结果和不符合项的纠正措施，以及内审跟踪计划表达出来。

实训步骤：

1. 复习内审报告的编写要点。
2. 指导学生将判定结果填入下表，编制内部环境管理体系审核报告。

审核目的:	实施日期:	报告书编号:
审核组成员:	审核准则:	
审核范围:		

1. 内审结果概述:（不符合项分布情况、审核结论）

                 内审员签名:

2. 改进内容（不符合及建议，详细另附）：

                 部门负责人签名:

3. 内审跟踪计划:

    内审员签名: 日期： 年 月 日

发送部门:

  3. 将学生分组，在课堂上让学生对自己编写的内审报告进行交流、讨论，在交流、讨论过程中，其他学生可以质疑。

  4. 教师对学生的判断结果进行点评。

实训效果考核：

学生姓名	分析的准确性 （30分）	交流时的逻辑性 （30分）	回答质疑的准确性 （20分）	其他 （20分）

第九章 食品企业管理体系的认证

知识目标：了解我国食品企业管理体系认证认可制度及运行规则。
技能目标：学生能够熟练掌握食品企业管理体系认证的基本步骤，并提出对企业整改的基本要求。

第一节 认可制度简介

我国的食品企业管理体系认证机构认可，是由国务院认证认可监督管理部门授权确定的认可机构，独立开展的认可活动，除国务院认证认可监督管理部门确定的认可机构外，其他任何单位不得直接或者变相从事认可活动。其他单位直接或者变相从事认可活动的，其认可结果无效。

（一）认可的内涵和分类

认可，是指由认可机构对认证机构、检查机构、实验室以及从事评审、审核等认证活动人员的能力和执业资格，予以承认的合格评定活动。认证机构、检查机构、实验室只有通过认可机构的认可，才能保证其认证、检查、检测能力持续、稳定地符合认可条件，才能保证认证机构的合法地位和合法权益，认可与认证都属于合格评定，都是确定其是否符合相关规定要求的活动。

认可按照认可对象的不同，可分为两大类：一是机构的认可；二是人员的认可。

机构认可包括：认证机构的认可和检查机构的认可和实验室的认可。

人员认可是指对从事评审、审核等认证活动的人员进行的资格认可。从事评审、审核等认证活动的人员，应当经认可机构注册后，方可从事相应的认证活动。

（二）认可机构

1. 授权

国务院认证认可监督管理部门确定的认可机构（以下简称认可机构），授权后该机构才能独立开展认可活动。

2. 认可机构职责范围

认可机构应当具有与其认可范围相适应的质量体系，并建立内部审核制度，保证质量体系的有效实施。认可机构根据认可的需要，可以选聘从事认可评审活动的人员。从事认可评审活动的人员应当是相关领域公认的专家，熟悉有关法律、行政法规以及认可规则和程序，具有评审所需的良好品德、专业知识和业务能力。认可机构委托他人完成与认可有关的具体评审业务的,由认可机构对评审结论负责。

认可机构应当公开认可条件、认可程序、收费标准等信息。认可机构不得接受任何可能对认可活动的客观公正产生影响的资助。境内的认证机构、检查机构、实验室取得境外认可机构认可的,应当向国务院认证认可监督管理部门备案。

第二节 认证机构与认证人员

我国的食品企业管理体系认证机构是为企业提供服务的中介组织,根据我国法律法规要求,认证机构必须得到国务院质量监督主管部门或标准化主管部门的认可和授权,方可进行认证活动,同时认证机构应受政府主管部门的资格审定和监督。政府主管部门根据法律和国务院的授权,对认证机构进行宏观管理和政策指导。

(一) 认证机构设立的基本条件

(1) 有固定的场所和必要的设施。

(2) 有符合认证认可要求的管理制度。

(3) 注册资本不得少于人民币 300 万元。

(4) 有 10 名以上相应领域的专职认证人员。

(5) 从事产品认证活动的认证机构,还应当具备与从事相关产品认证活动相适应的检测、检查等技术能力。

(6) 外方投资者取得其所在国家或者地区认可机构的认可。

(7) 外方投资者具有 3 年以上从事认证活动的业务经历。

(8) 外商投资认证机构的同时应符合外商投资法律、行政法规和国家有关规定。

(二) 对认证机构的要求

1. 基本要求

(1) 非歧视性 认证机构运作所遵循的方针和程序应是非歧视性的,并以非歧视的方式对这些方针和程序加以实施。不得使用违反本文件的程序来阻碍或阻止申请人的认证申请。

(2) 开放性 认证机构的服务应向所有的申请人开放,不应附加不正当的财务或其他条件。不应以供方的规模或是否是某一协会或社团的成员以及获证供方的数量作为申请和认证的限制条件。

(3) 审核遵循的准则性 对申请认证的食品企业的管理体系审核遵循的准则应是各种管理体系标准或是与其职能有关的规范性文件所给出的要求。如需对这些文件在某特定认证制度中的应用作出解释时,则应由相关的公正的委员会或相关技术人员进行说明,并由认证机构发布。

(4) 认证范围的限定性　认证机构应仅在拟认证的范围内规定其认证要求,进行审核并作出认证决定。其他未涉及的认证范围,不得从事认证活动。

(5) 审查法律法规符合性　认证机构应对组织履行其保持并评价与法律法规要求符合性的责任进行必要的检查和抽样,以确认组织的食品安全管理体系在此方面运行的有效性,认证机构应确认组织已对法律法规要求的符合性作出了评价,并在不符合相关法律法规要求时采取纠正措施。

2. 组织

认证机构的组织结构应有利于提高认证的可信任度。

3. 分包

当认证机构决定将与认证有关的工作(如审核)分包给外部机构或人员时,应签署一份包括保密和利益冲突在内的书面协议。认证机构应:

(1) 对分包的工作全面负责,并且保留其对批准、保持、扩大、缩小、暂停或撤销认证的职责。

(2) 确保分包的机构或人员具备能力并且满足本文件的有关要求,以及不直接参与或不通过其雇主参与有损认证机构公正性的供方质量管理体系的设计、实施或保持活动。

(3) 获得申请人或获证组织的同意。当一个认证机构利用与其签署协议的另一个认证机构所提供的工作结果来作出认证决定时,应满足(1)和(2)的要求。

4. 批准、保持、扩大、缩小、暂停和撤销认证的条件

(1) 认证机构应规定批准、保持、缩小及扩大认证的条件,以及全部或部分暂停或撤销供方认证范围的条件。认证机构应特别要求供方及时通报对管理体系拟实施的变更或其他可能影响其符合性的变更。其中,批准和保持食品安全管理体系认证的条件,包括组织具有符合卫生法律法规要求的资质,组织应在遵守国家有关食品安全要求和实施前提计划的基础上建立并有效实施食品安全管理体系,对食品安全事故有妥善的处理措施等。

(2) 认证机构应规定批准、保持、缩小及扩大认证的条件,以及全部或部分暂停或撤销供方认证范围的条件。

(3) 认证机构应要求供方具有符合适用的管理体系标准或其他规范性文件要求的文件化管理体系。

(4) 认证机构应具有以下程序:

① 批准、保持、撤销和(适用时)暂停认证。

② 扩大或缩小认证的范围。

③ 当出现严重影响供方的活动和运作的变更(如所有权、人员、设备变动)时,或者对投诉或其他信息的分析表明获证供方不再满足认证机构的要求时,要

对其进行复评。

（5）认证机构应具备以下在要求时应提供的文件化程序：

① 依据 GB/T 19011 及其他有关文件对供方的管理体系进行初次审核；

② 依据 GB/T 19011 对供方的管理体系进行定期监督、复评以确认它持续符合相关要求并验证和记录供方是否及时采取纠正措施；

③ 识别和记录不符合以及供方对诸如不正确地引用认证资格或误导性使用认证信息而及时采取纠正措施的需要。

5. 文件

认证机构应具有文件化的、定期更新，并在有要求时能够（通过出版物，电子媒体或其他手段）提供的以下信息：

（1）认证机构运作得到授权的信息。

（2）认证制度的书面说明，包括批准、保持、扩大、缩小、暂停和撤销认证的规则和程序。

（3）有关审核和认证过程的信息。

（4）认证机构获取财务支持方式的说明以及有关向申请人和获证供方收取费用的一般信息。

（5）申请人和获证供方的权利和义务的说明，包括认证机构徽标的使用以及认证资格的宣传方式的要求和限制。

（6）处理投诉、申诉和争议程序的信息。

（7）获证供方的名录，包括其地址和获准认证的范围。

认证机构应建立并保持程序，以控制所有与其认证职能相关的文件和资料。

6. 记录

认证机构应建立并保持记录制度，以适应其特定的情况并符合现行法规的要求。

7. 保密

认证机构应作出符合适用法律要求的充分的安排，以保证组织内的各级人员（包括代表认证机构工作的各种委员会、外部机构或个人）对在认证活动过程中所获信息保密。

（三）认证人员

1. 基本规定

（1）认证机构中参与认证工作的人员应能胜任本职工作。

（2）认证机构的管理者应确定对实施审核的审核员和技术专家的能力要求，无论他们是机构的雇员、合同聘用人员还是外部机构提供的人员。这些要求应结合 GB/T 19011 关于评审和审核员能力的相关准则。

（3）食品安全管理体系审核员的能力和资格应按照中国认证人员与培训机构国家认可委员会发布的《食品安全管理体系审核员注册准则》的规定完成注册，

审核员个人素质和通用的知识与技能满足 GB/T 19011 中的相关要求。

（4）技术专家是为审核过程提供技术支持的人员，应该具有相应的专业的教育经历和工作经历。

（5）认证机构应保存参与认证过程的每一工作人员的相关资格、培训及经历的信息记录。培训及经历的记录应是最新的。

（6）认证机构人员应可获得明确描述其职责的指导文件，这些指导文件应保持最新状态。

（7）认证机构评价、监视审核员和技术专家的行为和表现，应包括现场见证审核员和技术专家的活动。

2. 审核人员的聘用

认证机构应要求审核人员签署一份合同或其他文件，保证他们承诺遵守认证机构的规章制度，包括有关保密性的规则，有关没有任何商业及其他利益关系以及不受任何以往和/或现在与认证申请人的联系的影响的规则。认证机构应确保承担其分包任务的审核人员满足本文件对审核人员的要求，并以文件的方式确定如何达到要求。

3. 审核人员的记录

认证机构应建立并保持包括以下内容的审核人员最新记录：① 姓名、地址；② 所在组织、职位；③ 教育资历和专业状况；④ 在认证机构业务范围内每个领域的经历和培训；⑤ 最近更新记录的日期；⑥ 工作表现评价。认证机构应确保并验证分包机构都保存承担认证机构分包任务的审核人员记录，并且这些记录应满足本文件的要求。

4. 审核组使用的程序

应向审核组提供最新的审核作业指导书及与认证安排和程序有关的所有信息。

（四）认证要求的变更

认证机构应及时将拟变更的认证要求通知各有关方面。在确定变更的方式和生效日之前，认证机构应考虑有关利益各方的意见。变更决定发布后，认证机构应验证每个获证供方在认证机构认为合理的时间内，是否对其程序实施了必要的调整。

（五）申诉、投诉和争议

组织或其他各方对认证机构的申诉、投诉及争议应按照认证机构的程序进行。投诉是可能存在不符合的一种信息来源。当认证机构收到投诉时，应确定不符合产生的原因，包括认证机构管理体系中存在的任何潜在的因素，并在适当时采取纠正和预防措施，尽可能快地恢复符合性，防止不符合性问题再次发生。然后，将采取的措施形成文件并评审其有效性，保存与认证有关的申诉、投诉和争议及补救措施的记录。

第三节 食品企业管理体系认证实施步骤

食品企业管理体系实施认证的步骤：
（一）认证前的准备工作
1. 编制体系认证工作计划

为了有计划地进行体系认证工作，企业质量部门要在调查和收集有关体系认证信息的基础上，对体系认证工作进行全面策划，编制"企业质量体系认证工作计划"，进行总体安排。"计划"应包括体系认证应做好的工作（项目）、主要工作内容和要求、完成时间、责任部门、部门负责人和企业主管领导等。"计划"编好后，应经企业主管认证工作的领导批准，由质量部门印发。

2. 选定认证机构

根据掌握认证机构的信息来选择认证机构。应选择那些收费合理、具有合法性、公正性和权威性的认证机构。选定的认证关键看认证机构的合法性和权威性。然后与选定的认证机构洽谈，签定认证合同或协议；根据领导决策（批准的报告），质管部门与选定的认证机构进行初次洽谈，提出申请体系认证的意向，了解申请体系认证的程序，商讨认证总体时间安排，以及认证费用等。

3. 做好检查前准备

认证企业应做好现场检查迎检的准备工作，主要包括资料准备、人员准备、成立迎检组织机构等工作。

（二）体系认证的实施步骤
1. 认证申请

企业向其自愿选择的某个体系认证机构提出申请，按该机构要求提交申请文件，包括企业质量手册等。体系认证机构根据企业提交的申请文件，决定是否受理申请，并通知企业。按惯例，体系认证机构不能无故拒绝企业的申请。

2. 体系审核

体系认证机构指派数名国家注册审核人员实施审核工作，包括审查企业的质量手册，到企业现场查证实际执行情况，提交审核报告。

3. 审批与注册发证

体系认证机构根据审核报告，经审查决定是否批准认证。对批准认证的企业颁发体系认证证书，并将企业的有关情况注册公布，准予企业以一定方式使用体系认证标志。证书有效期通常为 3 年。

4. 监督

在证书有效期内，体系认证机构每年对企业至少进行 1 次监督检查，查证企业有关质量体系的保持情况，一旦发现企业有违反有关规定的事实证据，即对企业采取相应措施，暂停或撤销企业的体系认证。认证流程如图 9-1 所示。

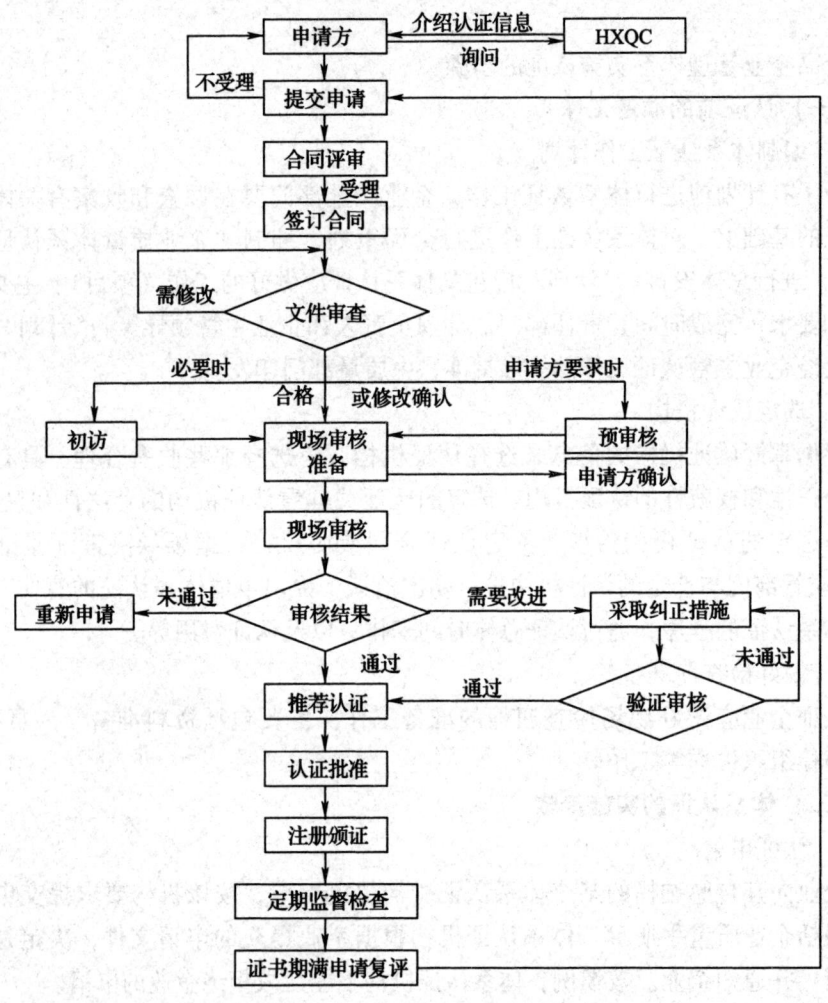

图 9-1 体系认证流程

思 考 题

1. 我国的认证机构设立的基本条件是什么?
2. 认证人员应遵循哪些准则?
3. 简述食品企业管理体系认证实施的步骤。
4. 如何编制认证工作计划?

附录 I

企业生产必备条件审查人员及工作计划表

企业名称			
企业地址			
邮政编码		联系人	
传　真		电　话	
审查目的：			
审查产品范围：			
审查依据：			

审查组成员	审查安排		
	审查分工	时间	内　容
组长：			
成员：			
审查日期	年　月　日至　年　月　日		

附录 II

食品生产加工企业必备条件现场审查报告

企业名称：		企业地址：	
产品名称：		邮编：	电话：
申证单元：		联系人：	传真：
审查结论	审查组根据《食品生产加工企业必备条件现场审查表》和《_____生产许可证审查细则》，于_____年___月___日至_____年___月___日对该企业进行了审查，共计审查出：合格项_____项；一般不合格项_____项；严重不合格项_____项。不考核项_____项。 经综合评价，本审查组对该企业的审查结论是：合格□、不合格□。该企业具备□、不具备□自检能力 （注：除＊检验项目外，其他出厂检验项目全能自检的，为具备自检能力）		
企业委托出厂检验情况 1. 被委托方名称： 2. 委托检验项目：	审查组长（签名）： 审查人员（签名）： 年　月　日		企业意见： 负责人（签名）： 年　月　日（章）

注：① □为选择项，在选择项框内"√"。
　　② 此审查报告需报送国家质检总局质量监督司1份。

附录Ⅲ

食品生产加工企业不合格项改进表

企业名称：		企业地址：			
产品名称：		邮编：		电话：	
申证单元：		联系人：		传真：	
序号	不合格项内容及性质		不合格项改进情况		不合格项改进验证结论
1	审查人员： 年 月 日		企业人员： 年 月 日		验证人员： 年 月 日
2	审查人员： 年 月 日		企业人员： 年 月 日		验证人员： 年 月 日
3	审查人员： 年 月 日		企业人员： 年 月 日		验证人员： 年 月 日

注：① 此表用以帮助食品企业不断改进企业质量安全管理。一般不合格项通常在1个月（或现场审查期间）内完成改进；严重不合格项通常在3个月内完成改进。

② 验证人员（可以是审查人员、也可以是其他人员）、验证时间、验证方法（书面验证或现场验证）由省级质量技术监督局确定。

附录Ⅳ

食品企业产品质量安全保证体系审查工作廉洁信息反馈表

被审查企业名称				
通信地址				
邮政编码		电话		联系人
审查组进厂时间		年 月 日		
审查组离厂时间		年 月 日		
审查组成员	姓名	工作单位	职务（职称）	审查分工
企业接待情况				
审查组遵守审查纪律情况				
企业对审查组现场审查报告有何意见				
其他需要说明的问题				
被审查企业负责人（签字）：		被审查企业（盖章） 年 月 日		

注：① 此表要求如实填写，如不够填写，可另附纸；

② 被审查企业负责人应签字、企业盖章；

③ 此表由企业填写，由企业寄至该省级质量技术监督局监督处。

附录 V

产品抽样单

检验机构名称：
抽样时间：　　　　　　　　年　　月　　日

生产企业	企业名称： 电话：（　　　　） 传真：（　　　　）
	企业地址： 邮政编码：
	法人代表： 联系人：
	企业所在地：
	主导产品：
	企业代码：

样品名称：	商标：	规格型号：
生产日期：	出厂等级：	抽样数量：
抽样基数：	抽样地点：	抽样方式：
企业执行标准：		
年产量：	年产值：	
获奖记录：		
抽封样品过程及件数：		
封条号码及总数：		
提供样品单位 （盖章）	被检企业领导签字认可	
	抽样人员签字	

附录 VI

某组织的 QMS/EMS/FSMS/食品质量安全市场准入制度（QS）管理手册实例

文件编号：
发放编号：
是否受控：
持有部门：

××××××××
综合管理手册

编制：
审核：
批准：

发布日期：　　　　　　　　　　　　　实施日期：

综合管理手册使用说明

本综合管理手册是基于 GB/T19001—2000 标准，GB/T24001—2004《环境管理体系　要求及使用指南》、GB/T22000—2006《食品安全管理体系　食品链中各类组织的要求》及食品质量安全市场准入制度（QS）的要求，考虑企业的行业特点，结合生产和服务过程的实际情况而建立，是质量、环境和食品安全管理体系及食品质量安全市场准入制度（QS）要求的综合管理手册（以下简称手册），同时也是企业日常运营管理的基本文件。

手册由办公室组织编写，管理者代表/食品安全管理小组组长审核、总经理批准后颁布。手册分"受控"和"非受控"两种版本。"受控"状态在手册封面上分别用"受控"和"非受控"文字标识。企业内部均使用受控版本，由办公室确定发放范围，进行发文登记，编号发放。对外除认证机构外，只提供"非受控"版本，因工作需要对外部提供手册时，由办公室登记，经管理者代表/食品安全小组组长批准后提供。根据文件评审及体系运行的情况，经管理者代表/食品安全小组组长批准同意后，办公室负责对手册进行修改，以确保手册的适宜性。手册经过多次修改或有重大修改，需更换版本时，报经总经理批准后实施。

手册受控版本的管理按文件控制程序中的规定执行。因损坏或丢失补发手册时按相关规定办理。

手册版权属于企业所有，任何单位或个人未经企业同意，不得复制。

目　　录

前言
- 0.1　企业简介
- 0.2　综合管理手册颁布令
- 0.3　管理者代表、食品安全管理小组组长任命书
- 0.4　综合管理方针

1　总则和应用范围
- 1.1　总则
- 1.2　应用范围

2　引用标准、法规

3　术语、定义

4　综合管理体系
- 4.1　总要求
- 4.2　文件要求
  - 4.2.1　总则
  - 4.2.2　综合管理手册
  - 4.2.3　文件控制
  - 4.2.4　法律法规和其他要求
  - 4.2.5　记录控制

5　管理职责
- 5.1　管理承诺
- 5.2　以顾客为关注焦点
- 5.3　综合管理方针
- 5.4　综合管理体系策划
  - 5.4.1　环境因素
  - 5.4.2　综合管理目标和指标
  - 5.4.3　管理方案
  - 5.4.4　综合管理体系策划
- 5.5　职责、权限与沟通
  - 5.5.1　职责和权限
  - 5.5.2　管理者代表/食品安全小组组长
  - 5.5.3　内外部沟通
- 5.6　管理评审

  5.6.1　总则

  5.6.2　管理评审的输入

  5.6.3　管理评审的输出

 5.7　应急准备和响应

6　资源管理

 6.1　资源提供

 6.2　人力资源

 6.3　基础设施

 6.4　工作环境

7　体系实施和运行

 7.1　产品实现的策划

 7.2　与顾客有关的过程

  7.2.1　与产品有关的要求的确定

  7.2.2　与产品有关的要求的评审

  7.2.3　顾客沟通

 7.3　设计和开发

 7.4　采购

 7.5　生产和服务提供

  7.5.1　生产和服务提供的控制

  7.5.2　生产和服务提供过程的确认

  7.5.3　标识和可追溯性

  7.5.4　顾客财产

  7.5.5　产品防护

 7.6　环境运行控制

 7.7　前提方案

 7.8　危害分析、HACCP 计划

 7.9　监视和测量装置的控制

8　测量、分析和改进

 8.1　总则

 8.2　监视和测量

  8.2.1　顾客满意

  8.2.2　内部审核

  8.2.3　过程的监视和测量

  8.2.4　产品的监视和测量

  8.2.5　环境绩效及法律法规符合性的监视和测量

  8.2.6　验证策划

  8.2.7　控制措施组合的确认

8.2.8　单项验证结果的评价
　　8.2.9　验证活动结果的分析
　8.3　不合格的控制
　　8.3.1　不合格品的控制
　　8.3.2　环境不符合的控制
　　8.3.3　潜在不安全产品的处理
　8.4　数据分析
　8.5　改进
　　8.5.1　持续改进
　　8.5.2　纠正措施
　　8.5.3　预防措施
　　8.5.4　体系更新
附录
　附录一　综合管理体系组织结构图
　附录二　综合管理体系职能分配表
　附录三　综合管理体系程序清单
　附录四　综合管理体系标准条款对照表

前　言

0.1　企业简介

（略）

0.2　综合管理手册颁布令

综合管理手册是按照 GB/T19001—2000、GB/T14001—2004、GB/T22000—2006 及食品质量安全市场准入制度（QS），结合企业的实际情况编写，经审核、批准后颁布的。

综合管理手册作为企业工作的指导性文件，是指导企业建立并实施质量、环境和食品安全管理体系及食品质量安全市场准入制度（QS）的纲领和行动准则。

本手册及其他体系文件已经通过审核和批准，现予以正式发布，自二〇〇×年×月×日起实施，企业全体员工必须遵照执行。

0.3　管理者代表、食品安全管理小组组长任命书

为贯彻执行 GB/T19001—2000（idt ISO9001：2000）《质量管理体系　要求》、GB/T24001—2004（idt ISO14001：2004）《环境管理体系 要求及使用指南》、GB/T22000—2006《食品安全管理体系 食品链中各类组织的要求》及食品质量安全市场准入制度（QS），加强对综合管理体系运作的领导，任命×××为管理者代表及食品安全管理小组组长，职责、职权如下：

1. 按照上述标准/准则建立、实施、保持和更新企业的综合管理体系，推动体系正常有效地运行；
2. 向最高管理者报告体系运行的业绩和改进的需求；
3. 通过适宜方法，提高全体员工的质量、环境和食品安全意识，增强顾客满意；
4. 及时处理影响体系运行的有关问题；
5. 就综合管理体系有关事宜对外联络；
6. 为食品安全小组成员安排相关的培训和教育。

0.4　综合管理方针

挑战自我，提升竞争能力；创新求实，满足顾客需求；
团队协作，持续改进产品；遵纪守法，确保食品安全。

1 总则和应用范围

1.1 总　　则

企业按照 GB/T19001—2000《质量管理体系　要求》、GB/T24001—2004《环境管理体系要求及使用指南》、GB/T22000—2006《食品安全管理体系　食品链中各类组织的要求》及食品质量安全市场准入制度（QS）的要求，考虑企业的行业特点，结合企业生产和服务过程的实际情况，编写综合管理手册。手册规定了企业综合管理体系的控制要求，是企业开展质量、环境、食品安全及食品质量安全市场准入制度（QS）等管理活动的基本制度，也是向顾客及有关各方证明企业具有质量、环境和食品安全保证能力的依据。企业没有删减 GB/T19001—2000《质量管理体系　要求》中的条款。

企业力求通过综合管理体系的有效运作，使生产和服务过程的相关活动始终处于受控状态，控制食品中的危害和环境管理体系中的风险，同时，遵守相关的环境法律、法规及其他要求，通过体系的持续改进保证企业持续稳定地向顾客提供满意的产品和服务，达到不断增强顾客满意的目的。

1.2 应 用 范 围

本手册中质量、环境、食品安全管理体系覆盖的产品、服务和范围包括：果蔬汁饮料的生产，上述产品、服务和范围的提供场所位于北京市顺义区大发路8号。

本手册适用于内部质量、环境和食品安全管理活动和外部质量、环境和食品安全管理体系认证，以向顾客或认证机构证实企业具备稳定地提供满足顾客和适用的法律法规要求的产品和服务的能力。

2 引用标准、法规

GB/T19000—2000（idt ISO9000：2000）《质量管理体系　基础和术语》

GB/T19001—2000（idt ISO9001：2000）《质量管理体系　要求》

GB/T19011—2000（idt ISO19011：2000）《质量和（或）环境管理体系审核指南》

GB/T24001—2004（idt ISO14001：2004）《环境管理体系　要求及使用指南》

GB/T22000—2006（idt ISO22000：2005）《食品安全管理体系　食品链中各类组织的要求》

3 术语、定义

本手册采用 GB/T19000—2000《质量管理体系　基础和术语》中的术语和

定义。

4 综合管理体系

4.1 总 要 求

企业按照 GB/T19001—2000《质量管理体系 要求》、GB/T24001—2004《环境管理体系 要求及使用指南》、GB/T22000—2006《环境管理体系 食品链中各类组织的要求》及食品质量安全市场准入制度（QS）的要求，对所有影响产品和服务质量、环境因素、食品安全过程及活动进行识别，并做出相应的控制规定，形成文件，加以实施和保持，必要时予以更新，以达到持续改进的目的。

在综合管理体系所覆盖的产品和服务中，无外包过程。

4.2 文 件 要 求

4.2.1 总则

为了保证企业各部门使用有效文件，防止失效或作废文件非预期使用，企业制定文件控制程序，以规范文件管理。

综合管理体系文件包括：

① 综合管理方针和目标；

② 综合管理手册；

③ 标准或准则所要求的程序或文件；

④ 除上述文件外，其他确保过程有效策划、运作和控制所需的管理性及技术性文件；

⑤ 证实产品和服务符合规定要求和综合管理体系有效运行的证实性文件，即记录、报告等。

4.2.2 综合管理手册

办公室编制综合管理手册，按章分别阐述了综合管理方针和目标、组织结构、各部门的职责和权限及综合管理体系各个过程的要求及相关作用的表述，对标准或准则要求的程序文件和企业所确定的文件进行了引用。

4.2.3 文件控制

文件控制详见文件控制程序。

4.2.4 法律法规和其他要求

内容详见法律法规和其他要求控制程序。

4.2.5 记录控制

记录控制详见记录控制程序。

5 管理职责

5.1 管理承诺

总经理通过以下的活动对建立、实施和改进综合管理体系有效性所做出的承诺提供证据：

向企业内部传达满足顾客和法律、法规及其他要求的重要性。

主持制定和批准企业的综合管理方针，并对其持续适宜性进行评审。

主持制定综合管理目标，确保企业的经营目标支持食品安全目标，并确保在相关的职能和层次上得以贯彻、实现。

主持管理评审，保证综合管理体系的适宜性、充分性、有效性。

确保综合管理体系运行能获得必要的资源，包括人力资源、基础设施和必要的工作环境。

5.2 以顾客为关注焦点

总经理以增强顾客满意为目标，确保顾客的需求得到确定并予以满足，为此做到：

了解并确定顾客的需求和期望：通过调查、预测或与顾客直接接触等形式来实现。

将顾客的需求和期望转化为对企业的要求：这些要求包括对产品的要求（包括明示的、隐含的及必须履行的要求）、过程的要求和综合管理体系要求等，只有完全满足顾客需求和期望时，才能达到顾客满意。

满足适用的法律、法规及强制性国家和行业标准的要求。

采取有效措施，确保已转化的要求和法律法规要求得到满足。

当顾客的需求和期望以及法律法规要求发生变化和修订时，综合管理体系也随之更新，持续改进，以不断适应顾客新的期望和要求。

5.3 综合管理方针

总经理主持制定综合管理方针，并批准发布。确保综合管理方针：

① 与企业的经营方针保持一致，与企业在食品链中的作用相关；

② 在满足产品质量要求以及使顾客满意方面做出承诺；

③ 对持续改进综合管理体系有效性、污染预防做出承诺；

④ 对遵守与企业相关的法规和其他要求做出承诺；

⑤ 提供制定评审综合管理目标的框架；

⑥ 符合环境、食品安全的相关法律法规要求和与顾客商定的食品安全要求；

⑦ 在企业的各层都得以沟通、实施并保持，并对其持续适宜性进行评审。

企业通过会议、培训、宣传等方式对综合管理方针进行充分沟通，确保员工正确理解并贯彻落实。

在管理评审会议上，评审综合管理方针的适宜性、充分性和有效性，必要时修改或更新。

5.4 综合管理体系策划

5.4.1 环境因素

详见环境因素、辨识和评价控制程序。

5.4.2 综合管理目标和指标

总经理负责主持制定综合管理目标，并与综合管理方针保持一致。

总经理负责将综合管理目标在相关职能和层次上分解转化，各部门根据本部门职责、工作特点和实际情况分解、制定本部门的年度管理目标。目标包括满足质量、食品安全、重大环境因素要求所需的内容，并且可测量。

总经理负责对目标的制定、实施情况进行管理，并负责对目标的完成情况组织考核。

5.4.3 管理方案

企业各部门为了实现目标和指标，建立、实施、保持和更新管理方案，在管理方案中明确各有关职能和层次实现目标和指标的职责，以及实现目标和指标的方法和时间表。在管理评审时，总经理评审管理方案，必要时予以修订和更新。

5.4.4 综合管理体系策划

5.4.4.1 总经理负责组织策划企业的综合管理体系，并满足 GB/T19001 标准 4.1 条款和环境、食品安全管理体系相关条款及企业综合管理方针、目标的要求。

5.4.4.2 当出现下列情况时，总经理负责组织策划和实施综合管理体系的变更：

① 综合管理方针、目标及组织结构发生重大变化时；
② 资源配置、市场情况发生重大变化时；
③ 适用的法律、法规及其他相关要求发生重大变化时；
④ 出现重大事故、事件和顾客投诉时。

策划和实施变更综合管理体系时，保持体系的完整性。

5.5 职责、权限与沟通

5.5.1 职责和权限

为确保企业综合管理体系的有效运行，总经理确保与综合管理体系有关的职责、权限得到规定和沟通。企业建立了与综合管理体系相适应的组织机构（见附录一 综合管理体系组织结构图），并将综合管理体系的过程、职责分配到各个部门及相关人员（见附录二 综合管理体系职责分配表）。

5.5.1.1 综合管理体系管理总经理

综合管理体系管理总经理是综合管理体系的最高管理者,总经理担任总经理主任。总经理负责:
① 组织策划企业的综合管理体系;
② 以顾客和员工为关注焦点,提高顾客和员工的满意度;
③ 审核、批准综合管理手册;
④ 制定综合管理方针、目标;
⑤ 任命管理者代表/食品安全小组组长;
⑥ 确定各部门的职能和员工的职责、权限;
⑦ 为建立、实施综合管理体系提供资源;
⑧ 主持管理评审。

5.5.1.2 各部门职责详见各部门职位描述和其他岗位职责的要求。

5.5.2 管理者代表/食品安全小组组长

企业的管理者代表和食品安全小组组长由总经理任命,具有以下职责和权限:
① 负责建立、实施、保持和更新综合管理体系所需的过程;
② 负责向总经理报告综合管理体系的业绩、任何改进的需求及体系的有效性和适宜性,作为体系改进的依据并用于评审;
③ 确保员工提高对顾客要求、食品安全的意识;
④ 就综合管理体系有关事宜与外部联系;
⑤ 负责综合管理体系内部审核工作;
⑥ 为食品安全小组成员安排相关的培训和教育,并组织食品安全小组的相关活动。

5.5.3 内外部沟通

详见沟通控制程序。

5.6 管理评审

5.6.1 总则

为确保综合管理体系的适宜性、充分性和有效性,总经理按照策划的时间间隔主持管理评审会议,每年至少进行一次,两次管理评审时间间隔不超过 12 个月。根据综合管理方针和目标以及综合管理体系改进和变更的需要,总经理可临时开展管理评审。

管理者代表/食品安全小组组长负责报告综合管理体系的运行状况及改进需要,并对管理评审决定改进的事项组织实施和跟踪。

办公室负责管理评审的具体组织工作,并保持相关记录。根据总经理的要求,办公室制定管理评审计划,内容包括:评审目的、评审内容、资料、参加人员和时间安排等。该计划由管理者代表审核、总经理批准,在管理评审实施前至少 10 个工作日由人力资源部发放给参加管理评审的有关人员。各部门准备管理评审材料并于管理评审前 5 个工作日交办公室汇总。总经理主持管理评审,讨论管理评审材料。

5.6.2 管理评审的输入

① 综合管理方针、目标、指标、管理方案的实现情况；
② 综合管理体系建立和运行的适宜性、充分性和有效性；
③ 内、外部综合管理体系审核结果及审核报告的分析和评价；
④ 顾客反馈（包括顾客意见调查及顾客投诉）；
⑤ 产品质量和过程的测量、监控结果；
⑥ 以往管理评审跟踪措施的实施及有效性；
⑦ 资源保证能力，还包括人员、设备及其他资源的适宜性；
⑧ HACCP 验证活动结果的分析、环境变化、紧急状况、事故和召回；
⑨ 环境绩效、合规性评价的结果、以往评审结果和体系更新活动等。

管理评审的输入由办公室汇总，形成管理评审材料。

5.6.3 管理评审的输出

① 综合管理方针和目标及体系运行情况的总体评价；
② 对综合管理体系及其过程改进的决定和措施；
③ 与顾客要求有关的产品和服务的改进；
④ 对资源的需求；
⑤ 食品安全保证；
⑥ 综合管理方针和目标的修订等。

管理评审的输出由办公室汇总，形成管理评审报告，总经理审批后发各部门。对于存在的问题，相关部门制定纠正或预防措施，在规定的时间完成整改，办公室跟踪验证，以达到持续改进的目的。管理评审报告等文件、记录由办公室负责保管。

5.7 应急准备和响应

详见应急准备和响应控制程序。

6 资源管理

6.1 资源提供

总经理提供必要的资源确保为以下活动能够正常开展：
① 建立、实施、保持和更新综合管理体系并持续改进其有效性；
② 满足顾客、法律法规的要求，增强顾客满意和员工满意。

6.2 人力资源

人力资源部按照企业管理层的要求，制定、保持和更新各岗位职位描述，对从事影响产品质量、环境因素、食品安全工作的人员规定了相应的能力要求，并通过培训或采取其他措施以满足要求。HACCP小组和其他从事影响食品安全活动的人员应是能够胜任的,并具有适当的教育、培训、技能和经验。当需要外部专家帮助建立、实施或运行HACCP体系时,这些专家的职责和权限以协议的方式予以记录。

能力、意识和培训详见培训控制程序。

6.3 基础设施

详见基础设施控制程序。

6.4 工作环境

详见工作环境控制程序。

7 体系实施和运行

7.1 产品实现的策划

企业按照GB/T 19001—2000《质量管理体系 要求》、GB/T 22000—2006《环境管理体系 食品链中各类组织的要求》的要求,对产品实现过程进行了策划,以达到和超越顾客的期望,并确保食品安全。

企业组建HACCP小组,小组成员具备多学科知识背景和丰富的工作经验。HACCP小组负责策划和开发安全产品实现所需的过程。在策划产品时,适时确定以下方面的内容:

a）产品的质量目标、食品安全目标和要求；
b）针对产品确定过程、文件和资源的需求；
c）产品所要求的验证、确认、监视、检验和试验活动,以及产品接收准则和可接受的最低安全水平；
d）为实现过程及其产品满足要求提供证据所需的记录。

策划输出形式适合企业的运作方式,如:质量计划、程序、作业指导书、OPRP、HACCP计划书等。

7.2 与顾客有关的过程

7.2.1 与产品有关的要求的确定

销售部在与顾客签订协议前,确定:

a）顾客提出的要求,包括细节；
b）顾客虽然没有规定,但习惯上隐含的要求；
c）与产品有关的法律法规要求；
d）企业确定的任何附加要求。

7.2.2 与产品有关的要求的评审
详见合同评审控制程序
7.2.3 顾客沟通
销售部建立客户名录，收集客史资料，以提供达到和超越顾客期望的服务，并对以下有关方面，确定和实施与顾客沟通的有效安排：

a）产品信息，如服务项目和价格；

b）问询、合同或订单的处理，包括对其的修改；

c）顾客反馈，包括顾客投诉。

负责处理顾客的投诉，其他部门如果接到顾客投诉，必须立即通知销售部，销售部将投诉内容和处理结果及时报告企业管理层。如接到顾客的书面投诉，则由销售部负责将处理结果书面回复顾客。

7.3 设计和开发

详见设计开发控制程序。

7.4 采　　购

详见采购控制程序。

7.5 生产和服务提供

7.5.1 生产和服务提供的控制
在受控条件下，企业策划并提供服务，这些受控条件包括：

a）获得表述产品特性的信息；

b）获得 OPRP 等指导工作的文件；

c）使用适宜的设备、器具；

d）获得和使用监视和测量装置，如监视器、温度计、噪音分贝仪等；

e）实施监视和测量；

f）放行、交付和交付后活动的实施。

详见各部门 OPRP。

7.5.2 生产和服务提供过程的确认
本公司的产品生产的特殊过程：杀菌过程。

上述过程对产品质量特性的形成至关重要，应将此工序进行控制。

a）对特殊过程的设备能力进行确认，使之达到预期能力要求；

b）对过程能力进行确认，使操作规程、工艺流程等技术文件能指导对特殊工序的过程控制，化验室对其实行过程检验，并作好相应的记录；

c）对特殊工序人员应考核合格上岗，并相对稳定，保证操作人员的技术水平、能力要求满足岗位要求；

d）特殊工序所用监视和测量器具，应处于受控状态，满足质量控制的相关要求；

e）保存过程实施记录，包括对特殊过程的过程参数的记录及设备鉴定、人员资格认可、操作测定等；

f）当生产条件发生变化时，应对上述过程进行再确认，确保对影响过程能力的变化及时作出反应。

7.5.3 标识和可追溯性

原辅料材料仓管员用标识牌注明产品名称、数量、进货日期、生产日期等内容。

成品仓管员用标识牌注明产品名称、数量、生产日期等。

产品状态标识：

a）本公司产品状态为：合格、不合格、待检；

b）原辅材料状态用分区摆放标识；

c）中间产品状态可在生产现场挂标牌作为标识；

d）成品用标牌进行标识。

产品可追溯性

产品的追溯途径为：销售记录──→入库单──→检验记录──→生产记录──→领料记录──→采购记录。

确保识别产品批次及其相关原料和加工记录，以实施包括满足产品召回在内的不合格品的处置措施。追溯记录应包括生产日期和分销记录。

在有可追溯性要求的场合，企业控制并记录产品的唯一性标识，实现可追溯。

7.5.4 顾客财产

公司的顾客财产为顾客提供的包装物，由质检部门进行验收，再由生技部门进行清洗消毒并做好保护，对顾客的财产，做到严格控制，妥善保管。如出现损坏或不符合要求时，由及时与顾客沟通，并保持好记录。

7.5.5 产品防护

在内部处理和交付到预定的地点期间，提供防护。防护包括标识、搬运、包装、贮存和保护。

7.6 环境运行控制

详见环境运行控制程序。

7.7 前提方案

详见 OPRP。

7.8 危害分析、HACCP 计划

详见 HACCP 计划书。

7.9 监视和测量装置的控制

详见绩效测量和监视控制程序和监视和测量装置管理制度。

8 测量、分析和改进

8.1 总　　则

企业策划并实施所需的监视、测量、分析和改进过程，以便：
a) 证实产品的符合性；
b) 确保综合管理体系的符合性；
c) 持续改进综合管理体系的有效性；
d) 对可能具有重大环境影响的运行的关键特性进行例行监视和测量；监视和测量其环境绩效。

为了实现上述要求，企业确定适用的方法及其应用程度，其中包括统计技术。

8.2 监视和测量

8.2.1 顾客满意
详见顾客满意测量控制程序。

8.2.2 内部审核
详见内审控制程序。

8.2.3 过程的监视和测量
详见体系过程监视测量控制程序

8.2.4 产品的监视和测量
详见产品检验控制程序

8.2.5 环境绩效及法律法规符合性的监视和测量
详见绩效测量和监视控制程序。

8.2.6 验证策划
HACCP 小组定期召开会议，开展验证策划工作，以确认：
a) 危害分析的输入持续更新；
b) 操作性前提方案和 HACCP 计划中的要素得以实施且有效；
c) 已实施基础设施和维护方案；
d) 危害水平低于确定的可接受水平；
e) 企业要求的其他程序得以实施且有效。

8.2.7 控制措施组合的确认
对于包括在操作性前提方案和 HACCP 计划中的控制措施组合的初步设计及随后的变更，HACCP 小组确认控制措施的组合能够达到已确定食品安全危害控制所要求的预期水平。

确认活动包括措施，以确认：

a）针对关键控制点所建立的关键限值，能够实现对所针对食品安全危害设定的预期控制；

b）组合中的控制措施有效且能够确保控制已确定的食品安全危害，并获得满足规定可接受水平的终产品。

当确认结果表明不能认定上述一个或多个要素时，应对控制措施系统进行修改和重新评价。修改可能包括控制措施的变更和（或）原料、加工工艺等的变更。

8.2.8 单项验证结果的评价

HACCP小组对所策划的验证的每个结果进行系统地评价，也包括内部审核。

当验证不能证明与策划的安排相符合时，企业采取以下措施达到规定的要求：

a）对当前的更新程序和沟通渠道进行评审；

b）对危害分析结论、操作性前提方案和HACCP计划的设计方案进行评审；

c）基础设施和维护方案的评价；

d）人力资源管理和培训活动有效性的评价等等。

8.2.9 验证活动结果的分析

HACCP小组分析验证活动的结果，包括内部审核的结果，以达到：

a）确认食品安全体系的整体运行满足策划的安排，满足ISO22000食品安全管理体系的要求；

b）识别食品安全管理体系改进或更新的需求；

c）识别表明潜在不安全产品高事故风险的趋势；

d）建立信息，便于策划与受审核区域状况和重要性有关的内部审核方案；

e）提供证据证明已采取纠正和纠正措施的有效性。

分析的结果和由此产生的活动保留记录，并向总经理报告，作为管理评审和食品安全管理体系更新的输入。

8.3 不合格的控制

8.3.1 不合格品的控制

不符合、纠正和预防措施控制程序。

8.3.2 环境不符合的控制

详见不符合、纠正和预防措施控制程序。

8.3.3 潜在不安全产品的处理

详见不符合、纠正和预防措施控制程序。

8.4 数据分析

企业确定、收集和分析适当的数据，以证实综合管理体系的适宜性和有效性，并为持续改进综合管理体系提供依据。这包括来自监视和测量的结果以及其他有关来源的数据。

数据分析应提供有关以下方面的信息：

a）顾客满意；

b）与产品要求的符合性；

c）过程和产品的特性及趋势，包括采取预防措施的机会；

d）供应质量；

e）环境绩效。

企业各部门采用适合的方法分析适合的数据。

8.5 改　　进

8.5.1　持续改进

企业通过使用综合管理方针、综合目标、审核结果、数据分析、纠正和预防措施以及管理评审，持续改进综合管理体系的有效性。

8.5.2　纠正措施

详见事故、事件、不符合、纠正和预防措施控制程序。

8.5.3　预防措施

详见事故、事件、不符合、纠正和预防措施控制程序。

8.5.4　体系更新

总经理在必要时更新综合管理体系，以保证综合管理体系的持续充分、适宜和有效，并确保食品安全。

HACCP 小组定期评价和评估顾客反馈，包括有关食品安全的抱怨、审核报告和验证活动分析结果；继而考虑对预备信息、操作性前提方案和 HACCP 计划的方案设计进行评审的必要性。综合管理体系更新活动保持相关记录，并作为管理评审的输入。

附　　录

附录一　综合管理体系组织结构图

略。

附录二　综合管理体系职能分配表

略。

附录三　综合管理体系程序清单

略。

附录四　综合管理体系标准条款对照表

略。

参 考 文 献

1. 王云. 国家食品质量安全市场准入指导. 北京：中国计量出版社，2004
2. 国家质量监督检验检疫总局产品质量监督司编. 食品质量安全市场准入审查指南. 北京：中国标准出版社，2005
3. 臧大存. 食品质量与安全. 北京：中国农业出版社，2006
4. 中国认证人员与培训机构国家认可委员会编. 食品安全管理体系审核员培训教程. 北京：中国计量出版社，2006
5. 莫慧平. 食品卫生与安全管理. 北京：中国轻工业出版社，2007
6. 南海娟. 食品质量管理. 北京：化学工业出版社，2008
7. 包大跃. 食品安全危害与控制. 北京：化学工业出版社，2006
8. 钱和，王文捷. HACCP原理与实施. 北京：中国轻工业出版社，2006
9. 裴山. 最新国际标准ISO22000：2005食品安全管理体系建立与实施指南. 北京：中国标准出版社，2006
10. 陈宗道，刘金福，陈绍军. 食品质量管理. 北京：中国农业大学出版社，2003
11. 贺国铭，张欣. HACCP体系内审员教程. 北京：化学工业出版社，2004
12. 姜南，张欣，贺国铭等. 危害分析贺关键控制点（HACCP）及在食品生产中的应用. 北京：化学工业出版社，2003
13. 李怀林. 食品安全控制体系（HACCP）通用教程. 北京：中国标准出版社，2002
14. 张国农. 食品工厂设计与环境保护. 北京：中国轻工业出版社，2005
15. 曾庆孝. GMP与现代食品工厂设计. 北京：化学工业出版社，2006
16. 吴思方. 发酵工厂工艺设计概述. 北京：中国轻工业出版社，2002
17. 黄毅. 食品质量安全市场准入指南. 北京：中国轻工业出版社，2005
18. 李在卿. GB/T 19001—2000质量管理体系内审员培训教程. 北京：中国环境科学出版社，2006
19. 中国标准化研究院编. GB/T22000—2006《食品安全管理体系食品链中各类组织的要求》. 北京：中国环境标准出版社，2007
20. 杨志坚. 2000新版ISO9000食品行业实践指南. 北京：国防工业出版社，2004
21. 郭仁惠，刘宏. ISO14001：2004环境管理体系建立与实施. 北京：化学工业出版社，2006
22. 季任天. 食品安全管理体系实施与认证. 北京：中国计量出版社，2007
23. 刘生明. 食品企业ISO22000 ISO9001 ISO14001一体化管理体系实施要点. 北京：中国计量出版社，2006
24. 赵晨霞. 安全食品标准与认证. 北京：中国环境科学出版社，2007